"十三五"国家重点出版物出版规划项目

语言学
核心话题系列丛书
Key Topics in
Linguistics

◆ 句法学
Syntax

外语学科核心话题
前沿研究文库

句法制图理论研究

*

Cartographic Approach to Syntax

司富珍 著

外语教学与研究出版社
FOREIGN LANGUAGE TEACHING AND RESEARCH PRESS
北京 BEIJING

图书在版编目 (CIP) 数据

句法制图理论研究 / 司富珍著. —— 北京：外语教学与研究出版社，2023.6
(2024.8 重印)
（外语学科核心话题前沿研究文库. 语言学核心话题系列丛书. 句法学）
ISBN 978-7-5213-4656-5

I. ①句… II. ①司… III. ①句法－研究 IV. ①H043

中国国家版本馆 CIP 数据核字 (2023) 第 122989 号

出 版 人　王　芳
选题策划　常小玲　李会钦　段长城
项目负责　陈　阳
责任编辑　陈　阳
责任校对　解碧琰
装帧设计　杨林青工作室
出版发行　外语教学与研究出版社
社　　址　北京市西三环北路 19 号（100089）
网　　址　https://www.fltrp.com
印　　刷　北京盛通印刷股份有限公司
开　　本　650×980　1/16
印　　张　23.25
版　　次　2023 年 7 月第 1 版　2024 年 8 月第 3 次印刷
书　　号　ISBN 978-7-5213-4656-5
定　　价　93.90 元

如有图书采购需求，图书内容或印刷装订等问题，侵权、盗版书籍等线索，请拨打以下电话或关注官方服务号：
客服电话: 400 898 7008
官方服务号: 微信搜索并关注公众号"外研社官方服务号"
外研社购书网址: https://fltrp.tmall.com

物料号: 346560001

记载人类文明
沟通世界文化
www.fltrp.com

出版前言

随着中国特色社会主义进入新时代，国家对外开放、信息技术发展、语言产业繁荣与教育领域改革等对我国外语教育发展和外语学科建设产生了深远影响，也有力推动了我国外语学术出版事业的发展。为梳理学科发展脉络，展现前沿研究成果，外语教学与研究出版社汇聚国内外语学界各相关领域专家学者，精心策划了"外语学科核心话题前沿研究文库"（下文简称"文库"）。

"文库"精选语言学、应用语言学、翻译学、外国文学研究和跨文化研究五大方向共25个重要领域100余个核心话题，按一个话题一本书撰写。每本书深入探讨该话题在国内外的研究脉络、研究方法和前沿成果，精选经典研究及原创研究案例，并对未来研究趋势进行展望。"文库"在整体上具有学术性、体系性、前沿性与引领性，力求做到点面结合、经典与创新结合、国外与国内结合，既有全面的宏观视野，又有深入、细致的分析。

"文库"项目邀请国内外语学科各方向的众多专家学者担任总主编、子系列主编和作者，经三年协力组织与精心写作，自2018年底陆续推出。"文库"已获批"十三五"国家重点出版物出版规划项目，作为一个开放性大型书系，将在未来数年内持续出版。我们计划对这套书目进行不定期修订，使之成为外语学科的经典著作。

我们希望"文库"能够为外语学科及其他相关学科的研究生、教师及研究者提供有益参考，帮助读者清晰、全面地了解各核心话题的发展脉络，并有望开展更深入的研究。期待"文库"为我国外语学科研究的创新发展与成果传播作出更多积极贡献。

外语教学与研究出版社

2018年11月

目录

第六章　复杂词的制图分析

总序

    人猿揖别，其主要标志固然是人学会了直立行走，手与足形成了明确的分工，从而使人最终走出猿的世界，成为一个新的物种，但在其逐渐学会制造和使用复杂的工具，并需要表达复杂的思想时，具有各种表征结构的语言从简单渐渐走向精细，这一发展过程无疑使人更具备了人的属性。然而，语言虽为人所创造和使用，但语言的规律和本质到底是什么？这一问题至今困扰着语言学家，无法给出一个人人都能认同的答案。这就如同人人都有大脑，时时使用着大脑，对其理应最为熟悉，但是，大脑的组织结构、神经系统等各种复杂关系和功能至今依然成谜，科学家目前对其的认识只是其神秘的冰山一角。如记忆是一个过程，人在记忆时实际上就是重建保存于大脑中零零碎碎的信息，但究竟是何种因素促发大脑开始这个重建过程？这依然令人迷惑。据说人类的大脑仅占人体重量的2%，其内部的血管总长度居然达到16公里，由1,000亿个神经细胞构成，相当于银河系内的恒星数量，但这些神经细胞彼此之间到底是怎样联结并发挥各自的功能的？这也是一个难解之谜。所以说，人体自身的东西，人类自己目前也未必就能说得清楚，人类的语言其实也是如此。

    语言之谜尽管至今尚未完全破解，但语言在人类文明的演进及其在现实生活中的作用不言自明。人与人之间的交流、国与国之间的交往、文明的记录和传承等均离不开语言。尤其是处于世界多极化、经济全球化、文化多样化、国际关系民主化的当下，世界各国和地区之间的沟通与合作愈益频繁，彼此的依存性、互动性和关联性愈益明显，语言从中所起的作用更是不可小觑。在此若把眼光仅放到国家层面，语言的作用同样十分显明。在《国家中长期语言文字事业改革和发展规划纲要（2012—2020年)》中，"国家语言实力"和"国民语言能力"等概念的提出，足以证明语言对国家发展战略的重要性。这至少可从四个方面得到说明：一是国家的国际化、"一带一路"倡议、参与全球治理、中国文化走出去、讲好中国故事等，无不需要语言铺路。二是一个国家能否充分利用语言资源、提供语言服务、处理语言问题、发展语言事业等是其语言能力强弱的表现，不仅是一种软实力，也是一种硬实力，是国家综合实力的重要组成部分；一个国家优秀文化的承继、一个民族的凝聚力，其表达和传播的主要工具就是语言，事关民族身份的认同，也事关国家的安全。三是推动社会进步、促进经济发展、助推科技创新、推进教育现代化、贯彻国家政策、增强文明意识、提振精气神等，均需借助语言这一重要媒介。四是国民语言能力的高低直接关乎其融入社会、与他人沟通交流、参与社会建设、强化文明行为、履行职业责任、执行国家意志、提升个人素质、保障个体的生存和发展等。总而言之，不论作为世界公民，还是国家公民，抑或个人本身，我们都须臾离不开语言。也正因为此，加强语言研究实属必要。

就学科建设而言，不论西方还是中国，语言研究均可谓源远流长。尤其是20世纪以来，语言因无处不在，无时不存，其重要性越来越受到有识之士的关切，而专门探究语言的规律和本质的语言学在整个科学体系中的独立地位也愈益显豁，在哲学、心理学、社会学、教育学、人类学、伦理学、计算机科学、人工智能等学科中的重要性也越来越受关注，其应用也日益广泛。到了21世纪，语言学无疑已成为一门显学。

毋庸讳言，就现代意义上的语言学而言，我国的研究能力目前尚未进入国际先进行列。若暂且不论1898年《马氏文通》出版以前的中国传统语文学（即"小学"），西方概念上的语言学研究在中国已走过120年的历史。

在这一进程中，中国语言学既得益于西方语言学的研究方法，同时也受缚于西方语言学的研究范式；既成功观察并描写了许多汉语事实，也留下了汉语的一些特殊语言现象因难以纳入西方语言学的分析框架而无法得到充分的解释。这是中国语言研究者，不论是以汉语为主要研究对象还是以某一门外语或某几门外语为研究对象的学者，都需共同关心的问题，也是需合力而为的目标。其实，作为语言研究者，我们不能止步于某一种单一语言的探索，而是需要以人类所有语言为考察对象。尽管我们目前难以将世界上6,000余种语言全部纳入研究范围，但至少尽可能开展两种语言、三种语言甚至更多语言的探究。赵元任先生早就说过，所谓语言学理论，实际上就是语言的比较，就是世界各民族语言综合比较研究的科学结论（转引自杨自俭、李瑞华 1990：1）。王力（2008：16）曾提到："赵元任先生跟我说：'什么是普通语言学？普通语言学就是拿世界上的各种语言加以比较研究得出来的结论。'我们如果不懂外语，那么普通语言学也是不好懂的；单研究汉语，也要懂外语。"吕叔湘（1977）曾发表《通过对比研究语法》一文，提出"要认识汉语的特点，就要跟非汉语比较；要认识现代汉语的特点，就要跟古代汉语比较；要认识普通话的特点，就要跟方言比较"。吕叔湘先生的这些话都强调语言研究不能独尊一门语言，也不能独守某一语言的共时现象或某一通用语言，还要兼及方言等。简而言之，赵元任、王力和吕叔湘三位先生所强调的，就是语言研究需要具有历时的眼光和多语的眼光。我个人认为，外语研究者兼研汉语，可以以对比的眼光更深刻地认识自己所研究的外语；汉语研究者兼研外语，也可以以对比的眼光更深刻地反观自己对汉语母语的研究。这恐怕也应是赵元任、王力和吕叔湘三位先生所强调的主要思想之一。最近，张伯江（2018）强调："在世界语言中认识汉语。"我们在此不妨做一个延伸：应在世界语言中认识我们所研究的外语。

语言研究，一般涉及三个层面：一是观察的充分性（observational adequacy）；二是描写的充分性（descriptive adequacy）；三是解释的充分性（explanatory adequacy）。遗憾的是，我们当下的研究中有些往往是观察和描写有余而解释不足。即便有些研究声言其目的是为了解释某种语言现象，但常常仅停滞于表象，语言的规律和本质却远未得到深度揭示，其解释力远未充分。

本丛书就是鉴于我国的语言学研究现状及其不足，力图做到兼收并蓄，既借鉴国外的语言学理论和研究方法，又顾重我国的汉语研究传统以及汉语实际；既有外语界的学者撰写，又有汉语界的学者著述；既有资深专家的参与，也有青年学者的投入；既注重语言的共时，又顾及语言的历时；既用力于单语研究，又用心于多语的对比探索；既力图掘深语言学研究的深度，又竭力拓宽语言学研究的广度；既着力于语言学研究的宏观扫视，又致力于语言学研究的微观透视；既注意本丛书的系统性，又关注各专著的相对独立性。

丛书包含普通语言学、句法学、语义学、音系学、语音学、认知语言学、对比语言学等7大子系列，每个子系列选择本领域最核心的话题，对该话题研究的发展力图进行全面、系统的探讨。每本书都包含对国内外理论演进脉络的梳理，对前人和时贤研究贡献的述评分析，对经典理论的阐发，对实证案例的分析，对前沿的探寻和对学术空白的填补，并对研究发展趋势做出展望。

丛书兼顾学术辐射力和学术引领力，希望为外语学科高年级本科生、硕博研究生和年轻学者提供有价值的参考，又冀望也能有益于非外语学科的研究者。这是我们每位作者的真切希冀，也应该是读者的殷切期待。

其实，本丛书宗旨的宗旨，就是立足本来，吸收外来，面向未来，尽力挖掘新材料，发现新问题，提出新观点，构建新理论，贡献具有中国智慧的语言学思想，筑就符合中国实际的语言学。这也应是我国语言学研究的必由之路。

王文斌

北京外国语大学中国外语与教育研究中心

2018年11月

参考文献:

吕叔湘,1977,通过对比研究语法,《语言教学与研究》第二集(未公开发行)。

王力,2008,我的治学经验。载奚博先(编),《著名语言学家谈治学经验》。北京:商务印书馆。9-22。

杨自俭、李瑞华,1990,《英汉对比研究论文集》。上海:上海外语教育出版社。

张伯江,2018,改革开放四十年的语言学研究,http://ex.cssn.cn/wx/wx_yczs/201808/t20180807_4524870.shtml(2018年11月3日读取)。

前言

相对而言，"句法制图"（syntactic cartography）在中国还是一个新生领域，不少人对于该研究方案的总体目标、一般原则与方法等还缺乏系统而清晰的了解。本书的写作目的正是力求使用尽可能简单通俗的语言，从较为宏观的层面来介绍句法制图理论的缘起、理论基础、主要理念及方法策略。同时，结合实际研究案例来演示其主要的研究取向和重要论题，并揭示其未来可能的发展方向。

句法制图是在生成语法原则与参数框架影响下新近发展起来的，它与最简方案（minimalist program）和分布式形态理论（distributed morphology）并行发展，是生成语法的重要分支。其宗旨是为自然语言描绘详细而清楚的结构"地图"，奠基性成果是Rizzi（1997）的《论左缘精细结构》（"The fine structure of the left periphery"）和Cinque（1999）的《副词和功能中心语：跨语言视角下的研究》（*Adverbs and Functional Heads: A Cross-Linguistic Perspective*）。这两个研究分别从句子结构骨架的左缘结构（left periphery）区域（CP层）和中段区域（IP层）展开对功能层级的详细描写。前者对句法与语篇（discourse）接口处的话题、焦点等句法化了的语用信息及它们之间的结构关系进行了细致的描写，对其功能层级的秩序进行了探讨，其核心观点被称作"CP分裂假说"；后者结合副词的句法语义表现考察了功能中心语的类型和层级，通过对副词的排序探讨了功能中心语的层级序列，所得出的功能层级序列被称作"钦奎等级"（Cinque hierarchy）。二者的共同认识是，句法结构的局部区域往往包含比原来预想的丰富得多的结构和功能信息。本书作者将这一聚焦于人类语言普遍结构层级的微观细节的思路比喻为"思维放大镜"式（司富珍 2019）的观察视角。在句法制图的"思维放大镜"下，很多原来是单一的功能投射现在分裂为多个不同的功能中心语组成的区域：CP分裂、IP分裂、DP分裂、VP语壳、AgrP分裂、vP分裂、PossP分裂等。这些都是这一朝向的研究结论。

在过去二十多年的时间里，句法制图的跨语言研究几乎覆盖了全球主要语系中的大多数语种，在功能层级的跨语言普遍性研究方面取得了重要的成果。集中反映句法制图研究成果的代表性文献可以牛津大学出版社出版的"句法结构的制图"（The Cartography of Syntactic Structures）系列丛书（目前已经出版11卷）和约翰·本杰明出版社出版的"今日语言学"（Linguistics Today）系列中的多部文集为例。各种类型的句法制图学术研讨会也为研究者交流制图研究最新成果提供了重要平台。不过，截至目前，已出版的著作大多是论文集或专题性研究，尚无系统地评价和建构句法制图研究理念、方法及代表性研究成果的专门著作。因此，作为首部系统阐述句法制图理论的专著，本书的写作目的正是尝试为国内读者提供较为系统的句法制图理论解读。从性质上看，大部分内容属于"研究之研究"，同时全书在内容选择、研究方法和代表性观点方面也渗透了本书作者对于句法制图的个人拙见。

本书从术语阐释开始，对句法制图理论产生的背景、主要的理论基础以及发展路径进行了梳理，特别是对生成语法经典理论中关于语类范畴的开创性研究及其对之后制图理论中功能中心语思想的影响进行了评述，同时也对原则与参数框架下几个代表性的研究［如Pollock（1989）的IP分裂假说，Abney（1987）的DP假说，Larson（1988）的VP语壳理论］作了回顾，认为这些研究奠定了句法制图"思维放大镜"式的精细化描写风格，并揭示了句法制图研究以功能中心语分裂为特色的理论必然。关于句法制图的核心理念和方法策略，本书讨论了"强式制图"思路作为方法和策略为跨语言对比研究提供的启发，认为功能中心语种类和层级的强式普遍性假设可能为语言中一些隐蔽成分的发掘提供更多的重要线索，主张包括汉语在内的各种具体语言在必要时完全可以启动"用A语言的眼光去看B语言"的制图研究策略与程序，以弥补单纯从单一语言看该语言自身可能存在视觉盲区的缺陷与不足。

本书第三至六章分别对CP、IP、vP和DP等句子结构不同区域以及构词层面的代表性制图研究成果进行评介：其中第三章关注的是"思维放大镜"下CP（句子左缘结构）的制图研究成果，介绍在Rizzi（1997）影响下产生的关于话题分裂和焦点分裂的一些跨语言研究；第四章重点聚焦IP层，简要评介钦奎等级的主要内容与贡献（Cinque 1999），并讨论在其影响下产生的IP内部功能层级的研究成果，其中也包括对vP左缘区域/"低位IP区域"（low IP area）的功能层级考察；第五章讨论DP（名词短语）的内部层级制图，从Chomsky（1970）说起，回顾了DP假说提出的理论背景，而后评介句法制图理论框架下的DP分裂假说；与前面几章专注于短语结构和句子结构的层级不同，第六章是对词内结构相关研究的评述，首先回顾了关于词内结构研究的若干代表性理论，而后以纳米句法（nanosyntax）以及本书作者提出的XW词内结构投射图式为例，介绍句法制图为词内结构的考察分析所带来的理论影响。与本系列丛书宗旨一致，本书各章在内容选取上以评述国外的代表性研究为主，同时也设有专门的小节介绍汉语相关的句法制图研究。最后一章简要提及学界在句法制图研究方面的争鸣性意见、未来可能开展的重要研究论题以及句法制图理论为自然语言研究带来的新视野。

自然语言的结构像物质世界的结构一样，有着丰富的层级体系，远超过人类直接感官所及的范围。借助于类似"思维放大镜"式的工具，可以发现更多微观层面的结构组织和粒子单位。乔姆斯基早期经典理论将词缀性成分作为句法计算独立的原子单位来分析，这一做法开启了句法成分微观分析的先河，各种基于原则与参数框架的功能分裂假说都不约而同地朝着这一方向努力，句法制图则是在这一潮流下产生的面向微观系统性分析的努力成果。

衷心感谢北京外国语大学王文斌教授以开放而严谨的学术态度筛选主题、组织编写"语言学核心话题系列丛书"，并将"句法制图"纳入丛书的"核心话题"之一，才使本书得以与读者见面，受读者检阅。本书读者群主要设定在句法制图理论的入门级读者和有兴趣了解制图研究理念的一般研究者，初步掌握生成语法基础理论的读者阅读起来会更轻松。书中主体内容曾多次在北京语言大学语言学系开设的句法制图导论课上讲授和讨论，北京语言大学语言学系博士生时仲、李芳芳、田英慧和清华大学外文系博士生胡皓月多次通读书稿，并提出了非常具体的校改意见。外语教学与研究出版社段长城老师、解碧琰老师、陈阳老师先后为书稿的修改、编辑付出了大量劳动，特别是陈阳老师在具体编辑和校改工作中提出了非常细致且重要的修改意见，在此一并鸣谢！

由于时间和篇幅所限，还有不少内容未能收入书中，比如关于"句法树生长"（growing trees）（Friedmann *et al.* 2021）方面的近期研究进展及未来发展潜能等就未能展开详细分析；关于 vP 也只是在讨论低层 IP 时涉及了其左缘结构部分，对于更多丰富的内部层级则尚未展开详细评述；关于句法与语用接口的很多新思路也没有加入其中，这些只能留待未来另书另文讨论。不过，假如本书所讨论的思路、理念和策略能够在读者心中播撒下些许种子，那么，或许更多关于句法树的理论会在未来抽枝发芽、茁壮成长。

司富珍

北京语言大学

2022年12月

绪论

　　"制图"一词由英语单词cartography翻译而来，它源自希腊语 χάρτης+γράφω，经过拉丁语和古代法语的派生发展，之后在法语中以 cartographie的形式作为地理学术语被广泛使用，其原意是指绘制地图的艺术或技术。借用到形式句法学中的"制图"与普通地理学(如绘制某个城市的地图)或地理语言学(如绘制某种方言的分布地图)中所说的"绘制地图"含义不同，它所要绘制的是特定的句法成分在相应句法结构树上的分布"地图"，是一种比喻的说法。20世纪90年代，在意大利召开的一系列座谈和研讨活动中首次非正式地将"句法制图"这一术语作为语言学术语使用(关于这一术语使用的历史可参见Shlonsky 2010)。它变得广为人知则归功于牛津大学出版社的"句法结构的制图"系列丛书最初三部著作的出版发行，即Cinque(2002)的《DP和IP中的功能结构》(*Functional Structure in DP and IP*)，Rizzi(2004)的《CP和IP的结构》(*The Structure of CP and IP*)和Belletti(2004a)的《论结构及其他相关问题》(*Structures and Beyond*)。该术语的广泛使用代表着句法制图研究者的一种共识，那就是，句法结构成分在结构层级上的分布是具有严整的规律可循的，而句法制图研究者的共同志向就是要深入探究并详细描述这些规律和特点：为句法结构绘制尽可能详细而清楚的"地图"(Cinque & Rizzi 2008：1)。与此相应，句法制图理论所关心的核心问题是：自然语言句法的正确结构图谱应该是什么样子的。

　　句法制图研究的思想源头可以直接回溯到生成语法产生之初关于时态等功能成分的分析（Chomsky 1955/1975，1957）。不过，作为一种具有体系性的研究方向，其逐渐成形则是在20世纪80年代末90年代初，其理论背景和促动因素是生成语法"原则与参数框架"（principles & parameters framework）下关于功能中心语（functional heads）的相关研究。根据Cinque & Rizzi（2008）的回顾性评述，句法制图理论的产生有如下几个方面的重要促动因素和阶段性标志。

　　第一个关键的促动因素是Chomsky（1970，1986）和Abney（1987）的相关研究。首先是Chomsky（1970）关于名物化（nominalization）问题的研究，这篇文章中提出了若干影响了之后理论体系的重要理论模型，其中之一就是X'理论雏形。之后，Chomsky（1986）在《论语障》（Barriers）中又将X'理论扩展到了对句子结构功能要素（functional elements）的描写中：句子的标记由S改为IP。作为功能中心语研究的重要促动因素，Chomsky（1986）的主要贡献至少表现在：1）确立了CP-IP-VP的句子基本结构层次模型；2）X'结构模型变得更加成熟完整，为之后功能结构层级的描写提供了最基础的框架。

　　引发人们对功能中心语类型及地位的深入思考和广泛讨论的另一个重要促动因素是Abney（1987）。Abney（1987）发现，名词短语的词汇语类投射（lexical projection）是内嵌在功能结构（functional structure）之中的，而名词性短语的功能结构投射的核心成分是D，这就是著名的"DP假说"（DP hypothesis）。

　　Chomsky（1986）和Abney（1987）分别从句子结构（S→IP）和名词性短语结构（NP→DP）两个层面改写了理论描写的系统，为制图理论提供了基本的结构模式：在句子结构和名词性短语结构中，都包含词汇语类（lexical categories）投射和功能语类（functional categories）投射这两个层次，并且其相对位置都是词汇语类投射居下而功能语类投射居上。用L表示词汇性成分要素，用F表示功能性成分要素，则句子结构和名词性短语结构的分层可以用统一的方式抽象概括表示如下：

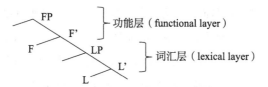

图 0.1　短语结构的基础分层

再具体一点来看，则句子结构从作为词汇性中心语的动词开始，自下而上向功能中心语层次投射，形成的基本结构分层如下：

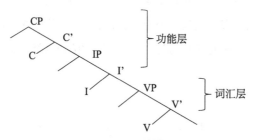

图 0.2　句子结构的基础分层

类似地，名词性短语结构也同样从作为词汇性中心语的名词开始，自下而上向功能中心语方向投射，形成的基本结构分层如下：

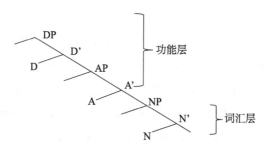

图 0.3　名词性短语结构的基础分层

词汇语类要素以名词、动词、形容词等为代表，为所在结构提供具体的词汇语义信息(可称为词汇中心语成分)，而高层的功能语类要素(包括时体、语气、有定性、性、数、人称等成分)则为整个结构提供更为抽象的语法、功能等信息(可称为功能中心语成分)，词汇语类和功能语类共同完成短语结构和句子结构的信息表达。词汇层与功能层的分层是制图研究产生和发展最重要的技术促动因素。

促动句法制图方案产生的第二个关键性因素是，随着跨语言层面上对句子结构中屈折成分和名词性短语结构中限定性成分等功能要素的深入研究和广泛讨论，研究者们很快发现，即便是在功能投射中，也可以继续分层。也就是，原来认为是同一个功能层的结构中可能存在不止一个中心语成分。相应地，某些原来描写为单一功能层的结构也就可以分裂为多个不同的功能层。

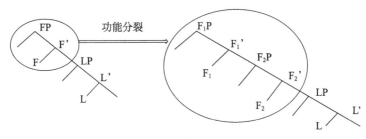

图 0.4　功能分裂图式

比如图0.2中的IP就可以分裂为不同的功能层，这就是所谓的"IP分裂假说"(split IP hypothesis)。提出这一假说的代表性文献是Jean Yves Pollock发表在《语言学探索》(*Linguistic Inquiry*)的《动词移位、普遍语法和IP的结构》("Verb movement, *Universal Grammar and the structure of IP*")(Pollock 1989)一文。受Richard Kayne于20世纪70至80年代在巴黎的一系列教学讲座的启发和影响，这篇文章对基于英语研究的动词移位现象以及相关的功能中心语研究进行重新审视，以法语语料为主要支持证据，证明除了动词和时（tense）的投射，还存在另外的"一致性投射"（agreement projection），该投射有别于"时"，从而将IP分裂为TP和AgrP，这一"IP分裂假说"更加系统地解释了英语和法语之间的一系列句法差异。

沿着这一思路，不少欧洲学者通过对罗曼语、班图语等不同语言的研究，论证了"IP分裂假说"的可靠性及IP分裂后不同功能中心语的相对分布层级。比如Belletti（1990）的研究认为，Pollock（1989）关于IP分裂的观察是正确的，在句子结构层次上确实存在多个不同的功能中心语。不过在具体层级排序上，Belletti（1990）有不同意见，她认为AgrP并非像Pollock（1989）所认为的那样居于TP之下，相反，它应该居TP之上，表达与主语之间的一致关系。这一思想得到Chomsky（1991）的响应，他认为，Pollock（1989）和Belletti（1990）都有道理，因为实际上存在两个AgrP，一个是居于高层的功能投射AgrSP，负责与主语之间的一致关系，另一个是低于TP的AgrOP，负责与宾语之间的一致关系。这样AgrP就由Pollock（1989）中的TP-AgrP进一步分裂为AgrSP-TP-AgrOP的精细化层级，可称之为"AgrP分裂假说"。除了IP分裂、AgrP分裂外，学者们还讨论了CP分裂（如Rizzi 1997等）、DP分裂（如Giusti 2005等）、轻动词分裂（如Si 2021；蔡维天 2016；司富珍 2018a等），结构描写微观化的同时也发掘了若干新的功能语类。这些关于功能中心语分裂的假说，进一步引发了比较句法研究的热情。

促动制图研究发展的第三个影响因素是"反对称假设"（antisymmetric hypothesis）（Kayne 1994）以及对局部简约性（local simplicity）的考量。所谓"反对称假设"，指的是Kayne（1994）在其著作《句法的反对称性》（*The Antisymmetry of Syntax*）中所主张的如下观点：1）短语结构实际上完全可以决定语序；2）如果两个短语线性语序不同，那么它们的层级结构也一定不同。Kayne（1994）认为，自然语言偏爱简单而统一的原子式表达结构，倾向于禁绝多重指示语（multiple specifier）或附加语

（adjunction）结构。

关于附加语，有强式和弱式两种观点。弱式观点认为，移位的落脚点不能在附加语上，但在基础生成的位置上还是有可能存在附加语；而强式观点则认为，即使在基础生成的结构中也不存在附加语。这意味着，在一个完整的投射层中，最多只存在一个中心语、一个指示语、一个补足语，不存在附加语。Rizzi（2004）将这些限制条件称作"局部简约性"。关于附加语的强式观点带来的理论后果之一是，原来一般被认为应该在附加语位置上的副词、形容词等语类的句法地位需要重新思考。Cinque（1999）关于副词的研究支持这一理论假设。该研究认为，副词在屈折形态系统中相应功能中心语的指示语位置得到允准。该研究通过对比不同语言中副词的形态句法，提出不同类型的副词会出现在不同中心语的指示语位置，同时，这些副词的位置反过来又可以为相应功能中心语的层级提供形态和句法两方面的解释性证据。这一研究为功能中心语分裂的相关假设提供了有力的支持。

促动句法制图方案产生的另一个更重要的因素来自理论内部。原则与参数框架下的很多研究主要是以问题为导向，研究取向多是运用原则与参数框架考察跨语言句法表面的多样性及其限制条件以及它们与普遍语法之间的关系。整体研究风格是一种自下而上的问题驱动的研究。从某些方面来说，大量功能中心语成分的提出以及对结构的精细化描写在一定程度上使人怀疑这种研究似乎有增加句法表达式的复杂性之嫌。于是，不少人不断思索这样的问题：1）同一语言内部句子和短语功能结构的丰富性和复杂性到底遵守什么样的限制条件？2）不同语言的功能结构之间具有多大的差异性和普遍性？3）研究探索中所发现的复杂的句法事实表象与生成语法理论简约性的整体追求之间是否存在矛盾，二者之间又可能存在怎样的平衡？等等。句法制图的研究思路就是在这样的理论思考及跨语言对比研究的背景之下应运而生的。其理论上主要的出发点是探索一种自上而下的研究思路来与之前的研究相互补充，目的是从一个更抽象和概括的角度来探究句法结构复杂性的上限（Cinque & Rizzi 2008）。

在如上所述的背景促动下，通过一系列和原则与参数框架有关的研讨活动，句法制图理论的基本脉络逐渐变得明晰，其标志性成果是Cinque（2002）的《DP和IP中的功能结构》、Rizzi（2004）的《CP和IP的结构》和Belletti（2004 a）的《论结构及其他相关问题》。正如这三卷书的书名所示，句法制图研究锚定的主要领域首先是功能结构，而着手处则是CP、IP、DP等短语结构的内部分层，通过比较研究对跨语言的证据进行了深入系统的调研和探讨，涉及的问题包括：1）功能中心语的内容、数量与相对次序应该是怎样的？2）语篇相关的信息在句法结构中是否可以得到统一的形式化描写和解释？3）屈折形态丰富的语言为句子结构分层提供了很多直接证据，那么对于屈折形态不是很丰富的语言来说，功能中心语的情形又该如何？围绕这些问题，上述研究在认识论、方法论上逐渐形成了一些共识，比如：1）关于功能语类的层级。自然语言句法构造的普遍法则可以完美地体现在词汇要素和功能要素的普遍投射规律上；功能语类的内容、数量、层级具有高度的跨语言普遍性，语言之间的差异只是形态音系实现和句法移位等的不同使然。2）关于屈折形态成分。屈折形态成分在句法中分层分布，它们与相应的功能投射层对应，共同参与句法运算。3）关于左缘结构相关移位。不存在无条件的移位；所有移位都是有理据的，它们都与特定的语义语用信息表达相关（比如话题、焦点等），都由一定的功能中心语携带的"校准"（criteria）特征（Rizzi 1997）所驱动。左缘结构相关的移位成分都是短语结构语类，而落脚点都在相关功能中心语的指示语位置。4）关于功能中心语的实现方式。不同功能中心语在不同的语言甚至同一语言的不同结构中的形态音系实现方式可以不同，它们可以是形态上独立的词，或形态上并不独立的词缀性成分，甚至是没有语音形式的空成分。但它们所对应的功能层级序列却是普遍的、有定的。5）关于功能层级的跨语言普遍性。形态不丰富、不发达的语言中同样具有包括格、时态、数等的功能层次，只不过它们没有直接的语音实现而已。

在此后十几年的发展中，制图研究新成果不断涌现。截止到2015年，牛津大学出版社出版的"句法结构的制图"系列丛书已达11本之多。除专集外，更多是运用制图思路专攻句子左缘结构、语篇相关信息结构、名词性短语结构等话题的单篇论文。此外还有一些单独出版的专题性研究著作同样值得关注。

2014年，日内瓦大学语言学系设计和承担的科研项目"成人语法和儿童语言习得中的句法制图和局域性问题"（Syntactic Cartography and Locality in Adult Grammar and in Language Acquisition，简称SynCart）在欧洲研究委员会（European Research Council）的资助下正式启动，该项目由现任职于法兰西公学院的Luigi Rizzi教授和锡埃纳大学的Adriana Belletti教授领衔主持，锡埃纳大学的Giuliano Bocci、日内瓦大学/北京语言大学的Giuseppe Samo及日内瓦大学的Karen Martini共同参与，同时还有日内瓦大学的Ur Shlonsky和Julie Franck以及来自锡埃纳大学的Valentina Bianchi、Eincenzo Moscati和Claudia Manetti等人共同协作。截止到2022年底，该项目研究团队已经公开发表论文近百篇，组织或参与制图研究专门性会议10余次，其中包括系列国际会议"句法制图国际研讨会"（International Workshop on Syntactic Cartography，简称IWSC）和2022年在牛津大学召开的聚焦句法制图的"映射句法：普遍性、差异性、习得及演化"（Mapping Syntax: Universals, Variations, Acquisition and Change）国际学术会议。

句法制图早期研究涉及的语种范围主要是印欧语系罗曼语族、日耳曼语族诸语言，代表性文献如Rizzi（1997）、Cinque（1999），以及受他们影响产出的一大批其他语系语言的研究成果：例如Puskas（2000）关于匈牙利语（属乌拉尔语系）的研究，该研究同时也观察了匈牙利语以外的其他一些语言以及手势语和历史语言学中的句法制图现象。之后，在亚洲、非洲、美洲等地，也有越来越多的学者（包括日本、韩国、摩洛哥、印度等地的学者）以句法制图为研究范式，结合自己的母语或熟悉的语言开展研究，特别是以左缘结构或右缘结构（right periphery）为主要区域的实证研究，还有不少学者以句法制图为框架考察闪米特族诸语言（如阿拉伯语、希伯来语、马耳他语等）。这些研究大大丰富了句法制图的数据来源，也进一步支持了句法制图的基本假设。这方面的代表性文献还有Pearce（1999）关于南岛语的研究，Shlonsky（1997，2000，2012，2014）关于阿拉伯语和希伯来语的研究，Legate（2002, 2003）关于瓦尔皮利语（Warlpiri）的研究，Aboh（2004）关于非洲格贝语（Gbe）和夸语（Kwa）中话题和焦点的研究，Endo（2007）关于日语句子边缘成分的研究等。有关跨语言研究的更详细的成果资料，可参考由Rizzi指导并由Giuliano Bocci、Giuseppe Samo和Karen Martini等人在日内瓦大学具体负责创建的SynCart项目网站（https://www.unige.ch/lettres/linguistique/syncart/home/）。

在中国，有着相同直觉和理论追求的研究者也在沿大体相似的方向努力，如司富珍（2002/2009）关于"句法槽"概念的讨论及对于介词、轻动词和动词等级序列的观点在思路上与句法制图契合。该研究认为，"句法槽"所组成的"普遍语法原型的候选结构"好比是"硬件"（司富珍2002/2009：12），而句法槽与出现在这些句法槽位上的词语之间的关系可以用如下所述的比喻来理解：

> 就像舞台与演员、观众席和观众之间的关系。譬如在剧场，演员和观众带有不同的特征，舞台和观众席也带有不同的特征，谁是演员，谁是观众，是位置和参与者各自特征匹配的结果，"对号入座"的说法反映的正是这种匹配的法则。演员一旦表演结束，坐到了观众席，他就由演员变成了观众；把观众推上舞台让他表演节目，那一时刻他就又由观众变成演员。所以，对其身份和类别的判定起决定作用的还是位置。……生成句子的过程与此相似。
>
> （司富珍2002/2009：19）

　　句法结构中的词语就像容器里的水和空气等填充物或剧场里的演员和观众，它们究竟属于什么语类、呈现什么样的形态，并不完全由其自身所决定，而需要根据它出现的具体的句法槽位来断定。这一观点与黎锦熙（1924/2000）关于"依句辨品，离句无品"的品类观相一致。句法结构中的层次具有相对稳定的、独立于某个特定的具体词语的抽象句法层级，并且在这些层级中，功能性越强的成分越居上，词汇性越强的成分越居下，以上这些认识都与句法制图的有关思想有相似之处。正是这种研究直觉上的相似性使得后续相关研究最终汇入句法制图的研究潮流。2015年，首届句法制图国际研讨会在北京语言大学召开，这是首个以"句法制图"命名的专题性国际会议，会议论文既有宏观的、带有争鸣性的基础理论探讨（如Larson 2015/2017；Rizzi 2015/2017），也有针对句法、形态、韵律等具体问题的讨论（如Feng 2015/2017；Tsai *et al.* 2015/2017等），涉及的语种涵盖汉语、意大利语、印地语、日语及各种非洲语言等。目前，"句法制图国际研讨会"已成为由来自欧洲、亚洲、美洲和非洲等多地学者共同参与的、两年一度的重要会议。同时，以句法制图为框架的硕博士学位论文（如胡皓月2018；李富强2020c；李雪峰2021；刘文英2017；罗卓思2019；史德明2018等）的出现，记录了国内句法制图研究新生力量的成长足迹。而2018年，句法制图国际研究协会（International Association of Syntactic Cartographic Studies）在中国澳门的成立则标志着制图研究者拥有了自己的学术共同体。

　　为帮助更多读者了解句法制图理论，本书特以导论形式选择和组织各章，所论内容主要涉及句法制图研究的核心理论、总体思路、方法策略、研究范围、主要话题及相关代表性成果。除绪论和第七章的"重要论题和未来展望"外，其余部分的结构框架安排如下：第一章主要讨论句法制图的理论背景，勾勒其发展的主要路径和脉络，重点评述生成语法在语类范畴和功能中心语的理论方面的发展及其对句法制图的影响。第二章总结句法制图方案的核心理念，介绍其主要策略与方法，提倡以强式句法制图观为策略，开展更多跨语言对比研究，恰当地运用"以A语言的眼光看B语言"的方法策略，以弥补单纯地从单一的语言看该语言所不容易看到的现象和规律。第三章和第四章分别围绕句法制图的两项奠基性研究[Rizzi（1997）关于左缘结构的研究和Cinque（1999）关于IP内部功能中心语层级的研究]展开评述，评介在它们的影响下产生的若干相关代表性研究案例，其中第三章重点关注"左缘结构"的研究，对跨语言视角下话题、焦点等问题的句法制图研究进行评述；第四章的讨论对象是"IP分裂假说"和vP左缘（低位IP）的相关研究，以Pollock（1989）、Cinque（1999）和Belletti（2004b）等为代表，讨论这些研究在功能中心语研究方面的贡献，同时也对Larson（1988，2014）关于语壳结构的研究思路与句法制图之间的相似点进行评述。第五章专注于与名词性短语相关的功能中心语研究，内容包括DP假说、DP与CP的平行性、DP功能分裂等。第六章探讨构词层面的内部结构投射规律，选介几个运用中心语理论分析词内结构的代表性研究，同时对制图理论影响下新近出现的"纳米句法"以及本书作者提供的"XW投射模型"等分别作简要介绍。

全书围绕"精细化"描写这一句法制图理论的标志性特点展开研究，因此选取的代表性研究案例大多具有"功能分裂"的特点，这是运用"思维放大镜"精细化地观察结构层级的必然结果。在句法制图与最简方案的关系问题上，同样提倡使用"思维缩放镜"的工具观察二者在"简约性"方面的不同关注点：当开启"思维缩放镜"的"缩小"（zoom-out）模式时，得到的是最简方案式的宏观简约性；而"放大"（zoom-in）模式开启时，看到的就是一个个以功能结构分裂形式呈现的丰富的内部层级，以及每个层级在局部层面所展示出来的"一个特征——一个中心语——一个投射"的"局部简约性"。

第一章

理论基础和发展路径

1.1 概述

作为生成语法研究的两个平行互动的重要分支，句法制图理论与最简方案产生和发展的时期以及赖以产生的理论背景大致相当。它们都和原则与参数框架有直承关系，都以后者为基础发展而来，有相同的理论基础和一致的理论追求，同时在研究目标、主要关注点以及具体的研究取向上又有较为明显的不同，是同一理论之下并行不悖的两个分支。

关于这两个体系之间的关系，曾有学者作过评述或介绍，国外研究如 Cinque (1999)、Rizzi (2004)、Belletti (2004 a，2004 b)、Crushina (2011)；国内研究如陆志军 (2017)、司富珍 (2019) 等，Mao & Meng (2016) 也通过访谈形式记录了 Cinque 就这两种方案之间的关系所发表的看法。

概括起来说，句法制图理论与最简方案的共性可以总结为以下几个方面：1) 二者都强调不同语言之间在句法机制方面的普遍性 (universality) 和统一性 (uniformity)，都重视简约性 (simplicity) 在句法理论建构中的核心地位以及具体句法操作的经济性原则 (economy principle)，这些是二者最关键的联结点和相同点。比如，Chomsky (2001，2017) 认为，人类语言具有统一性，差异仅限于容易观察的言语部分。句法制图理论的强式和弱式两种观点也都强调语言之间的统一性，在运用技术手段呈现语言之间的普遍性与统一性方面更是有过之而无不及。2)二者近期都关注句法与语篇的接口，并认为移位的目的是满足接口部门的某种需求。语段的分界点和"左缘"的分界点基本相对应。在最简方案里，典型的语段包括C、v*，另外也有学者讨论认为D也可以成为语段节点；而在句法制图理论中，左缘结构相关的节点也是C，v*和D。3)从技术细节上看，这两种体系都主张移位是不经济的，是不得已时才用的"最后一着"。如果移位，也都需要遵守局部性（locality）条件、邻接性（subjacency）条件，最短链接（minimal link）条件、语段不可贯穿性条件（phase impenetrability condition）、完全解释性（full interpretation principle）条件等。

不同之处则主要表现在：1)句法制图理论一方面主张人类语言就其本质而言是简约和经济的系统，另一方面也高度关注句法结构内部层级的丰富性和表面上显现的复杂性，并且试图为这种丰富性和复杂性提供尽可能详尽的描写；而最简方案则旨在通过一套精简的描写工具来为句法理论的简约性获取最多的证据支持。2)相比于之前各种版本的原则与参数框架理论模式，有人认为，最简方案所提供的描写工具相对贫乏，而句法制图理论则为句法描写（特别是与功能中心语相关的描写）提供了极为能产的工具与方法。3)从结构呈现的样貌来看，最简方案多数文献所提供的句法表达看起来要简约一些，而句法制图理论所描写的结构表达式比之前看起来却要充盈丰满得多。

从技术细节及其背后的原则来看，最简方案和句法制图理论也表现出了明显的差异：1)最简方案放弃了X'理论等原则与参数框架下的很多假设，而句法制图理论则继续沿用X'理论模式对功能中心语的层级进行精细化描写。最简方案（Chomsky 1995）主张关于句法标记的光杆短语结构理论（bare phrase structure theory，简称BPS theory）。按照光杆短语结构理论，句子表面的线性顺序限于语音形式（即phonetic form，简称PF）层面或外化（externalization）的过程。乔姆斯基认为，Kayne（1994）所提出的"线性对应公理"（linear correspondence axiom，简称LCA）是"在形态输出的过程中才得到应用的，因此属于音系部分的原则"（Chomsky 1995：340）。按照这种思想，狭义句法中发生的句法操作对于结构成分的线性顺序是不敏感的，线性顺序体现的应该是一种接口效应，而不是语言本身具有的本质属性。而自 Kayne（1994）以来的反对称性理论则主张，线性顺序与句法结构之间有直接的对应关系，即不同的线性顺序背后一定有一个不同的句法结构，句法结构决定线性顺序，因此语序问题实质上还是属于狭义句法的问题，是狭义句法的有机组成部分。在这一点上，Cinque（1999）等的句法制图研究更多地倾向于支持 Kayne（1994）的假设。2）最简方案允许同一个中心语携带多个指示语，与中心语进行多重特征核查（Ura 1998；司富珍 2002/2009），而句法制图理论则主张"一个特征，一个中心语，一个投射"的原则：每个中心语最多只有一个指示语和一个补足语。不存在一个中心语对多个指示语的情况（Cinque & Rizzi 2008）。3）对于移位的动因，最简方案认为，语段中心语所带的边界特征（edge-features）驱动内部合并（internal merge）/移位，移位的落脚点是语段边界的延展（extra）位置：即 C 或 v^* 的指示语位置。边界特征总是与解释性效应相联系，比如跟语篇相关的话题、焦点等，这被称作是边界效应（edge-effects）。而在句法制图理论中，与边界相关的位置被称作"左缘"，驱动移位的则是左缘位置的"校准特征"（criterial features）。这些同样也是语篇相关的信息，因此二者实质上异中有同。

尽管存在如上所述的差别，这两种理论分支在语言理论的根本主张、主要原则等最根本的"计算设置"方面还是兼容一致的。比如它们在语言的内在性、普遍性、经济性以及重视语言的接口问题等方面观点一致。二者都认同句法运算的二分叉合并构造方式，并且在将合并区分为外部合并（external merge）和内部合并方面高度一致。同时，它们都使用这种方式构造出具有不同等级的层级结构。不过，比之最简方案，句法制图理论更多强调对于句法结构内部层级的精细化展示。

1.2 理论基础

1.2.1 X'理论模式

　　在原则与参数框架所奠定的诸多理论中，X'理论是影响程度和应用范围最为广泛的模块之一。生成语法的整个历史可以说是一部由"简约性"和"解释性"为导引的发展史。X'理论产生的根本动因之一也正是为自然语言内部结构规律的简约性提供解释。这一理论作为一个成熟的理论模块被提出是在Chomsky（1981）所著的《支配和约束论集——比萨学术演讲》（*Lectures on Government and Binding: The Pisa Lectures*）这本书中，但其理念的产生则始于Chomsky（1970）这篇关于名物化问题的讨论文章。Chomsky（2020b）在总结回顾《论名物化》（"Remarks on nominalization"）这篇文章的写作背景时，曾谈及当年用X'理论取代短语结构语法（phrase structure grammar）的理论动因：早期生成语法出于对"解释充分性"的追求以及为普遍语法（Universal Grammar，简称UG）选择合适的理论的动因，曾对结构主义理论框架下的短语结构语法进行评估，结论是该语法太过复杂，因而不可能成为可以恰当地解释UG的候选理论，而X'理论的提出则大大限制了理论的复杂性。

　　X'理论的核心思想是，每个短语结构XP都由其中心语X按照一定的规律投射而来，中心语的性质决定其所在短语的最重要的性质。比如从语类范畴来看，如果X是名词，那么XP就是名词短语；如果X是动词，那么XP就是动词短语，依此类推。X'理论最大的贡献之一是使得句法理论的概括性得到了巨大提升。因为X可以代表任何一种语类，比如名词、动词、形容词等，但投射原理则基本相同。这里，相较于传统的就事论事式的N、V、A等，用X来统一概括不同语类可以说是一种革命性的变化。它像数学中的代数，比之于就事论事的1、2、3等，X、Y、Z的概括力不言而喻。句法结构研究中引入X'理论的理论意义犹如数学中引入抽象的代数表达形式，它大大提高了语类表述系统在分析短语结构内部关系方面的概括性和解释力，有助于更好地回答语言习得的逻辑性问题：自然语言何以做到"有限手段的无限使用"？

X'理论模式的理论价值和应用价值有很多，比如：1）它明确定义或诠释了哪些是"可能的"人类语言结构，哪些是"不可能的"人类语言结构（详细讨论还可参见Moro 2016）；2）它为不同类型的短语结构提供了统一的解释模型；3）它为构词层、短语层及句子层面内部构造之间的平行性研究提供了新的线索；4）它从句法结构运算的依存原则和投射原则角度排除了"离心结构"存在的可能性；5）它直观且形象地解读了不同语言之间的结构共性。

前面提到，X'理论如今已经不再是最简方案的组成部分，Chomsky（2020a）重新评价了这一理论，一方面回顾了当年X'理论在削减短语结构语法理论复杂性方面的影响与贡献，讨论了它当年受欢迎的原因，另一方面也谈到了以光杆短语结构理论取代X'理论的考虑：1）关于语序。在接口层面存在结构错配，即在感觉运动（sensory motor，简称SM）层面，语言生成的PF是以线性顺序来表达的，而在概念 — 意义（conceptual-intentional，简称CI）层面，生成的则是没有线性顺序限制的纯粹结构。乔姆斯基援引Reinhart（1976）关于成分统治（C-command）等的研究成果，认为从严格意义上讲，线性顺序并非语言句法的核心部分，但X'理论则自然会推导出线性顺序的结论来。2）关于中心语参数。X'理论带来的另外一个与语序相关的自然结果是"中心语参数"（按照中心语参数理论，一种语言的基本结构要么中心语在前，要么中心语在后）。作为原则与参数框架的一部分，"中心语参数"在解释语言的共性与差异方面显然取得了显著成效。原则与参数框架使得转换语法时代复杂的规则系统得到大大缩减，生成语法解释充分性的理论优势进一步得到突显。但是，Chomsky（2020a）却认为实际上并不存在中心语参数，因此也就不存在与之相关的进化问题，也不存在思考它在普遍语法中的地位问题或研究它在人脑中存储方式的必要性。3）关于向心性。X'理论的投射原则带来的另外一个理论后果是所有构式都是向心结构，然而Chomsky（2020a）认为这一认识是不正确的。

但是，在包括句法制图研究在内的多数生成句法操作实践中，X'理论仍然广为使用。并且，在语序问题是否是句法核心这一问题上，也还存在不同的见解，比如在这一点上，Kayne（2022）的观点就截然相反，本书后面还会提及。而在句法制图理论的一般讨论中，X'仍然是基本的构造模式。此外，在结构的向心性问题上，即在是否存在"离心结构"这一问题上，也还有值得进一步商榷之处。在本书所提供的关于制图理论的结构模式中，X'仍然是核心的模式。

1.2.2　功能中心语思想

"中心语"并不是生成语法特有的术语，不过在生成语法中，特别是在句法制图理论模型中，功能中心语思想可谓发挥到了极致。

在生成语法之前的语法理论模型中就有不少关于中心语问题的讨论，比如结构主义语言学（参见Bloomfield 1933）关于"中心词分析法"的讨论。不过，在理论体系及具体中心语的认定问题上，生成语法和结构主义存在明显不同，特别是功能中心语思想在生成语法体系中有重要的理论突破。例如在关于哪些成分可以承担"中心语"的角色这一点上就存在很大差异。与传统语法不同，在生成语法框架下，虚词和不能独立成词的词缀性成分也可以承担句法运算中独立的原子单位。这方面认识的差别可以有关汉语"的"字所在结构的中心语认定问题所引发的争鸣为例（如司富珍2004，2006；熊仲儒2005；周国光2005）。

功能中心语思想在X'理论模式下得到了更加清晰和公理化的描写，这两个方面的理论完美结合，极大提高了理论的解释力，特别是解释了两个方面的共性，一是跨语言之间在句法结构组建上存在的共性，二是不同语类（如名词、动词、形容词）的结构组织之间在投射规律方面的结构共性，也包括实词性语类和功能性语类之间的结构投射共性。

在X'理论和功能中心语思想的启发下，句法学家们对短语结构语法有了全新的认识。结构描写的体系也发生了很大变化，比如传统将句子标记为S的做法在各种类型的生成语法理论模型中都不复存在，原因就在于它无法解释"可能的语言结构"问题。现行理论体系中取而代之的是X'理论下的新的句子结构标记法：CP、IP等。

有很多学者为X'理论模式的改进以及短语结构标记系统的优化贡献过智慧，其中包括Jackendoff(1977)、Marantz(1980)、Stowell(1981)、Huang(1982)、Pesetsky(1982)等。就句子的标示而言，Jackendoff(1977)和Marantz(1980)主张将句子结构的标签由S改为VP，这一做法首次将句子看作是与一般短语结构一样由相应中心语(动词V)投射而来的最大投射体，这一改进对之后的相关研究具有重要启发意义。随着对约束理论、空语类原则、屈折性功能成分的句法地位等研究的推进，Stowell(1981)、Huang(1982)、Pesetsky(1982)等又将句子结构标记修改为IP，即把句子描写成由屈折成分所代表的功能中心语投射而来的短语结构。这样，屈折性功能成分的句法表现也很好地得到了描写，它对于研究各种语言中所谓的"成句"现象具有新的启示意义。随着对句法—语篇研究的推进，句子的完整结构投射又进一步细化为CP—TP—vP—VP四个层级区域，从而为句子结构中论元结构摆放、屈折形态表达、句法语篇接口、事件结构的研究等不同内容都提供了统一解释的可能性，极大地提高了句法描写的能产性和启发力。X'理论和功能中心语思想也因此成为句法制图理论核心的理论基础之一。

1.2.3　二分叉理论

句法制图研究普遍遵守的一个基本操作程序是二分的合并程序，在这一点上与最简方案的基本精神一致。Chomsky(1995，2020a，2020b)等系列文献中提出的"强式最简思想"(strong minimalist thesis)旨在寻找为所有语言现象提供符合实际的可信解释(genuine explanation)，并将之作为理论建构的理想。而接近这一理想的途径之一是寻找决定语言习得过程中计算操作的最简程序。例如 Chomsky（2020a）认为，最简单的组合程序是二分叉的组建模式（binary set-formation），也就是"合并"（merger）。由此也可见二分叉结构规律在最简方案中的重要性。

Kayne（1984a）在讨论二分叉的结构限制时曾强调过二分叉理论对于解释可学性问题（learnability problem）的好处，同时也讨论了这一结构限制在解释其他一系列句法现象时的理论优势。关于二分叉句法结构限制条件的认识后来得到了更多研究的支持，具有重要的理论影响。举例来说，Larson（1988）重新认识双宾句的谓语动词结构，并提出动词核（core）—动词壳（shell）分层的"语壳结构理论"（shell structure theory），其中重要的理论支撑就是二分叉的句法结构限制条件。许多原来用三分模型无法解释的现象（如两个宾语之间在约束关系、量化问题等方面的不对称性现象），在二分叉结构模式下得到了很好的解释。二分叉结构模式也有助于解释类似并列结构这样一般被认为可以三分甚至多分的结构中的一些特殊的句法现象，如并列项之间在约束关系上的不对称性等。二分叉理论是最简方案、句法制图、分布式形态学等多个现行生成语法理论分支共同遵守的基础理论。

二分属性（binarity）在语言学多个领域都得到了运用，不过有时它的所指含义并不相同。比如它有时用来指某个特定的语言单位只有两个值可供选择，非此即彼。这一点在以雅可布逊为代表的结构主义音系学（Jakobson 1941/1968; Jakobson *et al.* 1952）中就是核心的内容，在 Chomsky & Halle（1968）中更是达到极致（Gil 1989）。如在语音上，[+voiced]/[-voiced] 是一对二中取一的区别性特征，一个具体的音要么是清音 [-voiced]，要么是浊音 [+voiced]；又如在语义上，[+animate]/[-animate] 是一对二中取一的选择特征，一个词要么是有生的 [+animate]，要么是无生的 [-animate]，非此即彼，二者不可得兼。这一类型的二分属性宜翻译为"二值性"，它是一种非此即彼的参数性选项。在 Chomsky & Halle

（1968）的体系里，甚至像舌位的高低前后也使用了二值的描写方法，例如用[+high/-high]、[+back/-back]这样的二值描写。

结构方面的二分属性也用binarity表述，但含义有别，它指的是，一个结构体最多可以分解为两个平行的直接子成分。这一类型的二分属性宜翻译为"二分叉结构属性"或"二分叉限制条件"（binary branching constraint）。我们在这里关心的主要是二分叉结构属性。生成语法关于形态句法结构层面的二分叉限制条件最早由Aronoff（1976）、Kayne（1984a）提出，在音系、韵律、形态、句法等方面得到广泛应用。Mellesmoen & Urbanczyk（2021：1）回顾以往的研究后，为二分叉假说提供了如下定义：

> 二分叉假说（binarity hypothesis），所有表达式最多可以分解为两个分支。

以下简要举例说明这种结构上的二分叉限制条件在音系、韵律、形态和句法层面的运用。

（一）音系和韵律结构层面

受Chomsky & Halle（1968）的影响，音系研究的关注点主要集中在[+/-syllabic]层面。20世纪70年代末期，人们开始更多关注音节内的层级结构，并在二分叉思路下对传统的首（onset）、韵（rhyme/rime）、核（nucleus）和尾（coda）等进行层级结构的分析。

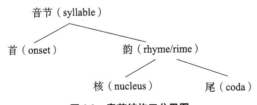

图1.1　音节结构二分叉图

Kayne（1984b，1990）在原则与参数框架下研究音系结构，认为音系结构与句法结构一样，遵循相似的结构规律。该研究主张用原则系统替代早期更为复杂的规则系统，从而对语言之间音系方面差异性的描写进行了简化。在结构方面，提出了音节结构的二分叉限制条件，即所有的音节结构成分在每个层级上最多可以二分，并且二分后的两个子成分之间具有不对称性（asymmetry）。

在音系结构的每一个节点，都存在可以继续二分分解的可能性，Kayne（1990）认为，每个节点是否可以继续分解因语言而异，它也是一种参数化的选择。这一研究的目标是尽可能揭示音系结构构成的理据，认为音系程序与它所发生的语境有直接的关系。与之相关的限制条件包括"严格局部性条件"（the strict locality condition）和"严格方向性条件"（the strict directionality condition）等。其中"严格局部性条件"指的是管辖成分必须与受管辖成分邻接，而"严格方向性条件"指的是在基本骨架层次上管辖关系的方向是跨语言普遍性的，所有的成分都是中心语在前（head-initial），在这一点上不存在参数差异。

音节结构层级及其终端节点为音系轻重信息的传达提供了位置，来自跨语言的研究证据表明，韵律结构和音系上的轻重关系有独立的计算程序。在音节和莫拉层面，合法的扩展程序必须遵循二分叉结构原理。每个韵律音步都按二分机制运行（Hayes 1995）。从韵律角度看，其核心的假设是存在一个关于音步类型的具有跨语言普遍性的库藏清单，不同的语言会从中选择不同的类型。这一点类似于句法制图关于普遍性的弱式制图思路。这一研究带动了韵律结构及其与形态、句法的接口研究。在汉语语法研究中也由于冯胜利（1996）等的启发与贡献产出了大量有意义的成果，相关内容在后面的章节中还会提及。

（二）形态结构层面

二分叉结构模式在形态学中的应用也非常广泛。Aronoff（1976）、McCarthy & Prince（1986/1996）在韵律形态研究中引入二分叉理论，认为形态结构中的最大分叉值也是二分。

先看简单的例子，以repeatability为例，其结构如下：

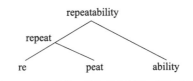

图1.2　形态结构二分叉图（例释：加缀构词）

repeatability是多语素词，但这些语素的组合在每一个可分解的层级上又都是按照二分的结构模式一层层组合而成的：每次计算参与的成分最大数量为"二"。Broselow（1983）、Urbanczyk（2006）、Mellesmoen & Urbanczyk（2021）讨论了萨利什语的多重重叠现象，为二分叉形态结构计算贡献了来自"小语种"的证据支持，举例如下：

（1）　a. bədaʔ　　　孩子

　　　b. *bí-b*ədàʔ　　小孩子

　　　表小称，重叠形式CV_{DIM}，其中央元音ə改为ɨ

　　　c. **bəd-b**ədáʔ　孩子们

　　　表分配，重叠形式CVC_{DIST}，其中保留央元音ə

　　　d. *bí-**bi-b**əd*áʔ　小孩子们

　　　表分配，重叠形式CV_{DIST}+表小称，重叠形式CV_{DIM}

　　　e. *bí-**bəd-b**ə*dàʔ　动物粪便；玩具

　　　表小称，重叠形式CV_{DIM}+表分配，重叠形式CVC_{DIST}

通过（1a）和（1b）以及（1a）和（1c）的两两对比可知，该语言中表小称（diminutive）的重叠形式是CV_{DIM}（也就是辅音重叠，重叠后的元音变为[i]表小称），而表分配的重叠则是CVC_{DIST}（也就是整个音节中占据前三位的辅音—元音—辅音复合体CVC重叠来表达分配义，其中元音不变）。但（1d）似乎是个反例：表分配的重叠形式和表小称的重叠形式都采用了CV（一个是*bi-bə*，另一个是*bí-bi*）。这一现象，只有从二分叉计算模式分析才能得到合理的解释。那就是，在（1d）中，计算的程序分两步进行，第一步是词干层（stem-level）的重叠，即bədaʔ（孩子）重叠其开头的CV部分来表小称，这符合（1b）所示的规则，其结果形成*bí-bədàʔ*（小孩子）；第二步是词层（word-level）的重叠，而非词干层的重叠，对*bí-bədàʔ*进行加工，重叠的是*bí-bədàʔ*这个词开头的音节部分*bí*，表示分配义复数，得到是*bí-bi-bədáʔ*（小孩子们）。以二分的模式分解开来看，每一步又都符合（1b）和（1c）所示的规律。这是二分叉分析法在形态层面运用的一个跨语言的例证。我们可以为之提供树图如下：

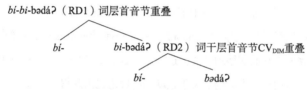

图1.3　形态结构二分叉图（例释：重叠构词）

（三）句法结构层面

有关句法结构层面二分叉机制讨论的典型代表是Kayne（1984a）。该研究在管辖理论下讨论合格句法运算的条件，比如有的结构派生须满足管辖（government）条件、句法树分叉的方向性（directionality of branching）条件等，否则派生的结果就不合语法。同时，该研究特别讨论了二分叉原则的理论优势。以英语的"John dictated the message."为例，在动词和直接宾语之间不可有carefully这样的副词性成分插入[1]，即"*John dictated carefully the message."不合语法。这一现象在Stowell（1981）的研究中需要一个格指派的邻接原则来解释：因为carefully阻断了动词与宾语的邻接关系，所以动词无法为宾语赋格。在Kayne（1984a）的研究中，这一邻接原则是冗余的。二分叉结构原则可以自然保障动词与宾语之间的赋格机制，也就自然解释了副词不可以插入在动宾之间的原因，而无需另外的原则：因为管辖成分只能是N、V、A、P这样的X^0语类，因此[[$_{VP}$ dictated carefully] [$_{NP}$ the message]]结构不满足管辖的条件，而[[$_V$ dictated [carefully [$_{NP}$ the message]]]]也由于类似的条件限制而不可能满足赋格要求。管辖者与被管辖者以二分的形式组成的结构自然地满足了赋格的管辖条件，同时也排除了它们之间插入副词性成分的可能性，理论解释更加简约和直接。同样的道理，双宾结构中的动词与两个宾语NP之间的管辖关系也只有通过二分叉机制才能得以很好地解释。因为传统关于双宾结构的扁平式结构无法满足从动词到NP之间关系的无歧路径（unambiguous path）要求，所以也就无法完成给它们赋格的任务。这一研究也启发了Larson（1988）关于双宾结构的语壳结构观，生成语法关于轻动词的理论也由此得以发展。

在句法制图研究中，结构组建的模式也是严格的二分叉模式。如下所示是对整个句子的粗扩式层级描写，遵循的正是二分叉结构模式：

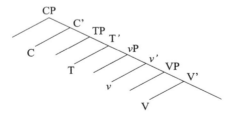

图1.4　二分叉模型下的句子结构基本骨架图

1　这是就其基础生成位置而言的。我们当然不难找到诸如 "The prize winner will examine carefully the benefits provided by each situation." 此类的例子，对此，传统的解释是重式名词短语（Heavy NPs）后置规则使然，而Kayne（1994）、den Dikken（1995）和Larson（1998）则认为是结构中存在左向移位成分的结果。

那么，为什么会在音系结构、形态结构和短语句法结构等层面都普遍存在二分的结构形式？这一点其实还需要更深层次的解释。笔者曾多次提议，尝试为语言结构的二分叉机制提供一种生物语言学视角下的理据分析（如司富珍 2002/2009：10），此处也顺便提及。生物语言学的基本理论假设之一是，人类语言本质上是由遗传所决定的。而从生物学视角来看，二分机制其实是有机体自组织结构的一种普遍的生成机制。大家知道，细胞分裂的方式即是以二分的模式进行：一分二，二分四，四分八，如此循环往复。种种复杂生命现象，其本质不过是二分的普遍机制作用的结果。不难发现，包括人体在内的动物躯体都以二分的形式镜像对称出现，左右手、左右眼、左右耳等，无不如此，甚至连肿瘤的生长也是肿瘤细胞在这种二分模式的机制下进行复制的结果，生命界的无数现象都显示着"二分"的神秘自然之力。20世纪50年代DNA双螺旋结构的发现为进一步揭示这种神秘的二分机制提供了新的生物学理论基础。

有趣的是，体现中国传统智慧的《易经》将世间万物分为阴阳二极组成的有序体系，运用的也是二分机制。而以这一"东方智慧"（eastern wisdom）（Capra 1975）为基础的传统中医几乎已经成为中国人"生活方式"的底层结构。曾有西方学者（Schönberger 1973，1992）对《易经》中所隐藏的关于生命遗传密码解读的智慧进行过令人耳目一新的探讨，认为《易经》与现代遗传学知识之间存在值得重视的巧合。Schönberger（1973，1992）研究了易经六十四卦与64个生物遗传密码之间可能的对应关系，并且认为这种巧合并非真的只是巧合，而是来自更为神秘的宇宙间的自然规律，这一规律体现的正是神奇的自然特征，即无论是在处理信息的思维（mind）层面，还是在实体的物质（matter）层面，它总是以节约能量的优选方式——经济性原则——出现：由于信息（"思想"）和物质（"身体"）在遗传密码中交叉出现，可想而知，进化选择的是最有利、最可靠而又最经济的原则（Schönberger 1973：11）。这一研究启发良多，其中之一便是，我们对于二分机制可以有全新的思考。从这点上来看，《易经》这部中华宝典并不像曾经有人认为的那样是宣传封建迷信的经书，而是深藏着我国古代学者对自然万物深刻认识的科学哲学典籍。这是关于二分机制的一段插叙，随着语言与人脑科学学科的进步，将来可能会证明这或许是最重要的一段插叙。它对于解释语言结构的二分叉机制的普效性应该具有重要的意义。回到正题，二分叉结构模式被广为接受，并且成为句法制图理论的基础性背景理论。

1.2.4　语言结构镜像

镜像是物理世界的常见现象。山与它在水里的倒影、人与镜中的自我影像等，还有人体结构二分对称现象，左右手、左右眼、左右耳、眉毛、鼻子、嘴唇等，二分对称镜像简直无处不在。自然语言结构中也不乏镜像。这里所说的自然语言的镜像涵盖范围更广，包括但不限于Baker（1985）提出的"镜像结构"。它们涉及不同层级的语言单位，比如它可以是词一级的单位，也可以是小于词的语素或大于词的短语结构；可以是同一语言的自我镜像，也可以是不同语言互相之间形成镜像。

1.2.4.1　关于线性顺序

语言中的镜像主要通过语言单位的线性顺序来体现。前面提到过，在语序是否是核心句法（core syntax）的组成部分这一问题上，Kayne（1994，2022）与Chomsky（1995，2020a，2022a）意见不同。因此在介绍自然语言中的几种镜像结构前，先简要评述一下这两个关于语序的不同视角。

Chomsky（1995，2020a，2022a）在讨论二分叉组建（the binary set-formation）模式这一最简组合程序时认为，语言的计算程序以最简单的合并操作为基础，而合并操作是生物进化中产生的、与二分叉同样重要的结构依存原则。至于线性顺序（linear order），Chomsky（2020a）认为它并不构成儿童内在语言知识的选项。当然人们在说话时听到的是语序，而不是结构，但结构是语言内在的本质属性。因此，语序并不是核心句法的组成部分，而是在将表达思想的I-语言外化的时候才参与进来。Chomsky

（2020a）以日语和英语为例，认为它们在基本的VO/OV语序上呈现镜像，但在思想表达，特别是思想的基本命题结构（the basic propositional structure of thought）上，则并没有任何区别。因此，Chomsky（2020a）认为线性顺序在建构思想的I-语言中并没有地位，它是在外化过程中才出现的。因为发音系统不能产生结构，所以在外化过程中只能强制性地使用线性顺序来呈现这些听不到的结构。他还认为，手语对线性的要求没有那么严格，因为通过视觉呈现的可选空间比听说要大得多。因此其结论是，语序一类的表面布局并不在核心的语言系统中，它与进化而来的语言本质无关。Chomsky（2022a）也再次强调这种语言本质及其所表达的思想的普遍性，并强调应该把关注点放在语言与思想表达的共性上。

对于这一问题，Kayne（1994，2022）的观点相反，他主张"反对称"（antisymmetry）理论模式下的语序解释方案。Kayne（2022）还用时序（temporal order）作为语序（word order）的替换术语，以此来强调时间概念的认知在核心句法中的重要性，即Kayne（2022）认为语序是核心句法系统的重要组成部分。相应地，在参与合并的两个成分之间的语序问题上，二人观点也不同。Chomsky（1995，2020a，2022a）认为合并的两个成分之间的顺序并不是核心句法规定的，它们构成的是"非有序对儿"（unordered pairs）：{x, y}。而Kayne（1994，2022）则认为，合并的两个成分之间构成的是"有序对儿"（ordered pairs）：<x, y>。Kayne（1994，2022）援引Greenberg（1966）和Cinque（2005，2010）的观点认为，仅从一对合并成分来看语序似乎是相当灵活的：Dem和N之间的合并只有两种可能性，或者是Dem+N，或者是N+Dem。但是根据"Greenberg普遍规则20"（Universal 20）（Greenberg 1966），如果将考察的范围扩大，那么关于语序的不对称性就变得清晰起来。比如：如果N出现在结构的最后，其他修饰成分Dem（冠词或指示代词）、Num（数词）、Adj（形容词）出现在其左侧，那么这三个修饰成分的语序是固定的。但如果N出现在线性序列的最左侧，而其他修饰成分出现在其右侧时，那么语序就是不固定的。

Cinque（2005）专门围绕"Greenberg普遍规则20"展开讨论，认为从数学角度来看，由Dem、Num、Adj、N四个构件组合而成的结果在理论上有24种可能性。如果再加上其他一些修饰成分，那么从数学角度来讲，最后排列组合的结果可能会多达数万种。不过自然语言的实际情况并非如此。从目前世界上的自然语言名词短语内部结构顺序来看，只出现了前面提到的24种中的14种。Cinque（2005）认为，自然语言之所以没有出现这么多的结构形式来考验人类的记忆和认知，主要归功于合并操作后出现的确定的结构等级序列，这使得实际的组合可能性大大减少。Cinque（2005）考察发现，有一些现象对于"Greenberg普遍规则20"来说是例外，或者说超出了其预测的范围。他认为，所有这些观察到的不同语序实际上由一个共同的基础结构序列派生而来，这个普遍性的结构序列就是：[Dem ... [Num ... [Adj ... [N]]]]，也可表述为Dem>Num>Adj>N。Cinque（2005）认为，这一结构序列是世界上所有语言所共有的DP内部基础结构，语言之间的差异是由于这一基础结构中NP向上移位的落脚点不同而造成的。就是说，这里的移位有两个特点：第一是移位总是自下而上；第二是这里的移位并非中心语移位，而是包含了NP某个短语语类的移位。

Kayne（2022）认为Cinque（2005）的研究结论支持了Kayne（1994）关于反对称的有关假设。Kayne（2022）强调，其观察的重点是相关成分语序的集合，而不仅仅是参与合并的两个成分之间的语序。这大概也正是Kayne（2022）与Chomsky（2020a）最主要的区别所在，前者关心的是整个结构序列的语序规律性，而后者关注的则是原生的合并结构成分之间的元语序灵活性。

1.2.4.2　镜像的不同观察

关于镜像，生成语法文献中大家最熟悉的可能是Baker（1985：375），其镜像原则定义如下：

镜像原则（The Mirror Principle）

形态派生程序必须能够直接反映句法派生过程(反之亦然)。

这一"镜像原则"反映的是形态结构与句法结构之间存在的对称性。Baker(1985)认为，镜像原则是中心语移位所遵循的严格局域性(Travis 1984)条件导致的结果，而这种严格局域性条件是Rizzi(1990)所讨论的相对化的最简性(relativized minimality，文献中常简称RM)的一种具体表现。

Brody(2000:31)的镜像理论关注的也是形态和句法两个层面的关系。其主要假设是：

> X是Y的补足语，当且仅当Y-X组成一个形态单位——即组成一个词。

与基于移位的镜像理论不同，Brody(2000)持一种更为激进的镜像理论观点。一般基于移位的理论都假设，句法功能中心语与其词汇中心语之间的相对顺序不同于实际上所看到的形态结构中的顺序，这是因为在句法层面还会发生中心语移位。Brody(2000)的镜像理论则认为，如果承认镜像的普遍存在，那么移位链的假设就是不必存在的冗余假设，因为只需看到形态与句法之间的镜像就可以得到解释。图1.5的左图是一般基于移位的镜像结构图式，右图则是Brody(2000:32-34)提出的镜像结构图式：

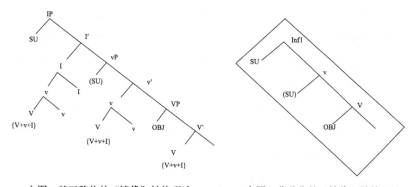

左图：基于移位的"镜像"结构理论　　右图：非移位的"镜像"结构理论

图1.5　两种不同的"镜像"结构观

基于移位的镜像理论讲的是，自然语言中表面形态所呈现出的 V+v+I的形态顺序与IP-vP-VP的结构顺序相反，呈镜像分布，二者的对称性通过自下而上的移位即由V到v再到I的中心语移位后调整为一致。Cinque（1999）对于副词的相对语序与功能中心语的对应关系的推导就是建立在这一基于移位的镜像理论的基础之上。这一镜像理论与中心语移位的严格局部性（strict locality of head movement）或中心语移位限制条件（head movement constraint）有关。而且，移位是从下而上一步步"逐节脊椎""卷腹"（roll-up）而生，处在低位的V向邻近的v移动形成V-v，V-v作为复合体再上更高一层的中心语I移动形成V-v-I的序列，这里它与形态上的表面顺序变得一致。

而激进的镜像结构理论则认为，中心语移位的严格局部性条件面临来自事实和理论两方面的挑战。从事实上来讲，有的语言似乎表明中心语有时可以跨越两个位置。而且，前缀和复合构词也对这一理论提出挑战。同时，该理论还认为，要求形态表征与句法顺序完全对应的设想是不正确的，由此提倡一种非移位的镜像结构解释方案。例如Brody（2000）认为，形态顺序与句法顺序的镜像关系是比中心语移位更为基本的关系，指示语——中心语（spec-head）的形态语序（比如V-v-I的形态顺序）与句法上的结构层级（如I-v-V的结构层级次序）形成镜像。Brody（2000）还认为，结构关系在本质上只有指示语——中心语这样一种原生结构类型，中心语与补足语（head-complement）之间的关系不过是指示语——中心语关系的一种倒置。换言之，补足语这一概念的存在也是不必要的，因为指示语与补足语之间是一种镜像关系，所以完全可以用一个统一的概念来概括它们。镜像本身就是一种解释，这种对应关系无需通过移位来调整。在这一理论之下，如果X是中心语，那么Y与X的关系要么是X的指示语，要么是X分解出的某个别的成分的指示语。

除上述Baker（1985）和Brody（2000）所讨论的形态结构与句法结构之间的镜像关系外，司富珍（2014b）还讨论了同一语言中句法结构内部的镜像关系和短语结构与词法结构之间的镜像关系等不同类型的镜像关系，也讨论了不同语言之间相对应的结构可能形成的镜像关系。为区别于Baker（1985）的镜像原则所指的镜像，这里将扩大了指涉范围的镜像关系称为"广义镜像结构关系"。以下是广义镜像结构关系的部分例子。

首先，广义镜像的类型之一可以是同一语言中同一结构的几个候选形式之间形成镜像。看下面的例子：

（2） The government will examine the financial situation of the company *carefully later on.*

（3） The government will *later on carefully* examine the financial situation of the company.

（4） The government will *carefully* examine the financial situation of the company *later on.*

（5） The government will *later on* examine the financial situation of the company *carefully.*

上面四个英语的例子中，（2）与（3）中的later on和carefully这两个成分之间的相对顺序以谓语动词为轴心呈现镜像，即：

（6） [*later on*-[*carefully*-[谓语动词短语]-*carefully*]-*later on*]

（4）与（5）只不过是这一镜像的两种不同的实现方式：

（7） *later on*-(*carefully*)-核心谓语动词短语-*carefully*-(*later on*)

（8） (*later on*)-*carefully*-核心谓语动词短语-(*carefully*)-*later on*

分布在核心谓语动词短语两端的carefully及later on如同人体的两个

耳朵或两只眼睛，它们所在的位置两两对称，呈镜像分布。

如果扩大观察范围，可以发现不仅在短语结构中存在镜像，在复杂词内部结构中也可能存在镜像。汉语中有大量所谓的同素逆序构词现象，其根本的基础即是由自然语言提供的镜像候选结构作为基础而产生的现象，其中不仅包含大量的并列式复杂词，也有动宾关系的复合词等。

（9）　神伤 — 伤神

　　　　挣扎 — 扎挣

　　　　心诚 — 诚心

　　　　寒心 — 心寒

其次，广义镜像也可以是同一语言中不同层次的相关结构之间形成的镜像。这里说的不同层次指的是短语结构层和词汇层等。我们不难在复杂词结构和短语结构中找到例证：

（10）短语结构　　　　　复杂词结构

　　　　制造汽车（[V-N]）　汽车制造（[N-V]）

　　　　携带病毒（[V-N]）　病毒携带（者）（[N-V]（- 者））

　　　　make shoes（[V-N]）　[shoe-makers（[N-V]（-er]）]

最后，广义镜像还可以是不同语言相应层次的相关结构之间形成的镜像。以上所列举的例子体现的是同一语言内部的镜像结构，此外，结构位置的镜像还表现在不同语言之间的关系上，这一点可以以两个生成语法中的经典问题所反映的语言现象为例。

其一：中心语参数所反映的实质上正是结构镜像在不同语言中的实现。

如图1.6的每幅树图中左侧树图显示的是中心语在前的语言（如英语）

的主要结构类型,右侧树图显示的则是中心语在后的语言(如日语)的主要结构类型。

图1.6　中心语参数中的结构镜像图

不难看出,所谓中心语在前的语言与中心语在后的语言之间实际上是选用了镜像结构中的两个对应的方式而已。Chomsky(2020a)在谈到语序不是核心的句法系统成员时,所举的英语和日语例子就属于这一类型的镜像。

其二:关于Wh疑问句的英汉差异也可以看作是不同语言之间的一种结构镜像。

我们知道,英语表达特指疑问的最重要手段之一是Wh移位,并且移位的落脚点从线性上看在句子最左端(左缘),而汉语特指疑问则通常使用句末语气词标记,并且如术语本身所示,句末语气词的位置是在句末,即句子最右端(有人称之为右缘)。但从广义镜像角度来看,不同语言之间出现在句子左右两个端点的Wh标志成分之间形成镜像,它们虽然一左一右,但句法位置的层级相对应,属于镜像分布:特指疑问的Wh在英语里是CP(句子左缘的结构成分),而相应地表达特指的汉语句末语气词也是CP中的成分(也可以称作右缘),线性上虽然最右,却是在最高级别的句法区域。

如果把上文提到的不同类型的广义镜像综合在一起,观察它们之间的联系,就可以发现,围绕一个核心的结构脊柱,可以分左右两个维度选择扩展它们的投射,左右对称的两个相应位置形成镜像,可分别称之为左镜像与右镜像。左右镜像可能发生在同一语言的同一结构中,也可能发生在不同语言之间。此外，在同一语言中，短语结构和词内结构之间也可能出现类似的镜像结构。

表 1.1　不同类型的结构镜像例释

	左镜像		结构骨架的脊柱区域		右镜像	
同一语言	...later on	*carefully*	**examine the financial situation**		*carefully*	**later on**
	神		伤（核心动语素）			神
不同语言	リンゴを（宾语）		食べる	eat	apples（宾语）	

陆丙甫（2006）等所主张的"向心轨层说"之所以能够很好地解释不同语言之间语序方面的类型差异，恐怕也正是以自然语言中的这种镜像结构分布的普遍性为基础的。

以上关于广义镜像结构的解读应该有助于理解诸如"左缘结构"与"右缘结构"以及汉语的句末语气词在句法制图中的地位，或者至少可以提供一种线索，这里可能存在一些争议，譬如对于汉语的句末语气词与句子核心之间的关系到底是由移位生成还是原位生成的，学界有不同的观点。认识到镜像结构是一种包括自然语言在内的很多结构系统中的常见现象，应该有益于探讨某些语序问题，也有助于推导出更具概括意义的原则和结论。这一问题既与句法制图的层级分析有关，也可以是生物语言学的重要论题。

1.3　语类范畴基础

所有完整的语法理论系统都会涉及语类范畴，因为它们是以离散的形式存在的、用以构造复杂多样的语法结构的原子单位。语类范畴包括但不限于词类范畴，它还可以包括具有独立句法功能的语素类成分（如英语表达时态的语素类成分 -ed 等)和比词高一级的短语类范畴(如 NP、DP、VP、IP 等)。较之传统语法理论和其他流派的语法理论,生成语法理论在语类范畴的观察和描写方面更为细致。特别是句法制图理论产生以来,随着对功能结构分裂研究的深入,语类范畴的研究更是有了极大的扩展,因此,在讨论句法制图理论的具体议题之前,有必要先对其语类概念进行一番概括评述。

传统语法将词类区分为实词(content words)和虚词(亦称功能词)(functional words)两个大类。生成语法继承并发展了这一传统,将包括词类(但不仅限于传统的狭义词类)在内的语类要素(categories)区分为词汇语类(lexical categories,对应但不等同于实词类)和功能语类(functional categories,对应但不等同于传统的虚词类),将词类问题统筹在语类的大范围内研究,并考察其中的投射关系,对于人们认识语言结构的构成规则有着更重要的意义。此外,在一定程度上讲,生成语法研究还存在"强化语类"和"弱化词类"概念的倾向。主要原因是,大量细致入微的实证研究表明,构造句子的"原子"单位在形态上未必是"词",还可能是一些从形态上看并不独立的语素类成分甚或没有显性形式的空语类成分,将它们统一在一起从语类范畴的角度进行研究有诸多理论价值和实践意义。关于语类研究的这一转变打破了传统语法研究中句法和形态之间的对立,为若干句法理论分支的产生创造了理论基础和条件,为更加系统地研究词类问题以及词类与形态、句法的接口拓宽了空间。

我们所生活的物理世界有一个普遍现象,就是比重和密度较大的物体倾向于向下沉(落向引力所在之处),而比重和密度较小的物体则容易向上升。譬如热气球升空的原理就是利用加热球内的气体使得这些气体密度低于气球外的空气,从而使球囊得以升空;燃烧的火苗由于其内部粒子密度变低所以向上升,而实心的铁块在水中通常会向下沉。自然语言的语法结构与此有相似之处:语义描写方面空灵不实的功能性成分(以虚词类为代表)居上,而较实的词汇类成分(以实词类为代表)居下。也就是,制图研究者的基本共识是，在词汇语类和功能语类共存的相关局部投射中，总是词汇语类沉于下而功能语类浮于上。基本模式如下：

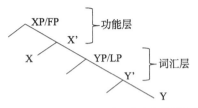

图 1.7　词汇层与功能层的层次分布基础模式

句子结构的整体分布也体现出同样的规律。依照生成语法X'理论的有关思想，句子结构的基本结构分层为：

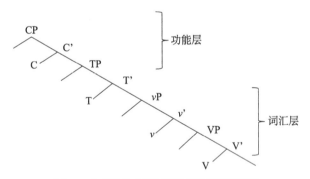

图 1.8　句子结构中的词汇层与功能层分布图

在此基础上，制图研究者多倾向于对特定的局部信息进行更加细致的"思维放大镜"式（司富珍 2018a，2019）的分析和描写，并且聚焦点多是功能语类。

从技术目标来看，句法制图研究尽可能准确细致地描绘自然语言句法结构的分布"地图"，其理论基础是生成语法理论（特别是基于20世纪80年代以来的生成语法理论）中的诸多基本假设，如X'理论等。像地理学中的地图一样，由于关注区域或关注焦点不同，地图信息所呈现出来的样态也会有差异，比如从涵盖的范围上讲，地理地图可以有"世界地图""亚洲地图""中国地图""北京市地图"等；从突显的信息"焦点"上看，地理地图可以有"交通地图""旅游地图""航海地图""方言地图"等。句法制图与此有相似之处，语法学家可以根据自己研究关注点的不同，选择呈现部分的范围和信息，从而不必要也不可能呈现所有的信息。

过去二十几年里，以 Rizzi（1997）为代表的研究主要关注和呈现的是句子左端的功能结构的构造，称之为"左缘结构"。当然这并不意味着句法制图研究等同于句子"左缘结构"的研究。从理论上讲，将不同的研究者所做的工作综合在一起，可以为语言结构提供一种全景式的结构地图。这种全景式的结构地图包括句子和短语结构的制图、词内结构的制图，甚至还包括句法化了的语用信息的结构制图等。所以，尽管每个研究者的关注点和专攻点有所侧重，但作为理想的句法制图理论应该尽可能为它们提供统一的解释图谱。具体来说包括：1）句子结构层次上词汇语类和功能语类的结构分层制图，不仅应该可以描绘句子左缘（或从表层上看也包括句子右缘）的功能投射层，同时也应该可以描绘句子内部核心层次的分层。2）构词层次上词汇语类和功能语类的结构分层制图，从结构投射的角度看，词内结构层与句子和短语结构层遵循大致相似的投射规则。3）超越左缘结构的语篇/语用结构层次上的核心层次和功能层次的结构分层制图。

不过，如上所述，由于研究者的兴趣点和关注点不同，呈现的"地图"范围和焦点也就不同。到目前为止，句法制图理论的研究者们常常更多地关注功能语类的地位、相对顺序等。所以，要谈句法制图理论的基础，就要先从功能语类的研究说起。关于功能结构层的明确讨论，可见 Chomsky（1986）在《论语障》（*Barriers*）中对于将 X'投射从词汇语类扩展到标句词（complementizer）和屈折成分等功能语类的提议。而关于屈折成分等功能性语素作为与词同等地位的句法结构要素的描述，最早可见于《语言理论的逻辑结构》（*The Logical Structure of Linguistic Theory*,

Chomsky 1955／1975）和《句法结构》（*Syntactic Structures*，Chomsky 1957）。正是这些研究提议启发和催生了之后功能结构的深入研究，比如Abney（1987）的"DP假说"中对于名词短语内功能中心语的研究、Pollock（1989）关于句子结构中功能层的研究，以及之后Belletti（1990）、Ouhalla（1991）和Chomsky（1993）等研究中关于功能结构的讨论，并最终产生了与最简方案并行发展的句法制图理论这一重要理论分支。因此我们把Chomsky（1955／1975，1957）为代表的生成语法早期文献中的相关研究称作是句法制图理论的源头或基础；把Chomsky（1986）对于功能结构投射的提议，Kayne（1984a，1994）、Larson（1988）、Pollock（1989）等关于反对称结构属性的研究以及若干功能中心语分裂的假设称作是句法制图理论的萌芽；把以Rizzi（1997）、Cinque（1999）为代表的句法制图奠基作品以及牛津大学出版社出版的"句法结构的制图"系列丛书等文献视为句法制图理论的成形和渐向繁荣的标志。

1.4　经典的功能中心语思想

虽然"句法制图"作为成熟的理论术语出现是比较晚近的事，但句法制图理论关于屈折词缀等功能中心语成分在句法计算中独立地位的思想源头则可以回溯到生成语法早期。Chomsky（1955／1975，1957）等早期生成语法文献中关于屈折性词缀成分的分析处理，意味着句法计算的基本"原子"单位并不一定是形态上独立的词，还可能是功能性的"词缀"成分。"Chomsky（1957）展示了将词缀性功能成分作为句法计算要素看待的优势，认为这些成分受某些句法程序（局部移位）制约，可以为英语句法中助动词系统复杂的分布依存关系提供简单的分析方案。"（Rizzi 2004：4）以下就先以Chomsky（1957）中关于词缀性成分的分析为例来评析早期生成语法理论是如何处理句法生成中的功能性要素的，并依此来考察这些早期的经典分析对之后句法制图理论的影响。

1.4.1 名词性短语中的词缀性成分

1.4.1.1 名词性短语中与"数"有关的词缀成分

Chomsky（1957）曾讨论了第三人称单数形式的词缀性成分，并将名词性成分中的第三人称单数词缀与名词性短语中的冠词、名词一样作为句法推导过程中独立的终端成分进行描写，其中关于复数名词短语的改写程序举例如下：

（11）$NP_{pl} \rightarrow T + N + S\,(+ Prepositional Phrase)$ （Chomsky 1957: 29）

从句法计算的基本原则来观察和评价这一改写程序，对梳理制图理论的源头和基础意义重大。关于句法计算，生成语法一以贯之地坚持的基本定理之一是句法操作的"结构依存原则"（structure dependency principle）。而所谓"结构依存原则"指的是，所有句法操作都必须以可以独立参与计算的"结构成分体"（constituent）为单位进行。关于这一原则，有两点需要说明：1）这里的"独立"指的是句法独立，而非形态独立，就是说，有的成分可能在形态上粘着，但在句法上却可以独立地发挥作用；2）所谓"结构成分体"要以句法运算的"独立性"为前提。Chomsky（1957: 35 - 36）曾以并列结构的生成演示了"结构成分体"在句法计算中的重要性。举到的例子有：

（12）a. the scene – of the movie – was in Chicago.

　　　b. the scene – that I wrote – was in Chicago.

　　　c. the scene – of the movie and that I wrote – was in Chicago.

（13）a. the – liner sailed down the – river.

　　　b. the – tugboat chugged up the – river.

c. *the – liner sailed down the and tugboat chugged up the – river.

以上两个例子中，（12c）和（13c）分别由（12a）、（12b）和（13a）、（13b）通过并列程序而生成。但是（12c）合语法，（13c）却不合语法，原因就是（13c）在计算过程中启用了 liner sailed down the 和 tugboat chugged up the 这两个"非结构成分体"参与计算。

结构依存原则同样适用于句法分解。众所周知，从句法分解的角度看，短语和句子可以分解为用来组成它们的更小的单位（短语、词等），直至最小的无法再分割的原子单位为止。而按照结构依存原则，每个原子单位又必须都是可以独立地参与句法计算的结构成分体。依照这样的思路分析，在"$NP_{pl} \rightarrow T + N + S$ (+ Prepositional Phrase)"这一派生程式中，名词性复数标记 S 尽管从形态上看是不自由语素（必须依附于相应的名词），但在句法描写中却获得了与 T 和 N 同样独立的"结构成分体"地位：换言之，S 与冠词 the、a 等和名词 student 等一样，都是独立参与句法计算的句法原子单位。这一观察也揭示了本章开头提到的将研究重心从词类范畴调整至语类范畴的原因所在。这一思路是句法制图理论关于功能中心语研究的最早范例和重要理论来源。

1.4.1.2　空词缀成分

熟悉生成语法的读者一般都知道，生成语法不仅研究具有语音形式的显性成分（overt elements），也关注虽然没有语音形式但却具有语义内容或（和）语法作用的隐性成分（covert elements）。隐性成分也可以叫空成分（empty elements）。空成分在生成语法里引起广泛关注主要得益于 Chomsky（1981）中对于"空语类"（empty categories）的明确讨论。虽然当时关于"空语类"的讨论主要集中在 pro、PRO、Wh-语迹（Wh-trace）和 NP-语迹（NP-trace）等与名词短语相关的空语类，但之后的研究证明空语类成分可以出现在除名词短语之外的很多其他句法位置。实际上，生成语法关于空语类成分在句法计算中独立地位的思考也同样可以追溯到Chomsky（1957）的有关讨论。仍以名词性短语中"数"的描写为例，Chomsky（1957）为单数名词所构成的名词短语中表达"数"的空词缀成分所提供的描写可参见（14）（为方便读者对比，下面同时援引对表达复数的显性词缀成分和表达单数的隐性词缀成分的两种相关描写）：

（14）

$$NP \rightarrow \left[\begin{array}{c} NP_{sing} \\ NP_{pl} \end{array} \right]$$

$$NP_{sing} \rightarrow T + N + \varnothing \ (+ \ Prepositional \ Phrase)$$

$$NP_{pl} \rightarrow T + N + S \ (+ \ Prepositional \ Phrase)$$

（Chomsky 1957: 29）

Chomsky（1957）并未对空词缀成分展开更详细的描写，然而作为代表单数名词"数"的语法概念的空成分Ø在该理论模型所提供的句法计算中的独立地位却一目了然，它对后来功能中心语的研究具有极大启示作用。

1.4.1.3 转类功能的词缀成分

Chomsky（1957）对于句法制图理论的奠基作用还体现在其对于具有转类功能的功能性词缀和相关功能词的分析。比如对于to和ing的讨论就极富启发性："语素to和ing在名词短语中扮演着相似的角色，它们把动词短语转化成了名词短语。"（Chomsky 1957: 40-41）举到的例子有：

（15）$\left[\begin{array}{c} \text{to prove that theorem} \\ \text{proving that theorem} \end{array} \right]$ was difficult.

（Chomsky 1957: 41）

Chomsky（1957）认为，这里的to prove that theorem和proving that theorem都是名词性短语，而它们的基础结构则是动词性短语prove that theorem，使得动词性短语转化为名词性短语的重要成分分别是to和ing。运用我们关于功能中心语的定义，则to和ing分别是to prove that theorem和proving that theorem这两个名词性短语中的功能中心语。对于这两个功能中心语及其与核心的动词短语之间的关系，Chomsky（1957）所提供的改写规则如下：

$$（16）\text{NP} \rightarrow \left[\begin{array}{c} \text{ing} \\ \text{to} \end{array} \right] - \text{VP}$$

（Chomsky 1957：41）

读者在熟悉句法制图理论的有关描写后再回过头来看这一描写，就会清楚地看到二者之间的渊源关系。为方便对照，这里以（15）中的主语部分的结构为例，用我们当下采用的功能中心语理论的描写方法对（16）所示的结构观进行译写，如下：

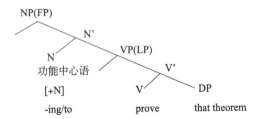

图 1.9　图解早期理论中的词缀性功能中心语分析理念

对照（16）与图1.9可以看到，（16）所提供的语法规则为句法制图理论研究带来的启示至少有以下几点：第一，虽然在传统语法中to和ing地位并不对等，一般英语语法都将to作为独立的词来看待，ing只是一个词级性语素，并不具有形态独立性。然而规则（16）却说明，从句法计算的角度看，ing和to同样是具有独立地位的句法计算原子单位。换句话说，它们都是可以进入句法计算过程的独立的"结构成分体"。第二，从功能角度看，ing和to都具有转化短语语类（即可以将动词短语转化为名词性短语）的功能，因此，它们决定着所在短语的语类范畴，是整个名词性短语的功能中心语。第三，从（16）对ing和VP分裂描写的方式来分析，可以看出ing并不仅仅是与动词prove相联系，而是与整个VP（prove that theorem）相联系；并且，ing先于VP的描写方法与句法制图理论中的ing作为功能中心语成分高于词汇语类VP（如图1.9所示）的描写方法异曲同工，其间的渊源不难看出。

1.4.2 动词性短语中的词缀性成分
1.4.2.1 与"数"有关的词缀性成分

Chomsky（1957）将动词第三人称单数标记-s和名词复数标记-s统一用S来标记，并认为是否有必要区分名词性"数"标记S和动词性"数"标记S是值得怀疑与讨论的事情（参见Chomsky 1957：29）。这里暂不去探讨将名词短语中的S和动词短语中的S统一处理的理据与合适性，为方便读者起见，仍然依照传统的做法对它们分别加以讨论。

与名词短语中标记"数"的S相似，在动词短语中，S也被赋予了独立的句法原子单位地位，先来看看Chomsky（1957：40）所举的例子：

（17）the man has been reading the book.

这个句子表层结构中的has在句法计算之初是由两个原子单位S和have组成的，即has → S + have，在向形态音系层输出前（17）完整的底层结构为（节选）：

（18）the + man + S + have + en + be + ing + read + the + book.

（Chomsky 1957：39）

运用形态音系规则后输出的表层形式则为：

（19）# the # man # have + S # be + en # read + ing # the # book #

（Chomsky 1957：40）

这里，Chomsky（1957）一方面统一考察了短语结构和参与句法计算的词内结构，另一方面又标记了短语结构和词内结构的不同层次："#"用于标记词与词的界限，他称之为词语层次上的串联算子；而把"+"称作是短语结构层次上的串联算子。这里暂且不论关于标记两个不同语言层次的个中细节，而把关注焦点放在关于表达"数"的S上。如（18）所示，这里的S与the、man等词一样，获得了短语句法结构计算中原子单位的独立地位（由"+"分隔标记）。只是在形态音系层次上经过形态音系规则的调整，才与have调整顺序（由S + have调整为 # have + S #），并最终实现为has。这样的分析思路与上文讨论到的名词短语中表达"数"的功能成分S的分析思路完全一致，用我们今天关于功能中心语的分析方法，可以将此重新描写如下：

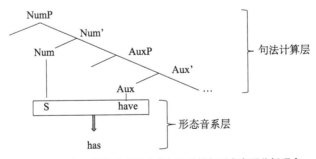

图 1.10　图解早期经典理论中的句法计算与形态音系分析理念

将 Chomsky（1957）的例（17）至（19）与图 1.10 的重新解读进行对比，不难看出其中的思路沿袭与传承关系。

1.4.2.2　动词性短语中的空词缀成分

上文曾评述过 Chomsky（1957）对于名词性短语中表达"数"（NP_{sing}）的空词缀成分 Ø 的描写及其对句法制图分析的理论意义。事实上在同一段落中，Chomsky 还提及 Ø 不仅可以是名词单数形式的空词缀语素，也可以是动词复数形式的空词缀语素。在随后的讨论中，他还定义了动词携带隐性词缀（Ø）的语境限制条件：

$$（20）\quad C \rightarrow \begin{bmatrix} \text{S in the context } NP_{sing}\text{-} \\ \text{Ø in the context } NP_{pl}\text{-} \\ \text{Past} \end{bmatrix}$$

（Chomsky 1957: 39）

（20）中的 C 由 Context 简写而来，是一种代表抽象的语境限制条件的句法计算的原子成分。它随语境不同而实现为不同的变体：1）当它出现在 NP_{sing}（单数名词短语）的语境下时，实现为变体 S；2）当它出现在 NP_{pl}（复数名词短语）的语境下时，实现为空词缀 Ø；3）此外，在过去时的语境下还可以实现为 past 的不同形态。本节仅以出现在助动词前面的空词缀 Ø 为例，展示这一分析思路对句法制图理论的启示意义。

关于助动词位置前的空词缀成分，Chomsky（1957）列举了如下例子：

（21）I – Ø – arrive

（22）I – Ø + can – arrive

（Chomsky 1957: 65）

与此对应的还有：

（23）John – S – arrive

（24）John – S + can – arrive

（Chomsky 1957：65）

从最后拼出的结果来看，（21）与（23）之间的对立显而易见，而（22）与（24）之间的对立却只存在于深层结构，然而这种深层次上的抽象的句法对立却意味深长，它要说明的是，尽管在表面上看 I can arrive 和 John can arrive 中的 can 都没有发生形态上的变化，但这只是形态音系层面的表象。从句法层次上看，由于（22）中的 I 是第一人称，can 前是一个表达"数"的真空语类成分∅，而（24）中的 John 是第三人称单数形式，因此其后的 S 并非真空语类：作为抽象句法原子单位的 S 在（24）中携带有"第三人称"+"单数"的信息，S + can 最后实现为 can（之所以没有在语音形式上显性体现 S 的特征，是由其他句法或形态音系规则所决定的），二者表面相似，都实现为 can，但实际上深层的原理和缘由则不同。这一方面的现象为研究句法与形态的接口留下很多值得进一步挖掘的课题。

1.4.2.3　与"时""体"有关的词缀性成分

在评价"短语结构"规则的描写方法时，Chomsky（1957）曾明确提及将短语结构推导的描写方法扩展应用到形态音系相关的描写中，并指出这样做的好处在于为从初始的句符串生成出形态音系语符序列这一句法过程提供统一的方案，并将英语的时体成分与（数）的原子结构体作同样的描写，规则见（20），为方便阅读重复如下：

$$(25)\ C \rightarrow \left[\begin{array}{l} S \text{ in the context } NP_{sing}\text{-} \\ \varnothing \text{ in the context } NP_{pl}\text{-} \\ Past \end{array} \right]$$

与上文讨论到的"数"范畴的原子结构体一样，抽象的功能核心成分

*past*与和它在形态上具有粘着关系的动词成分之间的结构关系也可以分解为基础的结构层和表面的形态音位层：1）表面上的took实际上是先经过句法结构计算再经历形态音系规则运算的结果；2）其基础的层次为*past* + take，而形态音系层面的层次则以# take + *past* #为基础进行运算，最终拼出为took。换言之，took可以分解为如下两个层次的结构：

（26）*基础核心结构*：take → /teyk/

　　　扩展功能结构：take + *past* → /tuk/

（Chomsky 1957：32）

换用今天关于功能中心语的描写方式，took所包含的内部结构层次可以表示如下：

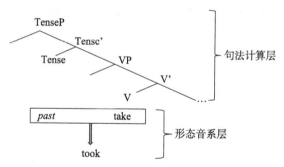

图 1.11　图解早期经典理论中的句法计算与形态音系分析理念（例释：took）

尽管如Chomsky（1957）已经提及的那样，形态音系层面的规则与短语层面的规则既有相似，也有不同，因而区分短语结构层次和形态音系层次还是很有必要的，但从结构依存角度将时态标记等作为独立的计算成分分离讨论的做法则为之后词缀性功能中心语成分的研究张了本。

在关于短语结构描写的局限性的章节中，Chomsky（1957）以助动词为例再次演示了词缀性结构要素在句法派生描写中的独立地位，涉及的其他词缀性成分还有 -en 等。这里不再一一展开。

综合以上几种类型的词缀性功能成分(即名词性短语中表达"数"的词缀性成分、动词性短语中表达"数"的词缀性成分，以及与它们各自相应的空词缀成分，动词性短语中表达"时"的词缀性成分等)，都有一个共同的地方需要加以补充说明，那就是，按照经典理论中的改写规则，参与结构推导的词缀性成分与它们形态上需要附着的核心成分(假定为抽象的 X，X 可能为 N、V、A 等)之间的语序在形态音位层和句法结构推导层这两个层面存在差异：1) 它们在句法推导层的相对顺序为 Af + X；2) 在形态音系层的相对顺序则为 # X + Af #。那么，这一顺序是如何调节的呢？这一问题在经典理论中并没有展开详细讨论，但是却为之后镜像原则、功能中心语移位等的研究埋下伏笔。譬如用特征核查理论来解读，则可能的解释方案如下：Af 作为词缀所携带的强特征，驱动了居下的核心词汇成分的移位，从而与之合并，最终生产出表层结构中所呈现的次序，用简图表示如下：

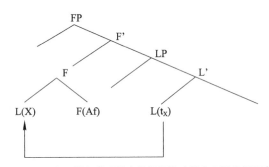

图 1.12　图解早期经典理论中的词缀性功能中心语分析理念

当然，早期理论中并没有提供这样的具体描写，即使是在今天，是否要通过移位来解释，还是可以用激进的镜像理论来解释也还存在不同见解。但是 Chomsky(1957)将词汇层与功能层分层分布的分析思路对之后制图理论的发展所提供的启发是毋庸置疑的。

1.5 句法制图的萌芽与成形

1.5.1 线性顺序原则

句法制图赖以发展的最重要的基础理论之一是由Chomsky（1981）提出并由Jackendoff（1972）发展而来的X'理论模型。以X'理论为基础，Kayne（1994）探讨了PF层面线性顺序的若干特点和原则，其中包括：

（27）a. 线性顺序是可传递的（transitive），即：

xLy & yLz → xLz

意思是：如果在线性顺序上x先于y且y先于z，那么x就一定先于z。

b. 线性顺序是完备的（total），即：

要么xLy，要么yLx。

意思是：线性顺序原则必须对集合中所有成员都适用。换句话说，对于一个特定的结构来说，结构中的所有成分都必须与其他结构成分保持一种确定的线性顺序。

c. 线性顺序是反对称的（antisymmetric），即：

Not（xLy & yLx）

意思是：不可能同时存在x先于y和y先于x两种线性顺序。

这些假设的必然结果是：1）短语结构事实上完全可以决定语序；2）相应地，如果两个短语线性语序不同，那么它们的层级结构也一定不同（Kayne 1994：3）。这一思想对句法制图理论有关线性顺序与功能层级之间的对应关系（如Cinque 1999，2005）等的研究提供了重要的启发。

1.5.2 功能中心语分裂

在X'结构模型和二分叉理论的基础上，以原则与参数框架为理论基础，很多学者通过语言比较对短语结构进行了细致的描写，其结果之一就是出现了大量结构"分裂"的理论假设，特别是功能层级的结构分裂。

说到功能成分的分裂，首先应该提的是几乎同期产生的VP语壳（VP-Shell）理论、IP分裂假说（split INFL hypothesis或split IP hypothesis）和DP假说。

1.5.2.1 VP 语壳理论：Larson（1988）的 VP 分裂研究

VP语壳理论是Larson（1988）结合双宾结构和与格结构的讨论提出来的，这一理论也是生成语法轻动词研究的主要理论源头。问题的起因是与X'理论的新型模式相冲突的双宾结构，在经典的X'理论图式中，构成要素主要有一个中心语、一个指示语和一个补足语，这也是目前句法制图理论的基础假设之一。但双宾结构似乎对这一经典的X'理论图式提出了挑战，如下例：

（28）I gave Mary a book.

动词gave的两个宾语若都是同一层级的补足语成分，则与典型的X'理论模式不符。不仅如此，两个宾语在句法语义方面还都呈现出系统的不对称性，比如在约束条件（binding condition）、量化表达（quantifiers）、否定极性成分（negative polarity items）等多个方面均表现出不对等的地位。Larson（1988）通过系统的理论考察，得出结论认为：所谓双宾结构，其两个宾语成分并不是处在同一句法层级的概念，对它们的合理解释需要将动词短语结构分裂为不同的层级，即动词核层和居于其上的动词壳层。之后，在Chomsky（1995）以及后来的大多数相关文献中，用v表达居于上层的动词壳，也称轻动词（light verb）。

动词壳理论得到多方面事实的支持，除上述提到的内容外，还有作格动词（ergative verbs）研究、致使结构（causative structure）、习语（idioms）研究等都为这一研究假设提供了事实证据。轻动词的理论因此在不同语言的研究中都得到广泛应用，包括汉语语法研究。当然，Larson本人并不将自己的研究看作是句法制图的范式，但其在结构组织的二分叉模式、由细致化的结构描写而产生的结构分裂、一个中心语一个补足语的结构模式等多个方面都与句法制图理论精神一致（参见司富珍 2017c），因此本研究同时将Larson（1988）的语壳理论也纳入句法制图发展史的范围进行讨论。

1.5.2.2　Pollock（1989）的IP分裂研究

在结构分裂方面，与VP语壳理论几乎同期提出的另外一个重要假说是Pollock（1989）在英法动词结构比较研究基础上提出的"IP分裂假说"。这一假说也是句法制图理论萌芽的重要案例之一。有关Pollock（1989）的具体讨论，本书后面还将有较为详细的介绍，这里只简要提及其主要结论和思想。Pollock（1989）核心假设的提出是基于对英语和法语在中心语移位的参数化差异及屈折成分的位置方面的考察，比如英语的屈折成分居于V的位置，而法语则居于I的位置，两种语言在动词移位的句法上呈现系统性差异。证据除屈折成分的位置外，还包括否定成分与动词的相对位置：法语中的否定词在限定句中可以出现在动词之后，而现代英语的否定词须出现在动词之前，且需要Do-支持（Do-support）等。当然，加上不定式结构，句法对比的情况又更加复杂。综合多方面的表现，Pollock（1989）提议在这类否定结构中实际上存在三个功能层级，一个是AgrP，负责一致关系的表达；一个是NegP，负责否定表达；还有一个是TP，负责时态表达。这一假设被称为"IP分裂假设"。实际上Chomsky本人也对法语中表达时和表达一致关系的形态成分提出过富有启发的意见，认为它们在法语中并非是由单一的语素表达的，其中s、t、ons、ez和ent是典型的表达人称的后缀，而ai和i则是未完成体的后缀。这一观察与Pollock（1989）提出的结论吻合。

1.5.2.3 DP 假说：Abney（1987）的 NP 分裂研究

Abney（1987）提出冠词（determiner）可以作为功能中心语单独投射为DP的假说，该研究认为DP作为NP扩展投射层而存在。参照Abney（1987：186），DP内部结构的基本投射模式可以概括如下：

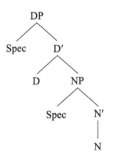

图 1.13　DP 内部结构基本投射图

DP假说（也可以称之为"NP分裂假说"）的提出也是原则与参数框架下的重要成果，时间上较上述两个功能分裂的假说同期略早（如Abney 1987；Brame 1982；Szabolcsi 1983），其思想的源头则更早一些，可以追溯至20世纪70年代（如Chomsky 1970）。IP分裂、DP假说及CP分裂等思想的提出都有一个共同的理论来源，即不仅词汇性语类如名词、动词、形容词等可以作为中心语在句法上形成自己的短语投射，而且功能语类如标句词、助动词等也可以作为中心语形成自己的投射层（Chomsky 1986）。

Abney（1987）提出名词短语和句子这两个层面在（形态）一致关系的类型和表达方式上都高度平行。比如，在一些形态丰富的语言中，领有名词短语结构中被领有的名词与其主语之间的一致关系与句子层面上动词与其句子主语的一致关系形式一致。阿拉斯加中部的因纽特尤皮克语（Yup'ik）即是如此，如下例所示：

（29）a. angute-t kiputa-a-t

　　　　Man-Erg(Pl) buy-OM-SM

　　　　'the men bought it'.

　　　b. angute-t kuiga-t

　　　　the man-Erg(Pl) reiver-SM

　　　　'the men's river'

（Abney 1987：28）

有类似平行性表现的语言例子还有玛雅语、匈牙利语、土耳其语等。

DP假说解决了传统关于名词性短语所面临的一系列问题，将名词性短语结构和句子结构进行了统一化的处理。名词性短语和句子之间平行性的问题也进一步成为讨论的热点。国际语言学界多次组织专题研讨活动，就与二者的平行性问题相关的现象进行研讨，涉及的跨语言证据与形态、句法、语义都有关联，从不同角度证明了存在一个与句子的最大投射CP相对应的功能投射层DP。

以上一系列结构分裂假说的提出，推动了句法制图精细化的结构描写之路，句法制图理论随之逐渐成形。

1.5.3　句法制图理论的成形

作为渐趋成熟的理论，句法制图成形于20世纪90年代，代表性研究分别由Rizzi（1997）和Cinque（1999）所引领。两个方向各具特色，又殊途同归。Rizzi（1997）主要的研究对象是意大利语及周边罗曼语系的语言，关注的重要领域是左缘结构。Cinque（1999）则基于跨语言的比较展开研究，涉及的语言更广泛，关注的主要是副词相关的功能中心语的层级。这两项研究是句法制图研究的奠基性作品，是讨论句法制图理论必须参考的主要理论来源。

1.5.3.1　左缘结构：Rizzi（1997）的 CP 分裂研究

如文章标题《论左缘精细结构》（"The fine structure of the left periphery"）所示，Rizzi（1997）重点考察了句子"左缘结构"——CP区域——的功能中心语层级，对其中功能性成分的子类（如Top和Foc）进行了精细化描写，并为它们排序。这一研究表明，传统认为是单一投射的CP区域内部包含了丰富的功能信息，因此可以分解为Force、Top*、Foc和Fin的不同投射层次，这一研究被称作"CP分裂假说"。

关于句子左缘结构层的CP分裂假说提供了对句法构造进行精细化描写的范例，向人们展示了局部语法表达的丰富性，带动了一大批关于左缘结构的研究。Poletto（2000）、Benincà（2001）、Benincà & Poletto（2004）以及Poletto & Pollock（2004）都是受到Rizzi（1997）启发而开展的研究。

Rizzi（1997）关于左缘结构的研究也为句法与语篇的接口研究提供了新思路。Cruschina（2011）从语篇相关特征及功能投射的角度对句法制图理论和最简方案这两种理论模式作过评论，认为尽管句法制图理论与最简方案在短语结构的技术细节方面有着明显的不同，但它们近期的关注点则有很多相似之处。比如二者都比较关注辖域和语篇相关特征的研究。最简方案关于语段边界特征（edge-feature，简称EF）及EF-移位（EF-movement）的研究关注的也是与语篇等相关的特征，如最简方案语段理论模式下对焦点、话题等的研究就是这方面的例子。因此，Chomsky关注的边界特征与Rizzi关注的左缘特征有很大的相似之处。不同之处则在于，最简方案将语义特征（特别是话题特征和焦点特征）排除在狭义句法（narrow syntax）之外，而句法制图理论则将话题、焦点等特征也与功能中心语联系起来，在句法上给予它们特定的位置。之所以这么做，是因为在有些语言中，话题和焦点标记有形态上的实现，是它们作为功能中心语的证据。比如根据Aboh（2004）的研究，在贡语（Gungbe）中，就有清晰的形态标记来标志话题和焦点，这些成分出现在标句词短语（CP）的左侧，唯有按照它们各自拥有的独立的投射来分析才能更好地解释其形态句法表现。下面是Aboh（2004：300）举出的有关Gungbe左缘结构成分的层级图：

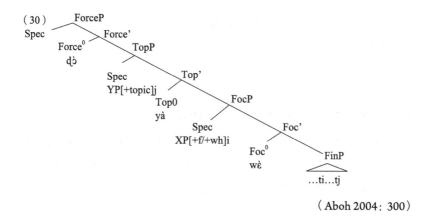

（Aboh 2004：300）

其中，*yà*和*wὲ*分别是显性话题和焦点的标记，它们清楚地表明了话题和焦点在句子结构中的位置，为单独设立话题和焦点的功能中心语句法位置提供了直接的证据。事实上，像汉语、日语这样话题成分突显的语言，话题的出现也常常会伴随标记成分，也可以为句法制图的分析提供直接证据。

此外，Sigurðsson（2004，2010，2012）等关于CP分裂思想的研究也值得关注。该研究认为在CP层除了存在Rizzi（1997）所讨论的话题、焦点、语力等功能层级，还有其他一些值得关注的功能语类，如：与说话人（speaker）和听话人（hearer）相关的话语表达功能层级；该研究将它们称作言谈施事方（logophoric agent）和言谈受事方（logophoric patient），分别用Λ_A和Λ_P表示；同时，他还主张Fin也可以进一步分裂为表达时间和表达空间地点的功能层级"言谈时制"（speech tense）和"言谈空间"（speech location），分别表示为T_S和L_S。他还对T域内部结构也进行了分解，认为TP实际上应该至少包括T、Mood、Voice和与性、数、人称相关的Phi，这些都进一步丰富了句子左缘结构功能中心语的类型。Sigurðsson（2012）为CP和TP域提供的制图模式如下：

（31）$[_{CP}$ Force–Top*– Λ_A–Λ_P–Fin$(=T_S$–$L_S)$ $[_{TP}$ PhiS–M–T–Voice–PhiO $[_{vP}$ …

（Sigurðsson 2012：326）

1.5.3.2　副词和形容词的层级（Cinque 1999）

Cinque（1999）主要关注的区域是IP域，他将副词的语序与功能中心语的等级对应起来进行研究，通过对十多种语言事实的考察，得出了关于功能中心语和副词的一个普遍性的层级，其中副词的层级为：

（32）$[frankly$ Mood$_{\text{speech act}}$ $[fortunately$ Mood$_{\text{evaluative}}$ $[allegedly$ Mood$_{\text{evidential}}$ $[probably$ Mod$_{\text{epistemic}}$ $[once$ T(Past) $[then$ T(Future) $[perhaps$ Mood$_{\text{irrealis}}$ $[necessarily$ Mod$_{\text{necessity}}$ $[possibly$ Mod$_{\text{possibility}}$ $[usually$ Asp$_{\text{habitual}}$ $[again$ Asp$_{\text{repetitive(I)}}$ $[often$ Asp$_{\text{frequentative(I)}}$ $[intentionally$ Mod$_{\text{volitional}}$ $[quickly$ Asp$_{\text{celerative(I)}}$ $[already$ T(Anterior) $[no\ longer$ Asp$_{\text{terminative}}$ $[still$ Asp$_{\text{continuative}}$ $[always$ Asp$_{\text{perfect(?)}}$ $[just$ Asp$_{\text{retrospective}}$ $[soon$ Asp$_{\text{proximative}}$ $[briefly$ Asp$_{\text{durative}}$ $[characteristically(?)$ Asp$_{\text{generic/progressive}}$ $[almost$ Asp$_{\text{prospective}}$ $[completely$ Asp$_{\text{sgCompletive(I)}}$ $[tutto$ Asp$_{\text{PlCompletive}}$ $[well$ Voice $[fast/early$ Asp$_{\text{celerative(II)}}$ $[again$ Asp$_{\text{repetitive(II)}}$ $[often$ Asp$_{\text{frequentative(II)}}$ $[completely$ Asp$_{\text{SgCompletive(II)}}$…

（Cinque 1999：106）

而功能中心语的等级则为:

（33）$Mood_{speech\ act} > Mood_{evaluative} > Mood_{evidential} > Mod_{epistemic} >$
$T(Past) > T(Future) > Mood_{irrealis} > Asp_{habitual} > T(Anterior) > Asp_{perfect} >$
$Asp_{retrospective} > Asp_{durative} > Asp_{progressive} > Asp_{prospective} / Mod_{root} > VoiceAsp_{celerative} >$
$Asp_{completive} > Asp_{(semel)repetitive} > Asp_{iterative}$

（Cinque 1999: 76）

在此基础上，Cinque（2010）又在考察罗曼语言和日耳曼语言事实的基础上为形容词及相应功能中心语的等级提供了制图分析方案。Cinque（2010）认为，与传统的形容词研究观不同，句法制图下的形容词在名词短语中的句法地位有似于副词在动词性短语中的位置，它们都占据相应功能中心语的指示语位置。这一研究与Rizzi（1997）一起构成句法制图最重要的理论基础，极大地启发和调动了跨语言研究的热情与兴趣。

1.5.3.3 *v*P 左缘：Belletti（2004b）关于 IP 低层功能投射区的研究

Belletti（2004b）的主要关注点是IP内部的低层区域。该研究认为，紧临动词短语的IP内部低层区域与句子左缘结构层非常相似，特别是在这一区域也同样存在话题和焦点成分。并且像Rizzi（1997）所讨论的那样，话题的不同类型分布在焦点两侧。这一提议有语调证据作为支持。Belletti（2004b）将此区域称为句子内部的边缘区域（clause-internal periphery），以此与Rizzi（1997）等所讨论的句子外部的边缘区域（clause-external periphery）相区别。

Belletti（2004b）同时援引Chomsky（2001）关于CP和*v*P作为两个强语段（strong phase）的讨论，以此为证据来论证CP与*v*P两个区域的平行性，认为*v*P与CP一样，其左边缘都存在与语篇相关的成分。

同时，Belletti（2004b）认为关于IP低层区域的功能投射的讨论可与

Starker（1995）和 Sportiche（1995）关于小句（small clauses）的研究结论相互印证。这些研究都认为，小句结构在内部层级上与完整的句子（full clauses）应具有一致性，因而应该作同样的分析。

关于 νP 层的内部结构及边缘区域的结构制图研究，值得注意的还有 Ramchand（2008）。Ramchand（2008）运用词汇分解的方法研究动词的语义，该研究沿着 Hale & Keyser（1993）和 Borer（2005）的思路，认为事件结构和事件的参与者信息可以在句法中得到直接的表达。该研究同样采用二分叉结构模式为"第一语段"提供句法描写，为事件结构投射提供了如下所示的图解：

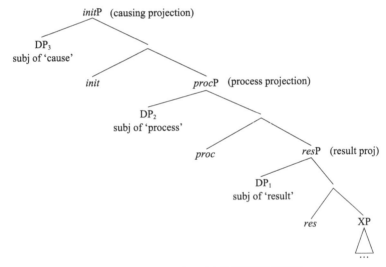

图 1.14　Ramchand（2008）的事件结构投射图

司富珍（2018a）关于"轻动词分裂"（split νP）的有关讨论及论元结构/事件结构链的有关假说与 Ramchand（2008）的第一语段分析在思路上有相似之处。二者都是对 νP 结构层进行精细化描写的结果，同时也都主张尽管不同的语言词汇项目之间有很大的不同，但是基本的句法语义原则是相同的。因此，可以用同样的"放大镜"式的思路对它们进行句法制图式的精细化描写。

1.5.3.4　名词性短语内部结构的再分裂及构词层面的制图分析

句法制图研究不仅在句子结构高位（CP）和中低区位（IP和vP结构）以及核心的动词结构层（VP语壳结构）全面展开，而且在名词短语内部结构及词内结构层也有很多新的突破性研究进展。比如在名词性短语结构层中，运用"思维放大镜"观察的结果发现，DP结构可以再分裂为不同的层次（如Giusti 1996），在名词性短语的左边缘也存在与语篇衔接的话题和焦点功能层（Aboh 2004），而且领属结构（司富珍 2014a）、指示词结构（司富珍 2018b）等也都是一个个内部层级丰富的结构圈或结构域。同时，词的内部结构如同短语结构和句子结构一样，也有着丰富的功能信息，遵循相似的结构规律。纳米句法（如Caha 2009，2021；Starke 2009，2014a，2014b）、XW结构图式都是针对这一结构区域提出的研究假设。这些内容将在本书第六章分别加以评述。

1.5.3.5　句法制图的认知实验研究

儿童语言习得的有关认知实验研究也代表了句法制图理论发展的新动向，这方面的论述与研究可以Belletti（2019）、Friedmann *et al.*（2021）为例。Belletti（2019）在采访中回答了有关句法制图研究在儿童语言习得及成人第二语言习得研究中的意义的问题，还论及句法制图研究对于语言教学可能的贡献和影响。她认为，句法制图能够提供丰富的描写工具，不仅对于我们深入理解自然语言的结构规律有重要启示，而且对于在第二语言或第三语言的语境下从事语言教学工作也可以提供参考。Friedmann *et al.*（2021）提供的则是关于儿童语言句法树生长的认知实验研究案例。句法树生长还涉及语言能力的发展时间跨度问题，这一研究可能为第一语言与第二语言甚至第三语言之间的关联提供新的思路。

综上所述，以生成语法早期关于功能成分的句法地位的观点为源头，以原则与参数框架为直接的理论出发点，在Rizzi（1997）、Cinque（1999）以及Belletti（2004b）等开创性研究的影响下，句法制图研究首先在以意大利语为母语的学者中展开，研究对象也由最初以罗曼语言为主，继而推广至日耳曼语，之后又影响了非洲和亚洲多地不同语系的语言研究，句法制图理论得到越来越丰富的语言类型的支持，其理论体系和方法策略都渐趋完备，逐渐发展为生成语法的重要分支理论。

第二章 核心理念与方法策略

2.1 概述

作为生成语法理论的重要分支，句法制图常被拿来与最简方案相比较。应该说，这两种理论范式在研究风格、关注焦点甚至个别重要概念方面都存在差异。但从理论基础来看，二者都直接承继自原则与参数框架，有相似的理论基因。因此，在关于人类语言本质的基本理论假设、运用自然科学理念与方法研究自然语言的科学哲学偏好以及根本的研究理念和总体的技术方法方面都具有高度的一致性。

句法制图与最简方案都追求理论的简约性。对简约性的追求可以追溯到生成语法产生之初，可以不夸张地说，简约性这一"神奇原则"（Miracle Creed）（Chomsky 2022a，2022c；Einstein 1950；司富珍等2022）是包括最简方案和句法制图等生成语法各个分支共同的"基因"。然而在对简约性的具体阐述和研究方面，最简方案和句法制图则又同中有异。比如，最简方案认为自然语言中真正属于普遍语法的部分，其范围应该比人们之前想得要小得多，所以在具体问题的研究中也尽量通过缩减程序来展示自然语言"简约性"的特点。如在参与合并的两个成员的语序问题上，Chomsky（1995，2020a）就主张线性顺序并非语言系统的核心部分：合并程序是进化的产物，但语序不是，语序是外化过程中受听说系统的制约而衍生的产物。但句法制图对语序的认识与最简方案有所区别，例如Cinque（2005）和Kayne（1994，2022）都强调语序也是句法系统的核心组成部分。

在语言本质问题上，句法制图与最简方案认识基本相同，只不过，句法制图主要通过揭示"局部简约性"来展示自然语言的简约性。对局部简约性细节的关注，其结果是使得句法制图在结构层级的描写上采用了一种类似"思维放大镜"的手段，因而其结构描写更加细致，对于不从事制图研究的人来说，这乍看起来甚至可称繁复。但究其实质，这两种理论模式只是研究志趣和焦点有所差异，一个是放大的细化研究，另一个则是缩小的概括式研究，在大的原则与理念上并无实质性的矛盾。关于最简方案和制图理论之间的关系，Cinque & Rizzi（2008，2010）、Shlonsky（2010）、Cruschina（2011）、Mao & Meng（2016）、陆志军（2017）等都有所提及，读者可以参考。

从大的系统模块（句法、语义、音系等）来看，句法制图和最简方案都既注重对系统内部原则和规律的探究，也关注不同部门之间的接口效应。就具体的研究案例而言，二者又都在一定程度上受到Abney（1987）、Larson（1988）、Pollock（1989）、Belletti（1990）等关于功能中心语分裂等研究思路的启发。

作为以绘制句法结构地图为技术目标的研究方法，句法制图理论既有一些已经约定俗成的核心理念与原则框架，也有一些尚在探索之中的全新思路和方法。本章简要概述句法制图理论的研究目标与核心理念以及研究策略与方法，介绍"思维缩放镜"式（"思维放大镜"的升级形式）的理论评价视角、"思维放大镜"式的制图研究方法及其理论影响。同时，在介绍句法制图理论跨语言比较的研究偏好的基础上，提出在必要时用A语言的眼光去看B语言的可行之处和理论优势。

2.2 研究目标与核心理念

2.2.1 追求理论的解释力与启发力

通常，一种好的理论不仅应该具有强大的解释力和尽可能高的概括性与能产性，而且还应该具有高度的启发性。正如Rizzi所言，要评估一种研究方法，最重要的维度之一是要看它具有多大的启发力（heuristic capacity）（参见Quarezemin 2020）。在Quarezemin（2020）对Rizzi所做的采访录中，Rizzi曾解释过"启发力"这一术语的含义：一种理论的启发力指的是它能够启发和产生更多相关研究、催生更多新理论和新发现、提出更多可以推动学科发展的有价值的研究问题的能力。

在生成语法史上，从跨语言研究的角度来看，有两个理论模型的启发力超乎寻常，一个是原则与参数框架，另一个则是作为其成果及延续的句法制图理论模型。原则与参数框架的启发力已为广大研究者所熟知。而与此非常相似的是，句法制图工程也通过大量关于不同语言的句法构造的尽可能明晰而详尽的"制图"研究实践，显示了其巨大的理论解释力和研究启发力。它对跨语言研究的促动力堪比原则与参数框架体系，研究者们一旦掌握了其理论与方法，就可以对很多方面的事实展开细致的描写与解释。在过去二三十年时间里，已经启发和催生了大量以跨语言事实考察为经验证据的制图研究，从数据涉及的语种范围到论题涉及的结构层面都进一步扩大。比如考察的语言种类从最初只专注于印欧语系罗曼语族语言[如Rizzi（1997）、Cinque（1999）、Cinque & Rizzi（2008）关于意大利语的经典研究]扩展到了日耳曼语[如de Clercq & Haegeman（2018）、Samo（2019）关于挪威语、瑞典语、丹麦语、荷兰语、德语等V2型[1]日耳曼语言的比较研究]、乌拉尔语系的芬兰—乌戈尔语族[如Puskas（2000）关

---

1 V2型语言指的是限定动词占据句子第二个句法位置的语言，多数日耳曼语言、东北高加索印古什语、乌托—阿兹特克语、奥达姆语等都属于V2型语言。在日耳曼语言中，英语比较例外，虽然也存在V2现象，但并不普遍。

于匈牙利语的研究]、南岛语系[如Pearce(1999)关于毛利语的研究]、闪含语系闪米特语族[如Shlonsky(2000)、Cinque(2003)关于阿拉伯语和希伯来语的研究]、非洲诸语言[如Aboh(2004，2014)关于非洲格贝语（Gbe）的研究，以及Njui & Bebey(2021)关于喀麦隆龟兹伽语（Guiziga）的研究等]、汉藏语系语言[如蔡维天（Tsai 2015）等关于汉语的句法制图研究]，以及亚洲其他语言[如Endo(2009a，2009b，2014)关于日语的研究，Park & Park(2018)和Park & Yeon(2023)关于韩语的研究，以及Yoo & Park(2018)关于日语和韩语的比较研究等]。另外，还有学者以句法制图为框架对手语展开研究[如Bross(2019)关于德语手语中话题和焦点等句子层面功能成分的句法制图研究]。除本体研究外，在语言习得方面也取得了新进展[如Friedmann *et al.*(2021)关于句法树生长的习得研究]。这些研究涉及的语言类型和研究范围之广，成果之丰，在启发力和能产性方面堪比当年原则与参数框架下的研究。

2.2.2　重视语言的普遍性与差异性

对于表面多样性、复杂性与深层普遍性、相似性之间的对立统一规律的解释是一切科学研究都会面对的问题，变（variation）与通（invariance）、差异性与普遍性之间的关系或"张力"（tension）一直是生成语法面对的重要课题。Rizzi在接受Quarezemin采访时将句法制图理论同原则与参数框架进行了类比，他认为原则与参数框架之所以取得极大的成功，原因就在于其巨大的启发力（Quarezemin 2020），而彰显这一启发力的重要方面则是对"不变性"和"差异性"这一对立统一体的巧妙处理。

在关于跨语言普遍性与差异性这两个方面的问题上，不少语言学理论容易走向极端，要么过度强调普遍性，要么过度强调差异性。而自然语言的现实则是普遍性与差异性同样都是跨语言之间比较的重要方面，都涉及语言的根本特性。原则与参数框架则首次将二者有机地结合在一起，将它们放在同一框架下进行解释：在原则与参数框架之下，这些普遍性和不变性可以被解释为由若干有限的普遍原则(比如投射性原则、结构依存原则等)与若干同样有限的参数之间协同工作的结果——普遍性与相似性由普遍原则所决定,而可变性和差异性则受参数机制的制约(大家熟悉的参数有主语脱落参数、中心语位置参数、疑问词移位参数等,或更高层次上的宏观参数、中观参数和微观参数等)。原则与参数框架对语言普遍性和差异性的研究模型极具启发力,催生了比较句法在生成语法框架下的快速发展。在这一研究模型之下,那些在传统语言学中已经有丰富研究成果的语言(如印欧语系的一些代表性语言)得到进一步研究,更有许多之前未受到充分关注的"小语种"或方言开始成为新的关注焦点。这些跨语言的研究成果既在材料上丰富了生成语法的理论证据来源,也为理论的进一步发展提供了新的契机。句法制图理论即是在大量跨语言句法比较研究的基础上逐渐成形的。在这一背景下,学者们对不同语言、方言进行细致的考察,从而发现了更多的普遍原则,也提出了更多富有理论意义的研究问题。

2.2.3 强调描写的"细致性"与局部的"简约性"

受Goodman(1955,1961)等科学哲学领域的研究的启发和影响,生成语法自产生之初就以"简约性"为核心的追求目标。Goodman(1955:709)高度强调简约性在科学研究中的重要性:"寻求真理就是寻找一个真正的系统,而寻找系统本身就是在寻找简约性。而关于何为真正的系统的问题必然是与简约性的考量密不可分的。"同时,Goodman(1955)也注意到,像很多术语一样,"简约性"本身也常常被作为模糊不清的甚至是有歧解的概念来使用。因此,在科学研究中应该有测量的标准来衡量简约性[1]。

---

1 本书作者也曾有关于"简约性"测量标准的初步讨论可供大家参考或批评,具体可参见司富珍(2013)。

生成语法有验证简约性的若干具体方案和策略，比如关于移位的经济性原则就是简约性概念的具体体现。而句法制图则从局部简约性来对语言系统的简约性进行考察，比如一个特征、一个投射的原则，而在单一的投射层内，一个中心语、一个指示语、一个补足语的假设，体现的就是数量上可量度的局部简约性。

句法制图以"尽可能简明而详尽"地刻画句法构造的细节而著称。因此，其结构描写的地图谱系给人的第一印象常常是"繁复"，典型的代表如Cinque（1999）关于副词层级的细致分析。副词及相应功能中心语的层级之多使得许多非专门从事制图研究的人望而生畏，这一点似乎有悖于生成语法的"简约性"这一核心主张。而句法制图研究则认为，表面的复杂性是对于"局部简约性"追求所必须付出的代价。这涉及简约性的测量标准和计算方法问题，值得进一步展开讨论。

2.3　研究策略与方法

2.3.1　从"强式"制图观出发

要绘制句法"地图"，首先需要关心的自然是：自然语言句法结构分布特点真实的情况应该是什么样子的，是因语言而异还是跨语言相似的。像所有主流的生成语法研究一样，句法制图研究高度重视探寻语言的普遍性。制图研究者的基本共识是：句法成分在结构层级上的分布不仅具有严整的规律可循，而且具有高度的跨语言普遍性。在句法制图普遍性的等级上，存在强式和弱式两种观点。

2.3.1.1　强式句法制图观

强式句法制图观主张：如果有证据证明在某种语言中存在某种特定的功能中心语及其投射，那么，该中心语及其投射在其他任何语言中也一定会或隐或显地存在，即便找不到直接的显性证据。持强式观点的研究包括Kayne(2005)、Cinque(2006a，2006b)等。支持这一观点的研究还有很多，典型案例如关于DP和数量词结构的跨语言研究。根据Progovac(1998)、Rappaport(1998)、Pereltsvaig(2007)、Furuya(2008)、Petrovic(2011)等的研究，塞尔维亚—克罗地亚语、俄罗斯语和日语中虽然不存在显性冠词，却可以通过句法推导证明DP投射的存在。事实上，围绕着汉语"的"作为CP和DP的功能中心语的研究，汉语研究者也从不同角度论证了汉语中CP和DP投射的存在(如邓思颖2006；司富珍2004，2006，2009b；熊仲儒2005等)。Kayne(2003)和Cinque(2006b)的研究则表明即便像英语、意大利语这样传统上认为没有量词的语言，也可以从句法推导中找到数量词短语投射的特点。

2.3.1.2　弱式句法制图观

弱式观点主张，具有普遍性的是一份可供各种语言选择的库存清单，这些清单中的要素(如功能中心语)相对的层级排序是固定的，不同语言之间的主要区别在于它们从这些清单中选用的功能中心语的类型和数量。也就是，A语言和B语言所包含的功能中心语种类和数量可能会有差异。但是，假定A语言有X和Y这两个功能中心语，在B语言里也能找到它们存在的证据，那么，X与Y在两种语言里的基础位置层级顺序就应该是一样的。这是因为，在所有这些语言的背后，存在一种基础的"句法槽"(司富珍2002)，这个"句法槽"内功能成分的相对基础位置是固定的，表面的差异是移位等句法操作对结构体进行重新编码的结果。Pollock(1989)关于法语和英语表面语差异的解释就是以统一的普遍性基础结构层级加上不同的移位操作为基础假设的。持弱式观点的学者有Fukui(1995)、Collins & Thráinsson(1996)、Bobaljik & Thráinsson(1998)等。Iatridou(1990)也持弱式句法制图观，针对Pollock(1989)的IP分裂假说展开讨论，认为Pollock(1989)关于AgrP的结论太过强大："我更愿意采纳弱式观点，根据弱式观点，功能语类在不同的语言里可以不同。诸如 AgrP（或 CausP、BenP 等）之类的功能中心语需要在不同的语言里寻找证据。"（Iatridou 1990：553）

2.3.1.3　Cinque & Rizzi（2008）：作为一种研究策略的"强式制图观"

在解释实际的语言事实方面，到底应该采取强式制图观还是弱式制图观，Cinque & Rizzi（2008）有明确的讨论。在这一问题上，他们的主要观点可概括如下：1）强式制图观目前来讲是一种研究策略而非研究结论；2）强式制图观和弱式制图观到底哪一种更符合语言实际还需要事实来检验；3）从研究策略上讲在开始阶段应该从强式制图观入手，因为这样会为研究发现提供更多的可能性。如果一开始就持弱式制图观，那么等于从起初就放弃了很多理论上的可能，这是不明智的，甚至可以说是冒险的做法。因此，提倡从强式制图观出发来进行假设与论证，然后再根据语言实际调整研究方案。

2.3.2　制图研究中的"思维缩放镜"视角

一个好的研究，不仅可以或验证或推翻既有理论，也可以为现有理论提出新的课题。句法制图研究就对包括最简方案在内的现有理论提出了若干需要思考和回答的问题，并尝试去回答这些问题。

举例来说，最简方案的一个代表性假设是"语段派生"（derivation by phase）（Chomsky 2001）。客观地说来，较之原则与参数框架，关于语段派生的理论的发展速度应该要缓慢些。典型的表现之一是在此框架下产生的具有影响的跨语言实证研究数量较之于原则与参数框架少。句法制图研究实际上为语段派生提供了新的研究问题。比如，根据 Chomsky（1995，2001）等的观点，在一个句子范域内，典型的语段包括 CP、v^*P，它们的代表性特征是具有完整的论元结构，或可以表达完整的命题。但前面已经提到，随着研究的深入，很多原来以为是单一投射的结构实际上都是可以分裂的。如根据Rizzi（1997）等对于句子左缘结构的研究，CP可以分裂为TopicP、FocusP等，Pollock（1989）、Belletti（1990）等的研究则表明IP也可以分裂为不同的功能投射，TP、vP、VP等也都可以进一步分裂。按照Chomsky（2001）的观点，C节点是决定句子层面的语段的重要节点。在句法制图的左缘结构CP分裂假设中，CP域分裂为多个不同的功能中心语。同样地，按照Belletti（2004b）、Ramchand（2008）、蔡维天（2016）、司富珍（2015，2018）、Si（2021）的观察，v*P及IP低层也有丰富的内部分层。那么，问题就来了：这些具有丰富内容和层级的不同功能中心语，哪一个才是决定v*P语段的核心？在这些功能中心语中，是哪一个功能中心语层级决定着句子层面语段的性质？另外，这种由不同的功能分裂假说所展示的句法制图样貌是否与最简方案甚至整个生成语法体系主张的简约性追求之间存在矛盾与冲突？这些问题在句法制图理论框架中都需要全新的思考。对此，司富珍（2018，2019）和Si（2021b）提出"思维缩放镜"的理论评价思路，"思维缩放镜"是"思维放大镜"的扩展版：当我们把"思维缩放镜"拉远了看，得到的是整个骨架简约式的结构图谱；而把镜头拉近了细看，则可以得到更为丰富的细节，从这个角度来进行理论评价，很多问题可以得到更好的解答，而这也正是句法制图追求的目标。

概括起来，功能中心语分裂不仅仅是特定的一个个假设，更是一种全新的观察思路和方法，它越来越清晰地向句法研究者展示了一种类似于"思维缩放镜"的工具，带来的启发是：在研究中可以聚焦于某一特定的结构或中心语，细致入微地观察和描写其内部功能丰富的结构层级。而从另外一个角度看，如果建立起评估研究方法的"思维缩放镜"的概念，那么句法制图与最简方案之间的对立或不同就没有人们直观上感觉的那么强烈。

2.4　用 A 语言的眼光看 B 语言

句法制图的研究思路和策略可以为具体语言语法系统的理论建构提供新的启发。比如在汉语研究中长期以来都有围绕"印欧语眼光"展开的批判性讨论(如沈家煊 2012;徐通锵 1994;朱德熙 1984等)。一方面,汉语关于语法的系统性建构是从《马氏文通》(马建忠 1898)开始的,而《马氏文通》的整个体系正是从语言之间的共性入手,比照印欧语的语法体系,结合汉语自身的特点,经过改造而建立的;另一方面,寻求符合汉语实际情况的更新版语法系统的努力也一直在进行(如邢福义 1996;徐通锵 1994,1997;朱德熙 1982等)。那么,这二者之间是否是一对矛盾,即寻求接近汉语语法事实真相的语法体系的工作和比照印欧语观察汉语的尝试之间是否水火不容?生成语法强式制图观的研究策略或许可以提供新的参考。按照这一研究策略,研究者在起始阶段可以假定,如果有足够证据证明某种语言中存在某一类型的功能类型和投射层级,那么在其他语言中也很有可能存在它的对应物。这种研究策略可以为语言研究提供不同的视角,帮助研究者跳出惯常思维,探究仅从单一语言出发难以发现的一些隐蔽性强的规律。因此,从研究策略上看,我们提倡可以尝试用A语言的眼光去看B语言(司富珍 2022b)。

为什么要用A语言的眼光去看B语言?这一观点至少可以从人类语言普遍性的理论假设、现代语言学研究的经验证据、方法论的考量和科学哲学的启示这四个方面得到验证和支持。

2.4.1　人类语言普遍性的理论假设

之所以可以尝试用A语言的眼光去看B语言,首先是基于普通语言学理论关于人类语言普遍性的基本理论假设。关注人类语言在语法构造方面的普遍性在语言学的研究历史上由来已久且成果卓著。而现代语言学历史中将人类语言普遍性假设推向新的制高点的则当推生成语法理论关于普遍语法的相关假设（Chomsky 1957，1965，1995，2000，2004，2022a等）。以生成语法理论为基础的生物语言学理论更是将这种普遍性与生物遗传学说结合起来，将语言与人脑科学的研究技术结合起来，同时又将这些研究建立在考古研究、人类学研究的丰富成果基础上，从而奠定了语法构造普遍性假设的坚实基础。在这一视野下观察和评价现有的语言学理论，则可以知道，任何将某一种语言孤立起来，将其脱离人类语言的大视野进行研究的做法都难免过于狭隘。而从人类语言普遍性的基础出发，则用A语言的眼光去看B语言正可以互相参照和检视，从而帮助研究者走出研究中的认知盲区，发现仅从单一语言出发观察该语言所无法观察到的结构规律。

2.4.2 语言学研究的经验证据

尝试用A语言的眼光去看B语言，同时也得到了众多经验的支持。"印欧语系""汉藏语系"等概念的确立就是基于A语言与B语言之间的互相对比而建构的。"语系"这一用A语言眼光看B语言后所得到的收获为绝大多数人认同和接受，可谓影响深远。而汉语语法系统的建立更是"从一开始就受到印欧语语法的深刻影响"（朱德熙1984）。作为现代汉语语法研究开山之作的《马氏文通》即是用"拉丁语法体系"的眼光，"因西文已有之规矩，于经籍中求其所同所不同者"（马建忠1898/1998：8），结合汉语的研究传统和实际创建而成。而在这一"印欧语眼光"深刻影响下的语法体系的创立之所以成为可能并且至今影响深刻，也正是因为有汉语与世界其他语言之间的普遍性作为基础。

在生成语法半个多世纪的研究历史中，涉及的事实几乎遍及世界上所有的语言类型，在语法普遍性方面更是有着系统的研究成果可资参考。从技术操作和研究发现的角度看，这一朝向普遍性的研究在句法制图框架下达到了一个新的高度。如本研究中反复提到的，基于对欧洲、非洲、亚洲等地的跨语言比较研究，一些研究者（如Cinque 2006a，2006b；Cinque & Rizzi 2008；Kayne 2005等）在尝试为人类语言可能的句法功能骨架寻找普遍的序列层级。目前的认识是，顾名思义，这一普遍序列为所有语言所共有，语言之间的差异只在于相关功能成分是显还是隐，或是在句法推导过程中是否存在移位等。在过去三十多年的制图研究历史中，这一思路和相关假设也的确启发了很多研究，引导人们发现了许多之前未曾注意到的规律(例如关于副词的序列与句子骨架上功能中心语之间的对应关系，关于形容词的序列与名词短语内功能中心语层级之间的对应关系等)。

2.4.3 方法论的考量

从句法制图的研究方法来看，之所以可以尝试用A语言的眼光去看B语言，更重要的是出于研究策略方面的考虑。人类内在的、具有普遍性的语言在外化时会有不同的表现形式，有声言语只是其中之一(当然也是最主要的形式)，此外还有很多方面并非能以有声形式观察到，比如空语类的普遍存在就是证据之一。内在语言外化时形式多样，对这些问题的探究构成了"伽利略谜题"(the Galilean Challenge)(Chomsky 2017)的重要内容。因此，单纯从单一的语言内部对该语言进行分析，常常会迷失于声音构成的"言语世界"，而忽略掉语言中那些"无声"的隐性成分。要想更加全面地探究语言结构，就需要尽可能拓展可以发掘容易被人忽视的隐性成分的研究策略与方法。句法结构强式制图观所提供的正是这样的研究策略。

2.4.4 科学哲学的启示

鼓励和提倡在必要时可以用A语言的眼光去看B语言的原因还在于，对于普遍性的探索是所有科学研究的共同志趣。伽利略、牛顿等人关于潮涨潮落、日升月落、斗转星移甚至苹果落地等这些在一般人眼里互不相干的事物和现象之间在力学方面的普遍性的研究，新物理学关于物质世界和生命世界普遍性和相似性的探讨都是基于这一共同的志趣。没有生命的一支粉笔和活力四射的美洲豹之间看似风马牛不相及，然而在追求基本粒子构成的普遍性的物理学家眼里，它们都是一堆夸克。正是这些科学家敢于用A事物的眼光看B事物，才有了经典力学和新物理学理论中一个个惊人的发现。

基于以上四个方面的理由，我们主张重新思考语法研究中关于"***眼光"的批评。具体来说就是，一方面，我们支持前辈学人这样的研究共识，即我们同样反对那种不顾语言实际，削足适履、生搬硬套国外理论的"印欧语眼光"或别的什么"眼光"；另一方面，又要注意防止将"印欧语眼光"简单化、"帽子化"，或将它变成一种学术"塔布"（taboo），否则就可能从方法论上将汉语研究引向另外一个极端和偏路。

探寻普遍性与差异性以及它们之间的关系是一切科学领域都存在的永恒主题。在句法制图理论框架下，我们主张采用"强式制图观"的研究策略，认为在必要时完全可以使用A语言的眼光去看B语言，以期揭示由单一语言出发看该语言时难以发现的隐性成分和规律。这一思路并不仅限于汉语语法研究，从方法和策略上讲应该适用于所有自然语言的研究，是句法制图理论重要的方法和策略。

第三章

左缘结构

3.1 概述

3.1.1 左缘结构的定义

左缘结构是句法制图核心的研究话题之一（Rizzi 1997；Rizzi & Bocci 2017），这一概念由句法制图理论的奠基人之一、意大利著名语言学家 Rizzi（1997）在其代表性文献《论左缘精细结构》（"The fine structure of the left periphery"）中首次提出使用。

顾名思义，左缘结构指的是占据句子左侧边缘的结构成分，即句子结构中位于 IP 之前的结构成分。比如下例中英语的 Your book 和 YOUR BOOK（此处大写表示重读，下同）、意大利语的 Il tuo libro 和 IL TUO LIBRO 就分别作为话题和焦点出现在句子结构的左缘位置，被称作是这些句子的左缘成分。

(1) a. *Your book,* you should give to Paul.　　　　（*Your book*：话题）

b. *YOUR BOOK* you should give to Paul.

（*YOUR BOOK*：焦点）

(2) a. Il tuo libro, lo ho comprato.　　　　（Il tuo libro：话题）

'Your book, I bought **it**.'

b. IL TUO LIBRO lo ho comprato (, non il suo).

（IL TUO LIBRO：焦点）

'Your book I bought it (not his).'

（Rizzi 1997：285）

备受关注的左缘结构成分除话题、焦点外，还有 Force、Fin 等。这些成分大多涉及语篇信息和信息结构，不仅推动了句法研究的发展，也为句法与语篇信息结构的接口研究开辟了新路径。

除对句子层面信息结构和语篇与句法接口的研究外，左缘结构的研究还扩展至句内短语结构的研究。例如，Belletti（2004b）等的研究表明，在 VP 与 IP 之间也存在 vP 短语的左缘成分，它们同样具有表达话题、焦点等语篇信息的功能。Bernstein（2001）、Laenzlinger（2015，2017）、Krapova & Cinque（2016，2017）还从句法制图视角对 CP 和 DP 的平行性问题进行了研究，发现不仅在句子结构中有丰富的左缘结构可供精细化描写，而且在名词性短语中也存在蕴含着丰富语篇信息的左缘结构，这方面的代表性研究如 Bernstein（2001）、Giusti（2005，2006）等。这些研究对名词性短语中的焦点等左缘结构成分进行了考察，扩大了左缘结构的研究范围。因此，就目前的研究进展而言，左缘结构不再仅仅指句子左边缘的结构成分，也包括名词性短语结构、动词短语结构中能够传达语篇信息等的左边缘结构成分。

从涉及的语种来看，对于左缘结构的研究首先从意大利语开始，之后延展到印欧语系罗曼语言诸语之间的比较，以及罗曼语言与日耳曼语言之间的比较，然后应用到更多的跨语言研究中，包括非洲和亚洲的语言研究。

在跨语言比较研究中，还有学者根据不同的表层语序提出了"右缘结构"的概念（关于右缘结构的研究可参见 Hirose & Nawata 2017；Saito 2013 等）。在基本理论和所遵循的主要原则方面，"右缘结构"与"左缘结构"并无二制，可以看作是后者的一种特殊形态表现，或者如本书前面所提到的，是一种结构镜像。因此，本书对"右缘结构"的相关研究不作专章讨论，而是将其与"左缘结构"在同一章中作简要评介。

3.1.2　左缘结构理论的产生背景

3.1.2.1　从宏观普遍性到微观普遍性：对短语结构复杂性的精细化观察

左缘结构概念的提出是对句子内部结构精细化描写的自然结果，也是生成语法研究发展的必然结果。在生成语法早期经典文献（Chomsky 1955/1975，1957）中，将标志屈折变化的 -ed、-s 等独立进行句法描写。这一做法将微观句法成分显化，是精细化分析传统的最好示例。而在原则与参数框架背景下，生成语法对跨语言事实的考察进一步显示，短语结构和句子结构的内部构成比之前了解到的要更加丰富和复杂，因此，在从宏观层面解释语言简约性和普遍性的同时，还需要对微观层面的复杂性/简约性和普遍性也进行更加细致的考察。为句法结构内部层级绘制详细的"地图"（制图）的想法即是基于这样一种理论建构和现象描写互动的背景而产生的。在《CP 和 IP 的结构》（Rizzi 2004）一书的第一章"关于句法结构的制图"（On the cartography of syntactic structures）中，Rizzi（2004）回顾了这一理论背景，并特别提到了促使句法制图理论产生的两个貌似方向相反却又相辅相成的驱动因素：一方面是对于句法层级内部复杂性的关注，另一方面则是关于句法基本原子成分的普遍性和局部简约性的直觉和认识。它们共同促成了句法制图理论的产生，对左缘结构的研究也正是以此为背景而开展起来的。

3.1.2.2　功能中心语分裂：X' 理论和"二分叉假说"的理论影响

如前所述，随着句法描写的不断深入，加之生成句法学家们对经典 X' 理论模型和 Kayne（1984a）提出的句法结构二分叉假说的普遍认同，很多学者自然而然、殊途同归地走向"中心语分裂"的路子上来。在 Rizzi（1997）之前，已经有若干关于功能中心语分裂的经典研究案例，文前也已经提到过这一点。这些研究案例包括：1）Abney（1987）的"DP假说"对名词性短语结构内中心语层级的重新解读；2）Larson（1988，2014）的语壳理论先后对动词语壳（VP-shell）和DP语壳（DP-shell）所作的分析；3）Pollock（1989）在Emonds（1978）的基础上通过考察英语和法语中动词移位的不同表现而提出的"IP分裂假说"；4）Chomsky（1991）、Belletti（2000）则在Pollock（1989）的基础上进一步讨论了AgrP分裂的情况，提出在句子层面表达一致的功能成分可以包括三种类型，即AgrSP、AgrOP以及AgrPrtP，同时认为格关系本质上也是表达一致关系的一种方式。

这些针对不同的短语结构所提出的功能中心语分裂的思路相似，也为制图研究带来了新的突破口。Rizzi（1997）正是以此为背景对句子的"左缘"成分进行精细化描写，从而得出了CP分裂的研究假设，并启发了更多的学者对分裂出的功能子类进行深入考察。这一思路一打开，功能中心语的研究就变得非常能产，也就有了后来的话题结构分裂（split top）、焦点结构分裂（split foc）（Benincà & Poletto 2004）甚至限定结构分裂（split fin）（Roberts 2004）等更多功能分裂的出现。

3.1.2.3　CP-IP-VP：句子基本结构骨架的确立

生成语法在X'理论基础上对句法结构分析的结果趋向于一种共识，即句子结构骨架大致可以分为三个层级区域，分别为"词汇层"（lexical layer）、"屈折层"（inflectional layer）和"标句层"（complementizer layer），它们的最大投射分别标记为VP、IP[由于Pollock（1989）的IP分裂理论的影响，后来的大部分文献用TP替代IP]和CP，基本层级顺序为：CP-IP/TP-VP。

VP、IP/TP和CP这三个区域各自掌管不同的职能，本书作者将它们所掌控的区域分别称为基础论元结构层、事件结构层和语用信息层。1）基础论元结构层：VP是句法与语义最初的接口，它以谓语中心语为核心，根据谓语成分从词库出发时所自带的"句法语义基因"来奠定句子基础的论元结构。举例来说，非作格不及物动词"笑"，它所自带的句法语义基因要求其基本论元结构框架为动词核心搭配一个作为其唯一论元成分的指示语成分；非宾格不及物动词"死"，它所自带的句法语义基因要求其基本论元结构框架为动词核心携带一个作为其唯一论元成分的补足语成分；而及物动词"吃"，它所自带的句法语义基因则要求其基本论元结构框架为动词核心携带一个指示语和一个补足语成分来分别实现其两个论元的基础摆放；类似地，双及物动词"给"，它所自带的句法语义基因要求其基本论元结构中的中心语成分与三个论元成分相关联，等等。这一区域的操作方法可以用前些年曾流行一时的"配价"概念来理解。不同的核心谓词携带不同的配价表，当然在进入高一级的层次后，"价"位数还有可能根据需要临时调整。2）事件结构层：IP运用屈折形态来标记基础论元结构与世界之间的关系（比如时制，即基础论元结构关系在语句所表达的真实世界与说话人讲话时间的相对关系：现在、过去或未来等，或体、态等），它实际记录的是从候选的论元结构到实际的事件结构的转换过程，标记这一转换的是时间等相关的真实世界信息。3）语用信息层：CP标记更多的语篇和语用信息（包括话题、焦点、说话人的态度等），是语用信息句法化的最主要实现区域。

这一基本结构骨架的确立为句法制图对功能中心语进一步的精细化观察分析提供了基础，也为信息结构的研究提供了新的框架。

3.1.2.4　对句法—语篇接口问题的关注

引发左缘结构研究的另外一个驱动因素是生成语法理论对句法与语义、语用、语篇等部门的接口问题的关注。以往研究常常将句法与语篇、语用等部分分离开来，句法制图则为语用信息句法化的结构描写提供了新的可能。

就句法与语义之间的接口而言，有两个领域的语义内容需要加以区分：一是与事件相关的论元结构的语义部分，一是与辖域—语篇相关的语义部分。从这两部分语义内容与语类之间的对应关系来看，论元结构相关的事件语义部分主要是由词汇语类（实词语类）来表达，而与语篇/辖域等相关的语义内容则常常通过功能语类来实现。从这两部分语义内容在结构树上的分布来看，与论元结构相关的事件语义部分处于基础结构中内嵌最深的结构层中，而与语篇/辖域相关的语义部分则处于较高的扩展投射层中。

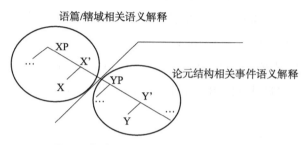

图 3.1　句法—语义 / 语法—语篇接口分层图

这些与语篇相关的扩展投射的功能层级分布在整个句子结构的边缘地带，从呈现的自然顺序来看，它们常常处于极左的边缘（在有的语言中可能是极右的边缘，与左缘呈镜像分布），表达句类、语力（Force）或话题（Topic）、焦点（Focus）等与语篇相关的信息。

最早将焦点、预设等与语篇相关的意义纳入句法计算系统中讨论的生成语法文献有 Chomsky（1970）、Jackendoff（1972）等。Jackendoff（1972）用"句子的焦点"指句子中呈现的新信息，而用"预设"（presupposition）指同一句子中的其余部分。他引入了句法标记 F，并认为这一句法标记可能与表层结构中的任何一个节点相联系（Jackendoff 1972：240）。同期关注左缘结构相关现象的代表性成果还有 Hooper & Thompson（1973）关于"主句现象"或"根句转换"（root transformations）的研究。而将左缘结构推向新的研究热点的则是 Rizzi（1997）在句法制图理论模式下的探索，它提出的CP分裂假说，为句子边缘地带丰富的语义、语篇信息提供了句法解读的新思路。

3.1.3 左缘结构研究的奠基之作

3.1.3.1 主要假设

（一）关于内部层级

Rizzi（1997）的主要观点之一是：与IP层的内部层级（Pollock 1989）一样，CP层也并非单一的X'投射，而是有更加丰富的内部层级。这些内部层包括疑问层（interrogative layer）、关系层（layer with relative pronouns）、话题层（topic layer）、焦点层（focus layer）等，这些层级之间按照一定的顺序排列，并且具有互动关系，共同构成左缘结构复杂而有序的系统。

（二）关于移位

从移位的动因来看，Rizzi（1997）同意Chomsky（1993）等关于移位是"最后一着"（last resort）的不得已而为之的行为的看法。而更准确地说，CP层相关的移位驱动因素是由"校准"（criteria）所决定，而非特征核查（feature checking）所驱动。CP层提供的校准功能中心语，为句内成分向句子左缘移位提供了动因。校准理论中的左缘功能中心语所携带的特征与特征核查理论中只为移位提供动因后就从计算系统中消失的特征不同，相反，校准理论中的特征能为短语结构的标示以及信息结构的计算和显化提供更加丰富的信息内容。

从移位后的构造来看，所有朝向CP层移位的成分在满足校准条件的情况下，须落脚在CP层功能中心语的Spec位置上，与相应功能中心语构成Spec-Head的局域关系。

从移位后的秩序来看，所有的移位落脚之处与相邻成分之间的相对层级有严格规律可循，因此哪些可以相邻，而哪些成分一定不能相邻，所体现的正是句法功能中心语在句子结构"地图"中相对层级顺序的摆放规律。

(三) 关于信息结构

从信息结构角度看，左缘结构层承担两个方向的信息表达功能，一个向上(对外)，一个向下(对内)。向上的部分与更大(高)一级的语言单位(语篇)衔接和对应；向下的部分与低一级的语言单位(IP层)衔接与对应。比如在C层级里应该有包含时间的信息，以与下一级单位(IP层)中的表达时制信息的成分保持一致，而CP层中分裂出的Fin承担的正是这样的功能。

(四) 关于语类属性

CP层的功能中心语C(如英语的that等)更接近于名词性的语类属性，而非谓词性语类属性。CP层与IP层有着根本的不同：一般认为IP层是VP层的扩展投射，因此总体上讲是与动词相关的成分。而CP的总体功能则类似名词性短语，比如其证据之一就是小句可以出现在另一个句子的主语和宾语位置。

这一认识为很多语言事实的分析提供了理论支持。譬如在汉语语法研究中，"的"为CP和DP的平行性研究(司富珍2009b)所提供的证据也是以C更接近于名词性语类为主要前提的：汉语的"的"一方面可以作为标句词(Ning 1993；司富珍2002)来使用，另一方面又可以出现在DP结构中作为DP的中心语(司富珍2004，2006；熊仲儒2005)。以二者为中心语所引导的结构都可以出现在主宾语位置，表现出比较清晰的语类共性(张伯江1993)。正是由于其名词性的语类特点和作为功能中心语的句法地位，使得它可以统领出现在其前后的各种语类(如名词语类、动词语类和形容词语类等)而不影响整个结构的名词性特点。又如英语的that和古代汉语的"之"也有类似特点，它们都既可以作为标句词，又可以作为代词出现在DP结构的中心。CP与DP的平行性常常表现在可以兼作CP和DP的功能中心语的句法元素上，这似乎也是跨语言存在的普遍现象。

3.1.3.2　主要关注点

Rizzi（1997）的研究语料来源主要是作者的母语意大利语及法语、德语、英语等相关语言，其中以罗曼语言为主，兼及日耳曼语等语言的比较研究。从考察的左缘功能类型来看，主要有：1）语力 — 限定系统（Force-Finiteness system）；2）话题 — 焦点系统（Topic-Focus system）。其中特别是对话题 — 焦点系统作了进一步的分析考察，这些研究也启发了一系列关于话题与焦点的制图研究。

（一）语力 — 限定系统

Rizzi（1997）对左缘成分的分析从思考标句词在句子结构中的功用开始：这些标句词在句子中到底起什么作用呢？他认为，标句词系统CP主要标记由IP所表达的命题内容与比它高一层次的句子、根句或者语篇之间的接口产生的句法效应。因此，标句词结构的中心语C包含至少两个方面的信息，一个向上，与上一级语篇单位衔接；一个向下，与下一级的命题结构单位衔接。对于向上的部分，Rizzi（1997）沿用Cheng（1991）对句子标类说的观点，借用Chomsky（1995）关于语力（force）的概念表达，来表达陈述、疑问或关系等一般称之为语气的功能类型。而对于向下的部分，Rizzi（1997）则使用"限定性"（finiteness）来涵盖由时态或其他屈折成分传递的功能。这样从向上和向下两个功能层级区分出语力 — 限定的左缘框架系统。

（二）话题 — 焦点系统

Rizzi（1997）从传统的话题 — 述题（Topic-Comment）框架入手讨论了话题化结构在重音模式、新旧信息表达方面的特点：话题表达旧信息，述题引导新信息。同时也比较了外观上相似但传达的信息俨然不同的焦点 — 预设（Focus-Presupposition）结构：

话题结构：Your book, you should give t to Paul (not to Bill).

焦点结构：YOUR BOOK, you should give t to Paul (not mine).

在话题结构中，前置的成分后有停顿，通常表达旧信息，在上文语篇中已经出现或比较突显。而在焦点结构中，前置的焦点成分YOUR BOOK承担焦点重音（focal stress），引介新信息。

两种结构的不同在意大利语中有形态上的证据。Rizzi（1997）借用Cinque（1990a）的"附着成分左置"（clitic left dislocation，简称CLLD）这一概念，对以意大利语为代表的罗曼语言中的话题—述题结构系统的接应性（resumptive）附着成分与话题共指（coreferential）现象进行了考察。同时，又通过对焦点重音的观察，讨论了意大利语焦点—预设结构的形态音系表现，特别是关注了不表达对比义的句首焦点成分。

在此基础上，Rizzi（1997）运用X'图式，对话题—述题结构和焦点—预设结构分别进行了如下描写：

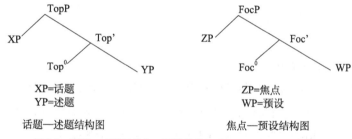

图 3.2　话题—述题与焦点—预设结构图（Rizzi 1997：286–287）

此外，还讨论了低位焦点（或原位焦点）的情况：

（3）　Ho letto IL TUO LIBRO (k non il suo).

　　　I　read YOU BOOK, not this.

（Rizzi 1997：287）

Rizzi（1997）继而提出了相关句法操作的"校准原则"（criteria principle），即带有话题或焦点特征的结构成分，一定会在由话题或焦点参与形成的"指示语—中心语"结构体内进行相关特征的校准。换言之，话题和焦点在功能上像Wh或否定（Neg）一样，会对移位的动因提出要求：移位是为了满足校准特征的需要才采取的"最后一着"。如前所述，这里的校准关系相当于最简方案中的特征核查。当话题域（Topic Field）或焦点域（Focus Field）被激活时，它们就会出现在左缘结构中由"语力—限定"（Force-Fin）系统搭建好的框架中间，形成像三明治一样的结构形式，即Topic和Focus会夹在Force、Fin之间，如下：

（4）　...Force...(Topic)...(Focus)...Fin IP

（Rizzi 1997：288）

这形成了左缘最基础的层级构图。CP因此分裂为不同的功能子类，是为"CP分裂假说"。

3.1.3.3　贡献和影响

Rizzi（1997）关于左缘结构的研究至少有以下几个方面的贡献：

第一，它提供了CP分裂的理论假说，为句子左缘的精细化描写打开了新局面。Rizzi（1997）认为，CP并非单一功能成分的投射，而是具有丰富的功能层级的一个句子边缘的区域，因此CP可以分裂为由不同功能投射共同组成的一个左缘结构区域。该文主要考察了四个类型的典型的左缘成分：疑问代词、关系代词、话题成分和焦点化成分。这一CP功能分裂假说极具启发性，尤其是其中的话题成分和焦点成分引发了很多句法制图视角下的后续研究。

第二，它为句法与语用的接口研究提供了句法制图研究的新思路，为语用信息的句法化研究提供了很好的范例。句法与语用之间的关系问题在语法研究中一直备受关注，这也是生成语法常常为人诟病之处：一方面，一些不熟悉生成语法的学者常常围绕"句法自足性"或"句法中心论"这一话题批评生成语法，其中不乏对生成语法的谬解之处。另一方面，如何从句法角度深入研究句法与语用之间的接口也的确是一个重要的话题，有时甚至可以说也是难题之一，要理清它并不容易，而句法制图左缘结构的研究为这一话题的研究提供了新的思路与方法。

第三，它显示了局部性条件（locality condition）和相对最简性（relativized minimality）的意义和优势，该思想是句法制图核心的理论组成部分之一：既然人类语言就其句子长度和数量来说在理论上可以是无穷尽的，那么体现语言简单性的重要方面之一就由局部简约性来实现，即在局部区域内，句法结构成分之间的关系应该是最简的。Roberts（2004：310）提供了局部最简构造的定义，如下：

> 成分Y与成分X处在一个最简的局部构造框架（minimal configuration，简称MC）中，当且仅当，不存在具备如下特点的成分Z：（a）Z与X是同一结构成分类型；且（b）Z处于X与Y之间。

制图研究中一个特征对应一个中心语及一个投射，并且在一个投射中只有一个指示语和一个补足语成分的局部最简关系就是这一思想的体现。它为句法计算提供了最简的局部环境，从微观层面展示了语言的简约性特性，也从局域性角度解释了语言构造机制的经济性原则。

第四，它提出了话题、焦点、疑问词等A'移位的"校准原则"，这一原则与特征对应，因而比之于最简方案，它能够更加精细、准确和清晰地为移位提供解释方案。由于产生自同样的理论背景，作为生成语法的两股重要力量，句法制图与最简方案之间的区别与联系也备受关注。本书作者（司富珍 2018a，2018b，2019等）曾主要采用"思维缩放镜"的方法论视角对二者之间的关系进行解读，认为从宏观上来讲，二者相辅相成，并不矛盾，只是关注点不同。句法制图研究者感兴趣的是为句法内部层级的复杂性提供尽可能详尽且简明的解释方案。从这个意义上看，"校准原则"

指导下的特征核查比最简方案边界特征所驱动的移位解释方案定位更为精准、揭示的信息也更为丰富，同时更加满足局部简约性的追求。

第五，校准特征驱动的移位决定了句子"辖域—语篇"（scope-discourse）的信息结构大局，为"话题—述题""焦点—预设"等信息结构提供了句法制图的理论解释。"校准研究法"（criterial approach）为"辖域—语篇语义学"（scope-discourse semantics）赋予了全新的理论内涵，也提供了新的研究思路。信息结构是语言学研究中的热点，也是当代汉语语法研究中的重要话题，但如何为信息结构提供更为明确的、形式化的可靠解释，而不是就事论事的随机解释，这是句法理论建构工作需要面对的重要课题。左缘结构的校准特征解释方案为信息结构的理论建构和形式化研究提供了新的可能。

第六，Rizzi（1997）还讨论了左缘结构成分的二重性职能。如前所述，Rizzi（1997）认为，语篇信息或语用信息在句法计算系统中可以显化，或者说，语用信息可以在句法层得到编码。而左缘结构层承担的正是IP所表达的命题内容（propositional content）和高于它的句子结构层或语篇层之间的接口功能。它把句子的区域分为内外两个区域，从信息结构角度看，左缘成分传达两个方向的信息内容，或曰具有双重职能，其中一个负责对内，另外一个负责对外。

对内，它负责对居于其下层的IP的某些方面的信息特征进行限定。在英语中，同样作为CP层中心语的标句词，that选择限定性的时态IP结构（tensed IP structure）作为其补足语，例如，"She argues that assertive *bien* in Spanish is a positive marker." 是合乎语法的结构，而 "She argues that assertive *bien* in Spanish to be a positive marker." 则不合语法；相反，"For him to study generative linguistics is very interesting." 是合乎语法的结构，但 "For he studies generative linguistics is very interesting." 则不合语法。这是因为C对内要与I保持一致，或者也可以说，它自身的类型规定了I某些方面的特征的选择。又如，校准特征还可以对内吸引相同

特征的成分移位至左缘结构相应中心语的指示语位置，完成校准特征的比对，进而完成整个句子信息结构的铺排。

对外，它又可以完成与语用或语篇的衔接，激活句子语用/语篇—语义的功能解读。同时，C又标示着自身所在小句作为更高一层句法单位的从属结构的句法地位。这类信息有时被称作是句类（clausal type）或语力的规格类型（specification of Force）（Chomsky 1995）。用来标类的形式可能是形态上显性的成分，也可能并无专门的形态成分来标示，而只是通过结构系联来实现所需的操作符所承担的功能。

第七，Rizzi（1997）还为左缘结构的研究提供了具体案例。具体来说，它主要考察了四种典型的左缘成分——疑问代词、关系代词、话题成分和焦点化成分，并且提出了驱动移位的中心语特征校准方案（与特征核查相对应），认为所有的移位都是"最后一着"，都是为了满足某种特征校准的需要。这一研究思路启发了很多有关左缘结构的研究，大量关于左缘结构的文献出版和发表，语料涉及印欧语系、闪含语系、汉藏语系等多个语系的语言，使之扩展到更多的功能层（可参见Rizzi & Bocci 2017），并运用于语言习得等领域。

关于左缘结构的内部层级除Rizzi（1997）外，Benincà（1996）也有相似的观察值得关注。之后，Rizzi等人在所主持的"成人语法和儿童语言习得中的句法制图和局部性问题"项目中，重点围绕话题和焦点这两大主题，对左缘结构的更多句法、语义和语篇相关论题展开了探讨，涉及的内容有：1）辖域—语篇语义；2）多个标句词的共现问题；3）话题与焦点；4）话题的不同类型及话题研究中的递归机制；5）分裂句；6）焦点的类型等。在这六个论题中，有四个都与话题或焦点直接相关，其他两个论题（辖域—语篇语义、多个标句词的共现问题）也或多或少地涉及话题和焦点问题。句法制图跨语言视角下对话题和焦点的后续研究也成为左缘结构研究中最值得关注的部分之一。

3.2 左缘结构的跨语言研究

3.2.1 左缘结构研究概述

句子层面的左缘结构在CP层实现。按照Rizzi(1997)的研究，CP域内的主要功能成分包括Force、Top、Foc、Fin等。除Rizzi(1997)外，在过去二三十年的时间里，有大量跨语言视角下的观察研究支持或扩展了这一研究。比如，Rizzi & Bocci(2017)等以罗曼语言为基础展开的关于左缘结构的系统性研究；Roberts(2004)就Fin的功能层级对凯尔特语言与日耳曼语言进行的比较研究；Benincà & Poletto(2004)等就Topic和Focus的功能层级对罗曼语族的语言进行的系统考察(该研究得出结论认为不同类型的话题有各自的功能投射，同一话题不会递归出现在同一功能中心语投射中，并且同一功能中心语也不允许有多个指示语同时出现)；Poletto & Pollock(2004)围绕Wh结构问题对法语、意大利语和意大利北部方言进行的比较研究(该研究得出结论认为Wh成分在左缘结构中占据不同的句法节点)；Bianchi(2004)以意大利北部方言、巴西葡萄牙语为语料开展的关于关系子句及相关的三类接应代词(resumptive pronouns)的句法表现的研究等。更多有关左缘结构的研究还可以参看Laenzlinger(1998)、Poletto(2000)、Rizzi(2000，2004)、Cinque(2002)、Belletti(2004a，2004b，2009)以及Benincà & Munaro(2011)关于罗曼语言的研究，Grewendorf(2002，2008，2015)和Haegeman(2004)关于日耳曼语言的研究，Roberts(2004)关于凯尔特语的研究，Garzonio(2005)和Krapova & Cinque(2008)关于斯拉夫语的研究，Puskas(2000)关于芬兰—乌戈尔语言的研究，Shlonsky(1997，2014)关于闪含语言的研究，Frascarelli & Puglielli(2007)关于库什特语言的研究，Aboh(2004)、Biloa(2013)、Torrence(2013)、Bassong(2010)以及Hager-Mboua(2014)关于非洲诸语言的研究，Durrleman(2008)关于克里奥尔语的研究，Jayaseelan(2008)关于达罗毗荼语言的研究，Endo(2007，2014)和Saito(2010)关于日语的研究，Pearce(1999)关于南岛语言的研究，Speas & Tenny（2003）关于美洲印第安语的研究，Legate（2002，2003）关于澳大利亚土著语言的研究，等等。关于汉语左缘结构的研究则可参考以Paul（2005，2014）、Badan（2007）、Badan & del Gobbo（2010）、Pan（2022）、蔡维天（2007）以及邓思颖（2019a，2019b）为代表的关于粤语句末语气词的一系列研究。

Rizzi & Bocci（2017）总结与梳理了1997年至2017年这二十年间的左缘结构研究，强调了制图研究在语言结构普遍性的研究方面所作出的如下贡献：1）在句法与语篇衔接的左缘结构区域，功能层级的种类和相对分层具有跨语言的一致性。2）通过为这些功能层级绘制详细的句法结构"地图"，可以揭示更多的句法普遍性和功能层级丰富性。3）句法制图理论可以为跨语言的句法比较以及以此为基础对句法普遍原则的深入研究提供新的工具和思路，为普遍语法提供新的解释路径。

3.2.2　左缘结构的功能层级

Rizzi（1997）为句子层面左缘结构的内部层级提供的制图模型为很多后续研究提供了范例。上文提到，根据Rizzi（1997）的研究结论，句子左缘区域的几个主要的功能成分及其层级骨架分布地图如下：

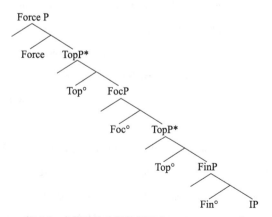

图 3.3　左缘结构功能层级图（Rizzi 1997：297）

其中Top出现两次并且在其最大投射处加上星标，意思是Top及其投射可以递归地出现在句子的左缘。这一层级的结构图中的Force、Top、Foc和Fin等功能成分是由原来单一结构层级C(标句词成分)分解而来的。

生成语法中标句词的概念是Bresnan(1970)提出的，这一研究以对英语的标句词成分that、if、for等的事实观察为基础，之后在多个语言的句法研究中都得到应用。而Rizzi(1997，1982)、Kayne(1983)、Roberts(2004)和Rizzi & Bocci(2017)等的研究则表明，C其实还包含不同的次类，它们出现在不同的层级，应该有各自不同的投射。比如在意大利语中，引导陈述性限定句的标句词*che*(相当于英语引导陈述句的标句词*that*)出现在话题之前，而引导不定式小句的标句词*di*则一定出现在话题之后，据此，Rizzi & Bocci(2017)在Rizzi(1997)的基础上描画了左缘区域相对于话题的两个标句词的层级：

(5)　[*che*, [Top, [*di* ...]]]　　　　　　　　(Rizzi & Bocci 2017：5)

支持这一结论的意大利语语料如：

(6)　a. Ho deciso *che*, la macchina, la comprerò quest'anno.
　　　　'I decided that, the car, I will buy it this year.'
　　　b. Ho deciso, la macchina, *di* comprarla quest'anno.
　　　　'I decided, the car, of to buy it this year.'

(Rizzi & Bocci 2017：5)

上面两个例子中的la macchina(the car)是从属子句中的话题成分。在第一个例子中，从属子句是一个限定句(finite clause)，其标句词*che*出现在话题la macchina之前；而在第二个例子中，从属子句是一个非限定句(non-finite clause)，其标句词*di*出现在话题la macchina之后，这一区别表明标句词成分也会因类型的不同而产生句法位置分布上的差异。对标句词作进一步的分类，则其中的 *che* 是 Force 在意大利语中的实现，而 *Di* 则是 Fin 的实现，所以上面例子中所涉及的 CP 层级图实际上就是：

（7）　[Force, [Top,　　[Fin ...]]]

　　　　che la macchina *di*

沿着类似思路，又得出了包括表达疑问的 Int、表达焦点的 Foc、表达情态的 Mod，以及表达嵌入式低层 Wh 的 Q_{emb}[1] 在内的更为丰富和完整的相对位置和层级，如下：

（8）　[Force [Top* [Int [Top* [Foc [Top* [Mod [Top* [Q_{emb} [Top* [Fin [$_{IP}$ ...]]]]]]]]]]]]]

（Rizzi & Bocci 2017：9）

3.2.3　左缘结构研究案例之一：话题和焦点

关于话题和焦点的后续研究，这里主要以 Benincà（1996，2001）、Benincà & Poletto（2004）、Cruschina（2011）等为例进行评述，因为这些研究从基本框架和研究方法上很好地体现了句法制图研究的理念与思路，是继 Rizzi（1997）之后关于句子左缘结构后续研究中的典型案例。这些研究共同的基本假设是：1）CP 域内包含丰富的功能层级；2）句法位置与句法功能有一一对应的关系；3）CP 内的每个句法位置都对应于一个各自的语用解释。

3.2.3.1　Benincà & Poletto（2004）：话题与焦点的再分裂

Benincà & Poletto（2004）沿用 Rizzi（1997）的 CP 分裂思想，在话题

1　下标中的 emb 是 embedded 的缩写，标记内嵌句中的结构成分。

和焦点的具体功能层级上同时又有创新，特别是提出了话题和焦点都并不是单一的投射，而是由多个话题或多个焦点投射组成的话题域或焦点域的假说，为功能层级的精细化研究提供了新的思路。话题域和焦点域是比它们句法等级更高的其他CP区域（CP Domain）的下级句法层级。

Benincà & Poletto（2004）的研究结论与Rizzi（1997）也有若干不同之处，概括如下：1）不同于Rizzi（1997，2015/2017）关于多个Topic可以以递归形式出现在CP域内的假设，Benincà & Poletto（2004）认为在CP域内不存在由完全等同的话题或焦点递归呈现的分布情况。每个功能层级都有单独的XP投射，表达不同的语义内容。这意味着，只要话题或焦点成分出现在不同的层级，就一定是表达不同的功能信息。句法层级与出现在该层级位置的语类成分的特征之间存在一一对应的关系。2）不同于Rizzi（1997）关于话题层可以出现在焦点层之下的主张，Benincà & Poletto（2004）沿用Benincà（2001）的观点，认为话题之下的投射都具有焦点化成分的句法特点，是算子成分（operator element）。支持其观点的重要证据是：在意大利语中，如果一个成分在句法位置上低于用重音形式表达比较的XP，那么它一定不是话题，而是焦点。话题与焦点之间的重要区分在于，话题是非算子成分（non-operator element），在句子中与附着（clitic）成分或pro相关联；而焦点FocP则是算子成分，它由移位而来，留有语迹；与话题相关的空语类成分（pro）不受弱跨越效应（weak crossover，简称WCO）影响，而与焦点相关的空语类成分（即语迹）则是一种变量，属于弱跨越效应敏感成分。以此为基础，该文得出结论：不存在低于焦点的话题投射位置，唯一可能出现话题的位置是高于焦点的位置。据此，Benincà & Poletto（2004）提出在CP层并非只存在一个话题节点和一个焦点节点，话题和焦点各自都可以分裂为不同的内部子成分，因此CP域内实际上存在着一个Topic域和一个Focus域。

具体来说，话题域由一系列不同类型的话题构成，并且有自己的内部层级。话题域内功能成分的共同特点主要有二：一是它们都与句中变量无关，这一点与焦点形成对照；二是它们都表达某种意义上的"已知信息"（known information）。

此外，Benincà & Poletto（2004）还沿着Cinque（1977，1990a）和Benincà（1988，2001）的思路，在对意大利语陈述句进行语料考察分析的基础上，着重讨论了两种类型的话题，即垂悬话题（hanging topic，简称HT话题）和左置话题（left dislocated topic，简称LD话题）。在意大利语里，二者表现出一系列的不同。比如：左置话题中会保留介词成分，而垂悬话题只能是DP。Benincà & Poletto（2004）把这一区别归结为二者之间格（Case）范畴的不同。具体例子有：

（9）　a. Di Mario, non (ne) parla piu nessuno.

　　　　 of Mario，不（他）说　再　没有人

　　　　 这Mario，没有人再说起他了。

　　　b. Mario, non ne　parla piu nessuno.

　　　　 Mario，不（他）说　再　没有人

　　　　 Mario，没有人再说起他了。

（Benincà & Poletto 2004：64）

（9a）中的Di Mario是左置话题，它保留有标记格属性的介词成分 *di*；而（9b）中的Mario是垂悬话题，它是单纯的DP，不带介词性成分。以此为基础，Benincà & Poletto（2004）又讨论了意大利语中两类话题的其他几个方面的区别。

比如，在一个句子里可以有多个左置话题，而垂悬话题在每个句子里只能有一个。多个垂悬话题会导致句子不合语法：

（10）a. *A Gianni,*　　 *di*　　 questo libro, non gliene

　　　　 介词Gianni，介词 这　　 书，　不 to-him-some-of-them

hanno mai   parlato.

有   从不 说

对于Gianni，关于这本书，他们不曾对他说起它。

b. *Gianni, questo libro, non ne hanno parlato a   lui.

Gianni， 这   书， 不 它 有   说   对 他

Gianni，这本书，他们不曾对他说起它。

（Benincà & Poletto 2004：64）

（10a）是左置话题结构，两个左置话题连用（一个是a Gianni，另一个是di questo libro），它们分别带有标记格地位的介词*a*和*di*，句子合乎语法；（10b）是垂悬话题结构，由于句中出现了两个垂悬话题（Gianni和questo libro），句子因而不合语法。

两类话题结构的第三个区别与接应代词有关。在意大利语里，垂悬话题总是要求有一个与之在数和性方面相一致的接应代词与之呼应；但左置话题只有在特定条件下才需要有接应代词与之呼应，比如当左置话题对应于直接宾语或部分宾语的时候。其他情况下附着成分的使用可有可无。并且，如果出现附着语，那么附着语与话题在性、数和格方面都必须保持一致。

（11）a. Mario, non ne   parla piu nessuno.

Mario，不 接应代词 说   再 没有人

Mario，没有人再说起他了。

b. *Mario, non parla piu nessuno.

Mario，不   说 再 没有人

关于Mario，没有人再说起来了。

c. Di Mario,   non parla piu nessuno.

介词Mario， 不 说 再 没有人

Mario，没有人再说起来了。

（Benincà & Poletto 2004：64）

（11a）是包含接应代词*ne*的合法的垂悬话题结构；（11b）虽然也是垂悬话题结构，但因为缺少接应代词与话题呼应，所以句子不合语法；（11c）也没有接应代词，但它是左置话题结构，其合法性未因接应代词缺失而受影响。

此外，意大利语中的垂悬话题和左置话题还在句法与音系和形态的接口方面表现出差异，比如左置话题的拷贝成分只能是附着形式，而垂悬话题则可以是主音代词（tonic pronoun）或修饰词（epithet）。

从制图角度看，垂悬话题和左置话题在意大利语里所表现出的层级性也非常具有理论价值。当二者共现于同一个句中时，其共现的语序是固定的，即垂悬话题居于左置话题之上（前），它们之间的相对语序为：HT-LD。下面是Benincà & Poletto（2004）所提供的意大利语的例子：

（12）a. Giorgio, *ai*　nostri amici, non parlo mai　di　lui.
　　　　 Giorgio, 介词 我们的朋友， 不　 说 从不介词他
　　　　 关于Giorgio，对我们的朋友，我从来不会说起他。
　　　b. *Ai nostri amici,　Giorgio, non parlo mai　 di lui.
　　　　 介词我们的 朋友， Giorgio， 不　 说 从不介词他
　　　　 对我们的朋友，关于Giorgio，我从来不会说起他。

（Benincà & Poletto 2004：65）

这组例子中，（12a）的语序为HT-LD，即垂悬话题Giorgio位于左置话题ai nostri amici之前，句子合法；（12b）的语序为LD-HT，即左置话题跑到了垂悬话题之前，句子因而不合语法。

在意大利语里，还有一个检验HT-LD语序的例证是，当这两个话题

共现的句子作为内嵌句插入另外一个句子里时，引导它们所在子句的标句词*che*（相当于英文的陈述句标句词that）会出现在二者之间，即正确的语序将是：

（13）[HT [*che* [LD ... [IP ...]]]]

（Benincà & Poletto 2004：65）

据此，Benincà & Poletto（2004）提出，在左缘结构域内，不只存在一个话题，而是存在由若干个话题构成的一个话题域。在话题域内，垂悬话题与左置话题在句法和形态方面的表现具有显著差异，因此应该将它们各自列为独立的功能中心语，具有各自的功能投射。此外，该文还讨论了清单列举式话题（list interpretation topics，简称LI）等其他相关现象。

同样地，焦点也并非单一的投射，而是若干不同的焦点投射形成的一个焦点域。Benincà & Poletto（2004）对意大利语的方言变体，如意大利南部方言西西里语（Sicilian）、东北部方言列托—罗曼斯语（Rhaeto-Romance）等，以及标准意大利语分别进行了考察，讨论了焦点域内的两种不同类型的焦点成分：对比焦点（contrastive focus）和信息焦点（information focus）。

通过对这些语言的考察，Benincà & Poletto（2004）断言信息焦点可以在CP域内实现句法编码。该文尤其重点考察了列托—罗曼斯语里标记新信息的句末语气词*pa*，讨论了V2型语言所呈现的焦点分裂证据，并通过与之相关的句法表现来为焦点成分标定句法地图位置，得出的结论如下：

第一，焦点域包含对比焦点和信息焦点两种类型；第二，对比焦点又可以分裂为两种不同的子类（分别称之为对比焦点类型一和对比焦点类型二）。在这三者之间，句法制图层级顺序为：

（14）[Contr. CP 1（对比焦点类型一）[Contr. CP 2（对比焦点类型二）[Informational CP信息焦点]]]

与之相应，不同类型的副词成分会分布在不同的焦点层级上，从而形成如下更为精细化的层级：

（15）[Contr. CP 1（对比焦点类型一）副词/宾语 [Contr. CP 2（对比焦点类型二）Circum/quant adverbs [Informational CP信息焦点]]]

在对标准意大利语及意大利语方言的话题和焦点统一考察的基础上，Benincà & Poletto（2004）推演出了如下所示的左缘结构句法层级：

（16）[[HT（垂悬话题）] [[Scene Setting（情景设置）] [[LD（左置话题）] [[LI（清单列举式话题）] [[Contr Focus（对比焦点）] [[Inf Focus（信息焦点）]]]]]]]

（参见Benincà & Poletto 2004: 71）

这一假设正符合句法制图研究者用"思维放大镜"精细化观察和解释结构分布地图的总体趋向和风格，为话题和焦点的研究提供了新的思路。

总结起来，Benincà & Poletto（2004）一方面沿用Rizzi（1997）关于CP分裂和左缘结构精细化描写的思路，对左缘结构中的话题和焦点成分进行了深入考察，并进一步对话题和焦点各自的内部层级进行了分解(我们也可以将它们分别称为话题功能分裂和焦点功能分裂)；另一方面，又对Rizzi（1997）有关话题与焦点的相对层级进行了修正，认为话题成分不可能递归地出现于焦点成分两侧，而是所有话题成分组成一个区域（topic field），统一出现于焦点区域（focus field）的左侧（或结构上层）。

3.2.3.2 Cruschina（2011）：信息结构与句法结构的交融

Cruschina（2011）着重于从语篇相关特征的角度讨论CP域内的功能投射，是句法制图领域关于句法与语用接口的代表性研究之一。该书的重要工作之一是为术语正名，指出虽然学界关于话题与焦点的研究文献非常多，但在术语的运用上却比较混乱，比如有的时候用不同的术语指称同一对象，有的时候又用同一术语指称不同的研究对象。因此，该书首先辨明术语含义，而后在考察意大利语多个方言（如西西里语、撒丁语等）语言事实的基础上，讨论句法与语用之间的关系。Cruschina（2011）认为，以往之所以在关于话题和焦点的术语使用上出现混乱，重要原因之一是对话题和焦点的语用和句法问题的边界缺少清晰的认识，对它们的定义过于简单化。

在句法与语用之间的关系问题上，Cruschina（2011）的基本思想亦如句法制图关于左缘结构的其他研究一样，认为语用信息、语篇信息等在句法计算系统中是可见的，换句通俗的话讲，就是语用信息和语篇信息可以句法化。因此，左缘结构的研究兴趣之一就是考察句子在语篇环境下的使用及其表现。

像很多关于话题和焦点的研究一样，Cruschina（2011）认为，话题与焦点在本质上属于语用范畴，但它们又承担着标志相关语境中语义解释以及决定句子上层特定的句法特点的功能，所以，它们兼具语用、语义和句法的多重功能和多样角色。这决定了关于话题与焦点的研究必然是研究信息结构和语法结构之间接口的重要而有趣的领域。

Cruschina（2011）引发了关于两个相关理论问题的思考：第一，是句法与语用的边界问题，比如，关于话题与焦点，哪些特点属于语用特点？哪些特点属于句法问题？二者之间如何划界，又如何接口？这一问题是关于话题与焦点的本质问题，也是难点问题。第二，关于语用信息的编码问题，即语用信息和语篇信息的句法化是如何实现的？在句法领域，语用信息和语篇信息是如何发挥其独特作用的，又是如何与句法结构和谐共处的？这些问题为信息结构和句法结构的研究提供了有趣的课题。

关于信息结构的研究，在功能语法和生成语法这两个流派中都有不少文献可资参考。单就生成语法领域而言，其研究历史也值得关注。从基础生成层次来看，有不少生成语法研究认为，信息结构是在逻辑式（即Logic Form，简称LF）层表达和释解的。这方面研究的代表文献如Chomsky（1976）、Huang（1982）、Horvath（1986）、Rochemont（1986）等以及大量沿着这一传统考察跨语言事实的其他文献。Huang（1984）对此有所修正，认为还有一种可能是信息结构在LF基础上派生而来，因此属LF层。还有一些研究则认为，信息结构作为一种语法上独立的部门存在，这方面研究的代表文献如Vallduví（1992）、Erteschik-Shir（1998）、Erteschik-Shir & Strahov（2004）等。

在句法结构与信息结构的相互关系方面，又有两个不同的研究假设，一种是特征驱动的研究假设（feature-driven approach）（如Jackendoff 1972），另一种是基于重音表现的研究方法（stress-based approach）（如Neeleman & Reinhart 1998；Reinhart 1995；Zubizarreta 1998等）。特征驱动的研究假设认为，LF层的句法和语义与PF的韵律特征之间存在一一对应的关系。而基于重音表现的研究方法则认为话语中的韵律特点决定句子的焦点，特别是在重音—焦点的对应关系中。Cruschina（2011）以句法制图为理论框架，在信息结构与句法的关系上，沿用特征驱动的理论假设，聚焦于语用信息的句法表现的研究。他认为，话题和焦点在句法上都有各自对应的特征和投射。

在话题和焦点之间的联系、区别及相互依存等关系方面，不少研究从新旧信息角度对它们进行定义（如Schwarzschild 1999等）。但新旧信息都有不同的类型，仅仅从新旧信息角度区分话题和焦点过于简单化。比如新旧信息可以从指称角度进行定义，也可以从关系角度进行定义，而指称意义上的新旧信息区分与关系角度的新旧信息区分又是相互独立的概念系统，因此有可能出现这样的情况，即有的信息从指称角度可能是已知

左缘结构

信息，但从关系角度看却可能是新信息。下面例子（Gundel & Fretheim 2004：177）就很好地说明了这一复杂关系：

（17）A: Who called?

B: Pat said SHE called.

从指称意义上讲，以上对话中的人称代词SHE（她）对于说话人和听话人来说都是已知信息：根据合作原则，说话人和听话人都知道SHE指的是谁，这一对话才有意义。也就是，这一对话的语境条件或语篇条件是对话双方都知道SHE所指何人，因此SHE为指称性已知信息。然而，从与对话所提供的预设"关系"（relational）（X called，即这一会话有一个预设：有人打电话了）角度看，它又是一个新信息（因为在B回答之前A不知道打电话的是SHE）。反过来，有的情况下，一个出现在句子话题位置的成分，却有可能是指称性新信息。例如在某种特定语境之下，"John, I don't like him." 这句话中的John可能对听话人而言是第一次听到不知其为何人的新信息，而在该句信息结构的关系中，它又扮演相对来说是已知信息的话题角色，即该句的信息表达可以译解为"已知有一人名叫John，关于John我要说的是我不喜欢他"。

Cruschina（2011）沿用了Rizzi（1997）和Reinhart（2006）等的思想，认为话题和焦点是两个具有"正交"（rothogonal）关系的概念：二者各自有独立框架，但又存在相交关系。话题所在框架为话题—述题，焦点所在框架为焦点—预设，二者是句子信息结构基本的两个二分变量（dichotomies）。因此，话题与焦点各自独立，有着独立的特征投射，并且它们的特征都与语篇相关。

以此为基础，Cruschina（2011）区分了两种类型的焦点和两种类型的话题，为话题分裂和焦点分裂提供了不同版本的解释方案：

第一，两种不同类型的焦点分别为：信息焦点（information focus，简称IFoc）和对比焦点（contrastive focus，简称CFoc）。其中信息焦点定义为信息性述谓成分（informational predicate），为话题提供陈述，从指称意义上来讲，它同时也是新信息；对比焦点则是关系性述谓成分（relational predicate），从指称意义上来讲，它不必是新信息，而是为已知信息增加了新的语篇信息内容。Cruschina（2011）借用了Heim（1982）等研究的比喻来说明这两种焦点之间的不同，信息焦点就像在一堆卡片中增加了一张全新的卡片，而对比焦点则类似于更新已有卡片的内容，赋予其新的信息。这一比喻通俗、形象。

第二，两种不同类型的话题分别为：关涉话题（aboutness topic，简称ATop）和指称性话题（referential topic，简称RTop）。关涉话题被定义为述谓的主题（theme of the predication），它的作用是传达整个句子的内容是"关于什么的"这样的信息。而指称性话题则在相关语篇的基础上提供听说双方共有的（shared）、回指性的（anaphoric）信息。Cruschina（2011）认为，ATop在关系层面上（relationally）是旧信息，但在指称层面上（referentially）则表达新信息，这与RTop不同，后者无论是从关系角度还是指称角度都属于旧信息。这一观点是对Reinhart（1981）和Givón（1983）关于话题讨论的延续。

综合起来，焦点和话题的不同类型在指称和关系两个维度的不同可表示如下：

表 3.1 焦点和话题的解释类型

	关系性新信息	关系性已知信息
指称性新信息	信息焦点，对比焦点	关涉性话题
指称性已知信息	对比焦点	指称性话题

所有句子都有信息焦点，但并不是所有句子都有对比焦点。句子中对比焦点之有无取决于说话人的讲话意图，即他/她想要给听话人传达怎样

的语用信息和语篇信息。同样地，所有句子都有关涉性话题，从逻辑上讲，这个关涉性话题可能实现为主语成分。但并非所有句子都有指称性话题，是否启用指称性话题取决于说话人是否有意从之前出现的语篇/语境中调用某种信息以表达某种语用目的。关涉性话题参与句子真值的表达，是句子极其重要的组成部分，而指称性话题则是可选性的。

在以上术语界定的基础上，Cruschina（2011）进一步对话题和焦点各自的内部类型进行了分类讨论。例如他不仅区分了IFoc和CFoc，还将它们的子类进行了划分：如IFoc可以进一步区分为表疑问、完成、相关的IFoc子类；CFoc则可以进一步区分为表替换、扩展、限制、选择的CFoc子类。不过，其中只有IFoc和CFoc是句法上可见的计算程序中的焦点成分，因此句法制图研究者关心的焦点分裂就到IFoc和CFoc的分层为止。除此之外，Cruschina（2011）还有一个重要的观察，那就是他建立了两种类型的焦点成分和两种类型的Wh短语成分之间的对应关系：非语篇关联（non-D-linked）的Wh短语成分与信息焦点成分相平行，语篇关联（D-linked）的Wh短语成分则与对比焦点成分相平行。这种平行性进一步证明在左缘结构部分存在分裂的两种不同类型的焦点成分这一假设具有合理性。

据此，Cruschina（2011）为包含两种不同类型的焦点成分、两类疑问短语及话题结构的左缘结构层级绘制句法地图如图3.4：

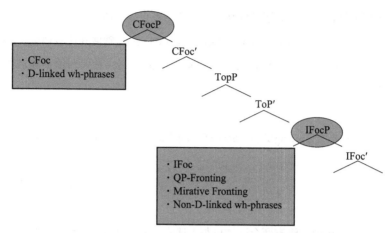

图 3.4　Cruschina（2011：219）的左缘结构图

　　Cruschina（2011）认为不同类型的功能范畴与不同的特征相关，面向左缘的移位都与校准特征（Rizzi 1997）有关。他从句法、韵律和语义解释等不同侧面论证了这一假设的合理性，并比较了句法制图左缘结构的研究方法在这一方面较之于最简方案边界特征驱动的移位的优越之处：因为左缘结构用"放大镜"视角精细化地观察了"分裂"之后的不同功能层级，所以可以更加明确、准确地解释移位的动因所在。这一研究为 Rizzi（1997）的理论假设提供了新的证据支持，也为句法制图"放大镜"式的精细化观察提供了新案例，为句法与语用接口研究提供了新思考。

3.2.3.3　Liptak（2010）关于话题域的研究

　　Liptak（2010）对功能语类的普遍性问题持弱式制图观，认为所有语言中都存在同样的功能语类并且这些语类层级有着相同的排序这样的假设过于强大。他以匈牙利语的左缘结构为例，讨论了话题域的内部层级，意在说明匈牙利语虽然也有同样丰富的左缘结构成分，但在话题类型和呈现方面存在明显差异。由于他得出不同语言之间在功能结构的呈现上可能存在不同的结论，从而对话题域强式普遍性的观点提出质疑。

Liptak（2010）以Benincà & Poletto（2004）为基础展开比较研究。如上所述，根据Benincà & Poletto（2004：71）的观察，意大利语话题域的内部层级为：

（18）[Hanging Topic [Scene Setting [Left dislocation [List interpretation [...FOCUS field]]]]]

（Liptak 2010：164）

匈牙利语的左缘有两个区域可与上述意大利语式的左缘结构对比，其中之一即是话题域，另外一个是量化域（quantifier field）。话题域和量化域的主要区别如其术语名称所示，量化域承载量化信息，而话题域则是非量化的区域，因此不承载量化信息。量化域内部又包含焦点、Wh等不同类型的功能成分。焦点成分之上还有表达分配的（distributive）功能层DistP来确认每个相关成员的位置，它与焦点层搭配，共同构成量化区域，整个左缘的结构层级如下：

（19）[CP [TopP* [DistP* [FocP [...]]]]]

话题域　　量化域

（Liptak 2010：165）

Liptak（2010）的研究重点是其中的话题域，他认可将话题区分为对比性话题和非对比性话题的观点，并以此为基础展开进一步研究，其考察的方面包括话题成分在音系、语义和句法方面的特点以及它们在句中的位置分布特点，比如对比性话题可能存在音系或词汇标记，但非对比性话题则无标记。以此为基础，Liptak（2010）对匈牙利语的话题域和意大利语的话题域进行了比较，得出如下结论：1) 匈牙利语和意大利语一样，话题都可以承载三类功能——相关性（aboutness）、熟悉性（familiar）和对比性（contrastive）。但二者的不同在于，匈牙利语在这三者之间的标记显示方面与意大利语有所不同。比如匈牙利语里出现在左缘结构层的相关性话题和熟悉性话题这两类话题在音系和句法上表现都相似，这与意大利语里用接应代词标记相关话题的情况不同。熟悉性话题和表达新信息的话题之间的区别也仅限于语序，即表达新信息的话题在前，表达旧信息的话题居其后。2) 意大利语与匈牙利语的不同还表现在，清单列举式话题和对比话题在意大利语里成对出现，而且每一对各自具有独特性，但在匈牙利语里则可以递归出现。因此，匈牙利语的话题类型实际上少于意大利语，即只有不超过两种的话题类型——一般的话题和对比性话题：

意大利语：

（20）[Hanging Topic [Scene Setting [Left Dislocation [List Interpretation [Focus Field …]]]]]

匈牙利语：

（21）$[_{\text{TopP*}}$ Topic(s) $[_{\text{CTopP*}}$ contrastive topic(s) $[_{\text{CTop'}}$ {C-PRT/Ø} $[_{\text{quantificational field}}$ …]]]]

基于上述不同，Liptak（2010）对左缘结构的强式普遍性观点提出质疑。作为批判性研究，Liptak（2010）对左缘结构的研究贡献同样值得关注。如前所述，强式制图实际上并非研究结论，而是一种研究策略，这一策略的好处在于可以激活更多的可能性，但随着研究的深入，在具体层级的讨论上，哪些关于普遍性的结论需要收缩，应该将语言事实和适当的研究方法结合起来下结论。

3.2.4　左缘结构研究案例之二：分裂言语行为投射假说

随着句法制图理论的发展，学者们在不同句法区域观察到了功能中心语分裂现象。在左缘结构与言语行为相关的层级中，出现了"分裂言语行为投射层"（split Speech Act Projection）的假设，其代表性研究如Speas & Tenny（2003）、Speas（2004）、Hill（2007）、Haegeman & Hill（2013）以及Haegeman（2014）等，其中Speas & Tenny（2003）、Speas（2004）、Tenny（2006）等认为存在与言语行为相关的功能投射层，它居于典型的CP之上。在Larson（1988）的影响下，Hill（2007）等研究又进一步提出言语行为投射还可以分裂为两层，一层与听者相关，一层与言者相关，其结构如下：

（22）[$_{SA*P}$言者层投射 SA* [$_{SAP}$话语主体 (utterance) SA 听者层投射]]

Hill（2007）在此理论框架基础上，沿着Svennung（1958）的思路，以罗马尼亚语等的语料*măi*和*vai*的不同分布为证据，区分了直接和间接两种形式的称呼语。Hill（2007）认为，言者与间接称呼语对应，听者与直接称呼语对应，由不同的小品词（particles）标记它们承担的不同角度，投射为RoleP。RoleP选择相应的DP作为其补足语，它们在句法分布上有严格的分布限制，在语序方面也表现各异。Hill（2007）还特别讨论了语用标记成分*hai*的句法层级，认为它介于RoleP和话语主体utterance之间，是言语行为标记成分。*hai*的不同形态实现形式（如第一人称复数形式*haidem*和第二人称复数形式或表礼貌的单数形式*haiti*）与言语行为的不同特征相对应。在句法层级上，*hai*高于话题、焦点及语力（如下例中*vai*、*hai*、*măi*之间的相对语序所示），是言语行为中心语的一种词汇实现形式。

（23）(*hai)Vai, (hai) măi (Ioane), (hai) că nu te crede nimeni!

Hai oh　　hai you　Ion　　hai that not you believes nobody

'My god, Ion, give it up, nobody believes you!'

（Hill 2007：2099）

以罗马尼亚语中的功能中心语*hai*为例，分裂后的言语行为层级如下：

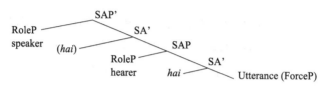

图 3.5　Hill（2007：2099）的言语行为层级图

Haegeman（2014）进一步发展了Hill（2007）的言语行为功能投射分层假说。她对佛兰德语（Flemish）中句子边缘地带及DP结构中的话语标记词的分布规律进行了考察，认为话语标记小品词与呼语之间存在句法上的关系。具体来说就是，以西佛兰德语中的*nè*（意思大致相当于英语的so there或take that）和*wè*（意思大致相当于英语的you know）为例，这些话语标记在不同类型的句子中可以出现在不同的句法位置，但是它们只出现于根句（*nè*通常出现在句首或句尾，*wè*则只出现在句尾），而不会出现在内嵌句左缘位置。它们对与言语行为相关的言者态度信息进行编码（*nè*启动话语，提请听话人注意言语内容，而*wè*暗示言者具有施为相应言语行为的权威），不具有真值条件义，只表达人际间关系的语用内容（如*wè*标记言者与听者关系，暗示言者具有施为相应言语行为的权威）。例如：

（24）a. *Né*, men artikel is gedoan.

　　　 né my paper is done

　　　 Men artikel is gedoan, *né*.

　　　 my paper is done, né

'There we go: my paper is finished.'

b. Men artikel is gedoan *wè*.

my paper is done wè

'My paper is indeed finished.'

(Haegeman 2014：130)

如(24)所示，*nè*可以出现在句首和句尾两个位置，*wè*则只能出现在句尾。*nè*和*wè*有时可以共现，此时，要么*nè*在句首，*wè*在句尾；要么二者都出现在句尾，这时只有一种相对顺序，即*nè*在*wè*之后，为整个句子殿后。

(25) a. *Né*, men artikel is gedoan *wè*.

b. Men artikel is gedoan *wè né*.

(Haegeman 2014：130)

这一分布特点为二者标示的功能成分的句法层级提供了重要证据，它也与Speas & Tenny(2003)、Speas(2004)、Tenny(2006)和Hill(2007)所提出的言者角色功能中心语居上、听者角色功能中心语在下的基本观点相一致。Haegeman(2014)提出证据认为，*nè*和*wè*的句法位置高于ForceP，是语篇标记成分，在句法描写中标记为PartP(Part为Particle之缩略)。而后，又提出言语行为层的PartP实际上可以分裂为两个不同的功能层，其层级如图3.6：

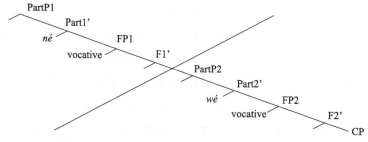

图 3.6　Haegeman（2014：135）的言语行为分裂结构图[1]

更具体来讲，言语行为投射被分裂为上下两个层级，即高位言语行为投射区和低位言语行为投射区。如此，图3.6也可以改写为：

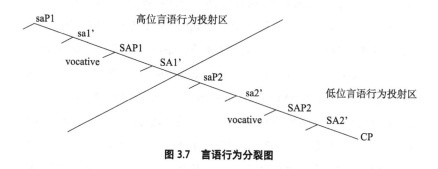

图 3.7　言语行为分裂图

具体到西佛兰德语中，*nè*占据高位言语行为投射层，施行言者提示听者注意的言语行为，有强化接下来的言语内容在言谈中的核心语用地位的作用；*wè*占据低位言语行为投射层，表达的是诸如言者施行某种言语行为的权威性等语用信息。

对言语行为投射研究有所涉及的还有Benincà（2001）、Garzonio（2004）、Paul（2005，2014，2015）等，不同的学者使用的标签名称有所不

1　原书是用括号图标示：[PartP1 [Part1 *né* [FP1 Voc [F1][PartP2 [CP][Part2 *wè*][FP2 Voc [F2][ForceP CP]]]]]]，这里为直观起见改为树形图。

同，如Benincà（2001）和Garzonio（2004）将之标记为DiscourseP，Hill
（2006，2007）分别将其标记为PragP和Speech Act Projection，Speas &
Tenny（2003）将高层投射与ModalP相关联，Paul（2005，2014，2015）
则在汉语研究的基础上提出AttitudeP的功能层假说。虽然这些研究在具
体的功能分析方面有所不同，但它们都将该功能层与语篇、语用及言者或
听者的态度等相关联，反映了学者对左缘结构所体现的句法 — 语篇接口
效应的普遍关注。

3.2.5　左缘结构研究案例之三：FinP 功能投射层

关于由CP分裂而来的句子左缘结构成分，Roberts（2004）的FinP假
说也值得关注。该研究以凯尔特语的两个变体[威尔士语（Welsh）和布
列塔尼语（Breton）]和日耳曼V2语言为语料来源，并将它们与英语进行
对比，主要理论背景是Roberts（1993）、Haegeman（1996）、Laenzlinger
（1998）、Chomsky（2000，2001）、Roberts & Roussou（2002）等对于由
扩展投射原则（extended projection principle，简称EPP）所驱动的、朝
向C系统域的强制性XP移位的研究，这些研究认为EPP是日耳曼语言动
词居二位（V2）现象的根本理论动因，因此Roberts（2004）的初始目标便
是考察EPP在凯尔特诸变体语言的CP层是否同样适用。基于此，Roberts
（2004）对威尔士语和布列塔尼语中的小品词系统（particle system）作
了比较，发现这两种语言的差别在于布列塔尼语中存在长距离动词移位
（long V-movement）现象，真正违反了标准的动词移位的中心语移位限
制条件（head movement constraint），而Rizzi（2000）所提出的相对最简
性（relativized minimality）理论则可以为这一长距离动词移位提供解释。
Roberts（2004）据此提出，在这些语言系统中，都存在一个filled-Fin的
要求，从而对包括V2在内的诸多现象进行了统一的解释，同时也对EPP
在这些语言中的运行机制进行了讨论。

现象观察：

（一）威尔士语：C-to-I操作存在的问题和句法制图的解决方案

Roberts（2004）首先讨论了威尔士语中五种类型的小品词，包括：根句表达肯定的小品词 fe、mi、y，以及直接关系子句中的小品词 a，间接关系子句中的小品词 y，还有根句和从属句中表否定的小品词等，下面是该研究中用到的一些例子：

（26）根句表达肯定的小品词 fe、mi、y：

　　　Fe/mi　welais　i　John.

　　　小品词 看见 我 John

　　　我看见 John 了。（I saw John.）

（27）直接关系子句中的小品词 a：

　　　y　　　dynion　*a*　　ddarllenodd　　　y　　　llyfr

　　　冠词　男人　小品词　读 - 第三人称单数 冠词　书

　　　读书的男人（the men who read the book）

（28）间接关系子句中的小品词 y：

　　　y　　　dynion　*y*　　dywedodd Wyn　y

　　　冠词 男人　小品词　said　　　　Wyn 标句词（that）

　　　byddant　　　　　　yn　darllen y　llyfr

　　　will-be- 第三人称复数 ASP　读　　冠词 书

　　　Wyn 说将会读那本书的男人（the men who Wyn said will read the book）

（29）根句中表否定的 ni：

　　　Ni　　　　　ddarllenodd Emrys　y　　llyfr.

　　　否定标记　　　读　　　　Emrys 冠词　书

　　　Emrys 没读那本书。（Emrys didn't read the book.）

（30）从属句中表否定的小品词：

Dan ni 'n gobeithio *nad* ydach chi yn siomedig.

are 我们 ASP 希望 否定标记 are 你 PRED 失望

我们希望你不会失望。（We hope that you're not disappointed.）

（Roberts 2004：298）

这些小品词及相关句式存在如下特点：1）小品词所在根句或子句动词都占据其后的第二位置，即所谓的V2现象；2）它们与限定动词相邻，与动词一同移位至IP内最高点位的中心语位置，移位落地后与C紧邻；3）它们可以出现在关系子句、Wh疑问句、焦点化子句、话题化子句中。Roberts（2004）建议如果认为它们实际上占据的均为C位置，那么很多问题就可以得到解释。

同时，参照Rizzi（1997）关于左缘结构的有关假设，Roberts（2004）又进一步对它们在CP中的具体层级进行了思考，认为Rizzi（1997）比McCloskey（1996）提供的C-to-I的下降式移位解释方案更加简洁有效。因为在分裂CP的理论框架下，CP域内存在表达语力和限定性（Fin）的不同功能层级，所以，英语的that和爱尔兰语的*go*都同样标记两个中心语，一个是表达陈述语力的中心语Force，另一个是表达限定性（finite）的中心语Fin。从跨语言角度来分析，有的标句词是在语气词所在的Force层显性实现（比如英语的that），而有的则是在Fin层显性实现（比如爱尔兰语的go）。换言之，英语Force显性吸引Fin，而爱尔兰语则没有，因而二者的语序从表面上看起来存在差异：

（31）英语： C 副词 IP

　　　爱尔兰语：副词 C IP

这一差异并非由C降至I造成，而是由于本来就有不同的C点位。为了表达清晰及方便读者理解起见，我们在这里可以根据Roberts（2004）的思想，将隐而未现的功能中心语C用"（C）"补上，将两种语言的结构比较表示如下：

（32）英语：　　　C　　　副词　　（C）　　IP

　　　爱尔兰语：（C）　　副词　　C　　　IP

我们认为，这一假设还有一个好处是避免了困扰很多人的一个疑惑，即移位的语迹本应该受到其先行语的约束，但是如果C向I下降则会导致语迹得不到适当约束。按照Roberts（2004）关于存在Fin节点的假说，则不再需要启用C到I的下行移位。Roberts（2004）为英语和爱尔兰语提供的比较图式援引如下：

（33）$[_{ForceP}[_{Force} \textit{that}]...[_{TopP} Adv...[_{FinP}[_{Fin} \textit{go}] IP]]]$

（Roberts 2004：301）

注意如上所述，（33）中的go是爱尔兰语中的标句词，占据Fin所在的层级的中心语位置，而英语的标句词that占据的则是Force的中心语位置。在此基础上，Roberts（2004）又详细讨论了上述小品词在威尔士语中的一系列相关句法现象，得出如下所示的小品词功能中心语分布及分裂C系统图谱：

（34）Force　　　　　　　　Fin

　　　mai/ai/nad/nid　　　*a/y/fe/mi/bod* (Pres/imperf)

（Roberts 2004：302）

Roberts（2004：302）沿用他本人提出的"参数化本质上是功能语类在PF的实现问题"（Roberts 2001）这一观点，认为威尔士语与德语具有相同的参数化特点，即Fin必须在派生的某一个节点以词汇形式显性实现，类似于Chomsky（2000，2001）移位系统中所说的强式EPP特征（strong EPP-feature）。与德语不同的是，威尔士语的一些小品词可以插在根句Fin的位置，从而抢先占领限定动词移位的位置，这些小品词只出现在限定句中，这一点也与德语动词移位至Fin只发生在限定句中这一现象相似。总结起来就是：在[+finite]的语境下，Fin在PF层要显性实现；而在非限定句中，Fin在PF层的实现条件则有所不同。移位与选择有关，处在低位的被选择的中心语Force具有被更高一级的谓语中心语选择的某些特征，这种特征的选择是驱使中心语移位的重要理据。动词居二位（V2）句式中的动词移位就是Fin要求在PF层实现的结果。

在此理论基础上，Roberts（2004）用特征描写的方法进一步详细讨论了Fin在不同句式中的句法表现，总结出如下规律：

（35）a. +selected, +declarative　在日耳曼语言中需要PF实现

　　　b. -selected, +declarative　在日耳曼语言（但不包括英语的完
　　　　　　　　　　　　　　　　整V2）中需要PF实现

　　　c. +selected, -declarative　在日耳曼语言和其余的英语V2中
　　　　　　　　　　　　　　　　需要PF实现

　　　d. -selected, -declarative　未发现该类型，因为陈述是无标记
　　　　　　　　　　　　　　　　的默认形式

（Roberts 2004：305）

Roberts（2004：306）观察结论之一：

在威尔士语中，只有当Fin通过移位在PF层实现时才会出现动词居第二位的句法效应。

（二）关于布列塔尼语

布列塔尼语属VSO语言，其小品词的语法表现与威尔士语大体相似，

但又有差异。例如，与威尔士语不同，布列塔尼语中没有表示肯定的根句小品词。尽管它是VSO语言，但是却不允许存在以主动词开头的简单动词居前的VSO小句结构，例如（36）是不合语法的：

（36）*Lenn Anna al   levr.
　　　读   Anna 冠词 书
　　　Anna 读那本书。

上面这个句子中的主动词居于首位，句子不合法。但是与威尔士语焦点结构对应的下列句子(其中动词居主语S前)则又是必须的结构方式：

（37）Al   levr a   lenn Anna.
　　　冠词 书 PRT 读   Anna
　　　Anna 读那本书。

Roberts（2004）系统比较了动词长距离移位与VP前置（VP-Fronting）现象的差异。首先，VP前置可以跨越小句边界，比如它可以从内嵌小句中移至主句结构中；但动词长距离移位则仅限于小句之内，遵守"严格局部性"（strict locality）条件，比如不可以从内嵌句移至主句。其次，VP前置可以发生在否定句中，但动词长距离移位不可以。最后，与VP前置和动词长距离移位共现的助动词表现有所不同。通过比较，Roberts（2004）得出结论认为，动词长距离移位是一种中心语移位，而不是VP移位。更进一步说，它是一种非限定性动词的长距离中心语移位。它将非定性动词移位至Fin的句法层级，出现在紧邻小品词a或助动词have的位置。这里的动词中心语移位还要遵守相对最简性的条件制约。以lenn a ra Anna al levr为例，他给出的FIN投射的层级如图3.8所示：

115

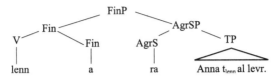

图 3.8 Roberts（2004：310）的 FinP 投射图

如图 3.8 所示，就像在威尔士语中一样，布列塔尼语中也存在 Fin 的功能特征及其投射，它与表达一致关系的 AgrS 及表达时态的 T 不同，作为独立的功能中心语，为动词移位提供了句法可能。

同时，Roberts（2004）还讨论了算子类中心语和非算子类中心语的对立，认为 Force、Topic、Focus、Fin、Neg 是算子中心语，而 Agr、T、Asp 则是非算子中心语，以此解释了非限定动词长距离移位并不违反相对最简性的条件。

Roberts（2004：312）观察结论之二：

动词居第二位的要求必须通过长距离中心语移位而得到满足。

Roberts（2004：313）观察结论之三：

将对威尔士语和布列塔尼语的分析综合在一起，则非选择性的陈述类 Fin 在不同语言结构中的表现如下：

① 威尔士语：Fin* 是中心语合并（merger of a head）

② 布列塔尼语：Fin* 附着于中心语上（adjunction to a head）

③ 完整型 V2 结构：Fin* 会创造出指示语（spec）——中心语（head）关系

④ 英语等语言中：Fin* 没有形态音系上的实现

陈述性根句 Fin 的允准方式有多种，比如在威尔士语中是通过与 *fe/mi* 的合并而得到允准；在德语中是通过限定动词移位而得到允准；在布列塔尼语中是通过 *a* 的合并及与 XP 前置而得到允准。总结起来，手段无外两种——合并或移位，分别对应于Chomsky（2000）所说的外部合并和内部合并。

此外，Roberts（2004）还讨论了非陈述句中的情况，认为如果Fin在陈述句中要求PF实现，那么在非陈述句中也应该如此，据此得出一个关于Fin的统一解释方案。

主要贡献：

Roberts（2004）的贡献是多方面的，如：1）提出了Fin的功能中心语层级，并为其在句法结构中定位，即高于AgrS和T；2）区分了限定性Fin和非限定性Fin；3）结合相对化的最简性条件对其中陈述类限定性Fin在不同语言中的表现进行了讨论。该研究为丰富左缘结构的功能中心语语类，进而解释跨语言的句法事实提供了新的理论视角。此外，在形态特征的贫乏和EPP特征及其与XP移位之间的关系方面也提出了颇具启发意义的见解。

3.2.6 关于"右缘结构"

大家应该已经注意到，在关于句法制图边缘成分的研究文献中，除了高频提到的"左缘"结构，还有一些关于"右缘"结构的讨论（如Saito 2013）。

Saito（2013）以日语的*to*、*ka*、*no*为例，对日语的标句词系统进行了研究，提出了关于日语"右缘结构"的相关论断。举到的例子如：

（38）a. Taroo-wa [CP Hanako-ga Ziroo-ni atta *to*] omotteiru

       T.-TOP   H.-NOM   Z.-DAT met *to* think

       'Taroo thinks that Hanako met Ziroo'

    b. Taroo-wa [CP Hanako-ga dare-ni   atta *ka*] tazuneta

       T.-TOP   H.-NOM   who-DAT met *ka* inquired

       'Taroo asked who Hanako met'

c. Taroo-wa [CP Ziroo-ni atta *no*]-o　　 kookaisiteiru

　　T.-TOP　　 Z.-DAT　　　 met *no*-ACC regret

　　'Taroo regrets that he met Ziroo'

（Saito 2013：1）

上例中的 *to*、*ka*、*no* 出现在内嵌句"右缘",引导内嵌句作主句动词的补足语成分。因为英语是一种中心语在前的语言,而日语属于中心语居后的语言,所以 to、ka、no 虽然与英语的 that 等词句法功能相似,但在与补足语成分的相对位置上存在语序差异。

前面讲到自然语言的广义镜像结构原则时,曾谈到本研究关于左缘与右缘之别的看法。左缘之于右缘,有似于人体左手之于右手,它们实际上是同一类型结构成分的镜像分布。

3.3　汉语的左缘结构研究

3.3.1　汉语左缘结构研究概述

作为一种高度缺乏形态的话题突显型语言,话题、焦点以及句末语气词等句子左右边缘成分的语法语义表现一直备受汉语语法研究者的关注。句法制图又为之增添新的研究方案。集中收录汉语左缘结构研究文献的主要有 Tsai（2015）,另外 Si（2017a）和 Si & Rizzi（2021）等也设专门章节收录专攻汉语句法制图研究的文章。与汉语左缘结构相关的独立著作则有 Pan（2019）等。

特别值得一提的是,蔡维天（2007）、Tsai（2015）等一系列关于句子边缘结构成分的系统研究从句法制图角度引发了汉语句法研究者新的研究兴趣,对于推动制图理论和方法在汉语句法研究中的发展起着引领航向的作用。Tsai（2008,2015）关于"为什么问怎么样"和"怎么样问为什么"的精彩讨论为疑问词的制图分析提供了范例。邓思颖（2010，2019a，2019b）等以粤语为语料对句末语气词进行的研究也是汉语左缘结构制图分析中的典型案例。Badan & del Gobbo（2010）关于汉语普通话中话题和焦点的研究则为我们提供了以汉语为第二语言的研究人员对汉语中左缘结构成分的独特观察。另外，还有一批年轻的硕博士在他们的学位论文中专攻制图理论下的汉语句法分析，其成果也值得关注。

还应该提到的是，Huang（2005，2015）等关于分析一综合的语言类型比较研究，虽然并非在句法制图的话语体系内进行，但其思想却与句法制图有很多神交之处，二者可以用来互相支持和补充，为汉语句法制图层级的研究提供重要的切入口和研究模型。

这些研究表明，与其他黏着性更强的语言相比，汉语作为一种孤立型语言，可以提供结构分析型语言（Huang 2005，2015）独有的证据。那些在综合性较强的语言中"综合"在一起的成分在分析型的语言中会"分析"开来，有规律地散落分布在功能中心语的不同层级上，为汉语句法研究者进行制图分析提供得天独厚的语言优势。

具体到左缘结构或边缘结构，我们认为，至少有如下几个层级值得关注：1）经典的左缘结构位置是句子的左缘CP域，如上节所述，这方面的奠基性研究如Rizzi（1997）等；2）第二个左缘区域是动词短语结构的左边缘vP域，这方面的代表性研究如Belletti（2004a，2004b）；3）名词性短语的左边缘和构词层面的左边缘。关于名词短语和VP左缘的问题将分别在第五章和第六章进行评述，以下只评述汉语句子左缘结构的一些句法制图研究，重点关注焦点和话题、句末语气词、传信标记、呼语等的相关研究。

3.3.2 汉语话题和焦点的制图分析

话题与焦点是现代汉语语法研究中的热门话题。传统的结构主义语法学派、功能语法学派和生成语法学派对这两个问题都有大量文献可资参考。限于篇幅，这里仅只评述句法制图视角下的话题和焦点问题研究的新进展。

3.3.2.1　Badan & del Gobbo（2010）关于汉语普通话话题和焦点的制图研究

　　Badan & del Gobbo（2010）在句法制图理论左缘结构的研究框架（Rizzi 1997）内考察汉语普通话的话题和焦点，该研究受到Cinque（1999，2002）、Benincà（2001，2004）、Rizzi（2004）、Belletti（2004a）和Benincà & Poletto（2004）的启发，将汉语普通话与意大利语进行对比研究，并着重对汉语中的话题和焦点进行研究。

　　该研究特别采用了Benincà & Poletto（2004）关于话题与焦点的相关假设。Benincà & Poletto（2004）认为话题与焦点之间在诸多方面存在区别。首先话题是非算子成分（non-operator elements），而焦点则是类似算子的成分（operator-like elements）；话题与附着成分或pro联接，不显示弱跨越效应，焦点则与语迹联接（即它们会留下语迹），并显示弱跨越效应。话题可以进一步分为垂悬话题和左置话题，焦点则可以进一步分为对比焦点和信息焦点。另外，Benincà & Poletto（2004）还讨论了情景设置（scene setting）相关的副词在制图层级中的位置，认为最低点在话题域内，而这也是清单列举式话题（LI）所在的句法区域。整个话题与焦点的结构层次排序如下：

　　（39）[[HT] [[Scene Setting] [[LD] [[LI] [[Contr Focus] [[Inf Focus]]]]]]]

（Benincà & Poletto 2004：71）

　　Badan & del Gobbo（2010）的研究目的主要是观察上述意大利语的句法层级排序规律是否适合于汉语普通话，并将研究的重点聚焦于垂悬话题和左置话题。同时他们也考察了汉语的焦点问题，目的是考察汉语普通话是否也遵循同样的左缘结构焦点化策略。另外，在关于话题的理论体系方面，该研究还希望能够尝试将"汉语是一种话题显著型语言"（Li & Thompson 1976）和"汉语话题可分为基础生成式和移位生成式"这样的一些传统观点统一整合在句法制图左缘结构的精细化理论体系中，将不同理论体系的话题研究观整合对应起来进行制图视角下的重新分析。

以此为出发点，Badan & del Gobbo（2010）首先以与"连"字结构相关的研究为例，回顾了汉语语法研究中对话题化、焦点化等问题的研究，并与以意大利语为背景提出的话题和焦点结构层级的假设进行比较。

（一）汉语的话题分裂

作为话题显著型的语言，汉语话题的类型丰富。Badan & del Gobbo（2010）将话题区分为在句中与语迹、pro或接应代词有关联的话题类型和与这些成分无关联的关涉话题（aboutness topic，简称AT）两种大类，并分别对它们进行讨论。

沿用Badan & del Gobbo（2010）的观点，与语迹、pro或接应代词有关联的话题又可以分为两种子类，一是垂悬话题，一是左置话题。区别垂悬话题和左置话题的标准主要有：1）垂悬话题只能是光杆DP，而不可以是介词短语；垂悬话题无需与谓语结构内部存在共指关系的接应代词在格上呈现一致关系；垂悬话题总是要求有一个表达论元类型的接应代词，该接应代词与垂悬话题之间在数、性方面保持一致，但不会在格形态上保持一致。同时，垂悬话题还可以由主音代词（tonic pronoun）或修饰词语（epithet）所接应，而且不可能同时出现多个垂悬话题。与垂悬话题不同，左置话题可以是介词短语，而且它可以与IP内共指的接应代词在格形态上保持一致。左置话题只有在与直接宾语或部分宾语对应时要求有接应代词，这与垂悬话题总是要求接应代词的情况不同。左置话题不能被修饰词或主音代词所接应，这也是其与垂悬话题的不同之处。2）左置话题可以与垂悬话题共现，在二者的相对语序上总是垂悬话题居前，左置话题居后。3）在生成方式方面，垂悬话题与左置话题也有不同，垂悬话题是基础生成的，而左置话题则是移位而来的。

汉语话题子类中还有一类话题，句中没有任何成分与之直接关联，这类话题被称作"关涉话题"。关涉话题没有接应代词成分与之关联，也没有pro或语迹类空语类成分与之相联系，是与垂悬话题和左置话题都不同的话题类型。在生成方式方面，关涉话题与垂悬话题在句法语义表现上有所不同，但与垂悬话题一样，关涉话题也属于基础生成的话题。关涉话题也可以分裂为两种子类，其一是与句子之间构成整体部分关系的关涉话题，其二是与主句构成领属关系的关涉话题。当然，正如很多关于领属关系的有关文献中曾经讨论到的那样，整体部分关系实际上也是领属关系的一种类型。

在关涉话题、垂悬话题和左置话题之间的层级次序上，Badan & del Gobbo（2010）认为关涉话题居于垂悬话题和左置话题之前，因此，按照这一观察，这三种类型的话题子类的语序呈现关系如下：

（40）关涉话题 > 垂悬话题 > 左置话题

此外，Badan & del Gobbo（2010）还观察了汉语内嵌小句（embedded clauses）中的话题，得出的结论是：垂悬话题和左置话题都可以在内嵌小句中出现，并且，当有类似"自从"等这样的标句词出现时，与意大利语一样，垂悬话题会出现在标句词之前，而左置话题则出现在标句词之后。此外，与意大利语一样，只有左置话题可以出现在关系子句中，垂悬话题则不允许出现在关系子句中。

（二）汉语的焦点分裂

Badan & del Gobbo（2010）并未对焦点及其子类展开系统的讨论，而主要是参照Gao（1994）、Paris（1998，1999）等的研究，观察了两种类型的焦点：一是"连"字焦点（Lian-Focus），二是具有对比重音但没有焦点标记的焦点。他们引用Gao（1994）的观察，强调了汉语句子中几乎所有的成分都可以通过重音方式构建对比焦点的事实，同时认为由于汉语是一种Wh-居原位型语言，因此汉语的原位焦点的运行机制与Wh-居原位的特点有着直接的关系。像Wh结构成分存在隐性移位一样，原位焦点结构也是通过LF移位的方式而构建的。

（三）汉语话题与焦点的层级：以句首话题与句首"连"字结构为例

Badan & del Gobbo（2010）关于汉语话题与焦点的相对层级的研究以Paul（2005，2006）为基础，这两项研究在理论体系和研究切入点方面都有共同之处，比如它们都从移位、接应、弱跨越效应等角度对话题与焦点的句法表现作了考察。但是，二者在具体研究范围和研究结论方面有所不同，比如Paul（2005）同时从句法和语义角度对话题与"连"字焦点之间的关系进行探讨，而Badan & del Gobbo（2010）则主要关注句法问题。

按照Paul（2005）的观点，汉语CP区域中的TopicP总在"连"字焦点位置之上，而不可能出现在焦点之下。

（41）CP > TopicP > 'even' FocusP > IP > inner TopicP > 'even' FocusP > vP …

（Paul 2005：112）

除话题居上、焦点居下的层级考察外，Badan & del Gobbo（2010）还进一步讨论了句首"连"的功能属性。不同于一般研究将"连"字焦点归属于焦点结构的做法，Badan & del Gobbo（2010）认为有一系列证据表明句首"连"字结构从句法上讲是话题，而在语义上则是焦点，因而在句首"连"字结构这同一个结构上实际体现着话题和焦点两个层级的功能属性。

句首话题与句首"连"字结构都既可以基础生成，也可以移位生成；与句首话题一样，句首"连"字结构也同样允许接应代词。二者之间的区别在于：句首话题没有弱跨越效应；而句首"连……都/也……"结构的情况则稍微复杂些，当"连"与"都/也"之间距离比较远时可以显示弱跨越效应，否则同样不会有弱跨越效应。

(四)汉语普通话与意大利语的比较

首先，在汉语和意大利语中，话题域都居于焦点域之上。

其次，两种语言都有关涉话题(AT)、垂悬话题(HT)和左置话题(LT)，它们之间的层级顺序是：在垂悬话题和左置话题之间，垂悬话题居上而左置话题居下；而关涉话题又在垂悬话题和左置话题之上。其制图结果如下：

（42）Aboutness Topic (AT) > HT > LD > *lian* 'even' Focus > IP

$$\underbrace{\text{Aboutness Topic (AT)} > \text{HT} > \text{LD}}_{\text{Topic field}} > \underbrace{lian\ \text{'even' Focus} > \text{IP}}_{\text{Focus field}}$$

（Badan & del Gobbo 2010：87）

关于关涉话题、垂悬话题和左置话题的分别，可以参照下列汉语普通话例子理解：

（43）a. 花(啊)，我最喜欢玫瑰花。　　　　（关涉话题）

b. 李四，马丽不喜欢他/这个人。　　（垂悬话题）

c. 李四$_i$，马丽不喜欢 t$_i$。　　　　（左置话题）

最后，Badan & del Gobbo(2010)认为关涉话题在句法上与句子的其他部分没有关系，因为没有空缺、代词或修饰词与之关联。但关涉话题与整个句子之间可能构成整体部分关系或领属关系(如"那棵树，叶子大")。

以"连"字焦点相关问题为例，Badan & del Gobbo(2010)对汉语话题及话题与焦点之间的相对层次所作的讨论，对于汉语话题与焦点结构的研究具有启发意义。当然，虽然文章标题试图显示文章是关于汉语的话题与焦点的左缘结构研究，但实际上它对于汉语焦点的分类讨论还不够充分。同时关于关涉话题与垂悬话题及左置话题之间的分野，还存在需要进一步推进之处，特别是关涉话题的句法地位等问题在其中尚未涉及。本书作者有一个观点在这里可以顺便提及。我们认为可以区分内部话题（internal topics）和外部话题（external topics）两种类型，其中关涉话题属于外部话题，而垂悬话题和左置话题则属于内部话题。原因之一是，垂悬话题和左置话题都可以在主句内找到关联的信息或成分，而关涉话题则没有任何成分与之关联，因此是一种外在的话题。外部话题与语篇及语用的信息关系更为密切，同时它们又可以像内部话题一样，在句法结构中有自己的位置，是句法化了的语用信息，因此也属于制图研究的范围。

3.3.2.2 更多关于"连"字结构的焦点研究

国内学者关于"连"字结构的研究有很多，他们各自从句法、语义、韵律等不同的理论视角对"连"字相关的结构进行过研究，在不同理论模型下提出了不同的研究假设（可参见白梅丽 1981；蔡维天 2004；曹逢甫 1994；陈淑芳 2008；崔希亮 1993；方梅 1995；何丽萍 2011；洪波 2001；胡德明 2002；刘丹青、徐烈炯 1998；任芝锳 2007；温宝莹、东鞑妍 2019；熊仲儒 2017；徐杰、李英哲 1993；杨宏业 2013；张伯江、方梅 1996；张放 2011；张志恒 2013；周小兵 1990，1996 等）。这些研究所采用的理论框架不尽相同（包括生成语法、功能语法、认知语法等），关注点也有差别，有的关注"连"后成分的焦点性质，有的关注相关的韵律表现，有的涉及多个焦点成分的问题。其中徐杰、李英哲（1993）提出了焦点优先选择系列，认为"连"强调的成分成为焦点的可能性仅次于"是"所强调的成分。方梅（1995）和张伯江、方梅（1996）提出焦点标记的三条确认原则，并认为汉语焦点标记词只有两个，即"是"和"连"。同时，他们还区分了常规焦点和对比焦点两种类型，认为"连"所标记的是对比焦点，同时还标示极性对比话题。刘丹青、徐烈炯（1998）则运用特征分析方法，以[+/-突出][+/-对比]的特征为参数，将焦点分为三类，并将这些焦点子类的特征组标记为：自然焦点[+突出][-对比]，对比焦点[+突出][+对比]，话题焦点[-突出][+对比]。此外，他们认为，"连"所标记的是话题焦点，而非对比焦点。胡德明（2002）区分了语素焦点、词焦点、短语焦点和小句焦点，认为"连"所标记的是对比焦点，而对比焦点是词焦点或语素焦点。任芝锳（2007）的讨论认为一个句子中可以存在多个焦点，并认为当存在多个焦点时，这些焦点之间有强弱之分：出现在焦点词之后的焦点是强焦点，而否定句中的否定对象则是弱焦点，它对句子真值会产生影响。"连"字作为焦点标记，其后焦点是强焦点。

近期从制图角度研究"连"字相关焦点问题的国内文献如熊仲儒（2017）。该文借鉴König（1991）的做法，将两种类型的焦点分别称作排除焦点（restrictive/exclusive focus）和包含焦点（additive/inclusive focus），并认为汉语中的"连"是包含焦点标记词，"只"是排除焦点标记。文章同时借鉴蔡维天（2004）的观点，认为"只"的焦点作用是断言，"连"的焦点作用是预设。针对能否出现接应代词的问题，熊仲儒（2017）认为焦点成分在移位中能不能留接应代词是经验问题而不是理论问题。他同时认为，排除焦点在移位时确实不能留下接应代词，但包含焦点则不同，它可以在移位时留下接应代词。该文还运用句法共现等手段作为观察入手点对"连"字所在的句法位置作了讨论，认为汉语TP外部只有一个焦点范畴位置，引进的是排除焦点，由"是"标记；TP内部也只有一个焦点范畴位置，引进的是包含焦点，由"连"标记。"是"与"连"不同，因此二者可以共现。"连"位于TP内，所以"连"字句可以关系化。文章同时还对"连"的其他一些句法规律进行了总结，最后得出结论认为"结构图谱很重要，成分的句法位置确定了，相应的句法行为与语义属性也就会得到解释"（熊仲儒 2017：449）。

3.3.2.3 Cheung（2015）关于粤语中话题和焦点位置的研究

Cheung（2015）和张志恒（2013）借鉴了Rizzi（1997）的左缘结构理论

框架，沿用了Benincà & Poletto（2004）的有关假设，认为话题和焦点并
非单一投射，而话题与焦点之间的关系也并不像Rizzi（1997）所提议的那
样，即话题并非是一组递归呈现的投射。按照Rizzi（1997）的思路，这些
递归呈现的话题既可以出现在某一焦点之上，也可以出现在该焦点之下。
但Benincà & Poletto（2004）则认为，多个话题或焦点各自组成话题域或
焦点域，这些多重的话题或多重焦点内部的秩序由它们的语义和语用功能
所决定，并且在话题域与焦点域之间的相对次序上，话题域在上，焦点
域在下。它们之间不会出现其中一个递归地呈现在另外一个两端的情况。
Benincà & Poletto（2004：71）的层级图可简化表示如下：

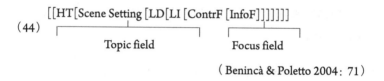

（44）

$$[[HT[\text{Scene Setting }[LD[LI\ [ContrF\ [InfoF]]]]]]]$$

Topic field　　　　　　Focus field

（Benincà & Poletto 2004：71）

沿着Beinincà & Poletto（2004）的这一思路，Cheung（2015）讨论了
粤语中的话题和焦点在左缘结构中的位置，特别关注了粤语中的Wh-前
置结构，认为它们并不像Wu（1999）和Pan（2006，2011）所认为的那样
是话题结构，而应该被分析为焦点结构。更进一步说，粤语中的Wh-前
置结构属于Kiss（1998）所说的识别性焦点（Identificational Focus）。在确
认Wh-前置结构的语法功能范畴后，Cheung（2015）进而对广东话里多种
类型的话题与焦点进行了讨论，特别是研究了它们相对于识别性焦点的层
级顺序。其中涉及的问题有排他性问题、辖域问题、分裂句与Wh-前置
结构的异同、预设失效（presupposition failure）问题、接应代词、孤岛
限制等，从语言事实方面为Benincà & Poletto（2004）有关话题与焦点的
观点提供了来自粤语的证据支持。她所得出的粤语的左缘结构成分内部层
级如图3.9所示：

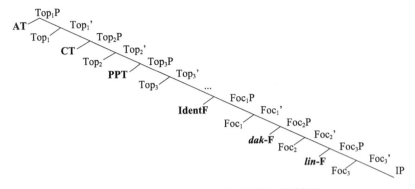

图 3.9　Cheung（2015：119）的粤语左缘结构图

　　用简图来看，粤语左缘结构区域话题和焦点的关系如下（Cheung 2015：120）：

（45）　AT > CT > PPT > IdentF > *dak*-F > *lin*-F > IP

　　　　　　　话题域　　　　　　焦点域

　　就是说，像在意大利语中一样，汉语中也存在话题域和焦点域：如（45）所示，粤语的话题域居于焦点域左侧（居上），话题域内部的AT、CT、PPT等不同的话题成分之间以及焦点域内部的IdentF、dak-F和lin-F等不同的焦点之间各自有序排列，形成一种完美的粤语左缘结构区域话题与焦点结构图谱。

　　之后，张志恒（2013）又在Rizzi（1997）和Belletti（2004a）的框架内，结合学界已有研究（如Badan & del Gobbo 2010；del Gobbo & Badan 2007；Paul 2005等），对汉语中话题与焦点在左缘结构和屈折内域的句法地貌图作了进一步分析。根据Belletti（2004）的观点，话题与焦点不仅可以出现在句子左缘结构层，也可以出现在动词短语之上的屈折层次的低层区域。在考察两个区域的话题与焦点的基础上，张志恒（2013：11）得出的制图层级如下：

> （46）句子的左缘结构层：
>
> CP > 相关性话题 > 常规话题 > 介词短语话题 > 认定焦点 > "连"字焦点 > IP
>
> （47）屈折内域层（即屈折层次的低层区域）：
>
> IP > 内常规话题 / 相关性话题 > 认定焦点 > "连"字焦点 > VP

通过比较，张志恒（2013）认为，1）左缘结构和屈折内域并非完全一致，左缘结构中包含的话题种类比屈折内域丰富，比如介词短语话题能出现在左缘结构区域，但不能出现在屈折内域。2）左缘结构和屈折内域都可以出现不同种类的话题，但左缘结构有多个话题位置，而屈折内域只有一个话题位置。当然，从理论上讲，经典的句法制图理论主张一个特征一个中心语一个投射，而张志恒（2013）关于屈折内域不同话题占据同一位置的结论是否对这一经典的句法制图原则构成挑战，还需要事实和理论的验证。

3.3.3　句末语气词的层级和类型

（一）汉语句末语气词的层级

CP层功能分裂的思想对跨语言的研究有广泛影响。在汉语句法研究方面，Paul（2005）、Pan & Paul（2016）、Pan（2015）、邓思颖（2010，2019a，2019b）等都对汉语句末语气词相关的功能层级进行了不同视角的研究。

Paul（2005，2014，2015）等一系列文献提出了句末语气词的三级分层系统，其中最高一个层级的SFP3由AttitudeP占据，表达惊讶［如"啊（呀）"］、不耐烦或警告（如"哦"）以及夸张（如"呢3"）等，中间一层的

SFP 2由ForceP占据，表达极性疑问（如"吗"）、祈使（如"吧"）或跟进式疑问（follow-up question）（如"呢2"）等；低位区域的句末语气词标记为SFP 1，表达当下相关的状态（currently relevant state）（如"了"）、近过去时（recent past）（如"来着"）和接续状态（continued state）（如"呢1"）等。其建议层级如下所示：

（48）[AttitudeP SFP 3　　　[ForceP SFP 2　　　[LowP SFP 1]]]

哦　警告／不耐烦　吗　极性疑问　了　当下相关状态

（呀）啊 惊讶　　　吧　祈使　　　来着 近过去时

呢3 夸张　　　　　呢2 接续问　　呢1 接续状态

（二）句末语气词的类型

在句法制图理论启发下，邓思颖（2010）讨论了汉语表示时间的"了"和"吗、吧、嘿、啊、哎、呕"等语气词的使用情况，尝试通过对这些语气词的分析"为汉语的句子作精细的句法分解"，得出了"时间 > 焦点 > 程度 > 感情"的语气词层级，同时还讨论了标明句类的语调，认为它们虽然属于超音段成分，但可以作为独立的标句词C看待。另外，跟焦点、程度、感情有关的成分被合称为语气词F，该文认为语气词位于标句词短语以外的位置，并且只能出现在根句，根据其表示的小类不同，可进一步分为FP 1、FP 2、FP 3等。多个语气词连用可以展现语气词的层级，如：

（49）[FP3 [FP2 [FP1 [他在那儿蹲着] 呢] 嘿] 啊]

（邓思颖 2010：62）

邓思颖（2019a）又以普通话、粤语及英式英语、新加坡英语为例，讨论了句末语气词（助词）的类型差异，认为句末语气词的"有无多寡，由后续语的'冷''热'决定，而造成后续语冷热的原因又与主体句的强弱有密切关系"（邓思颖 2019b：643）。根据邓思颖（2019b：643），所谓主体句的强弱之分"与主体句的屈折成分和韵律特点有关"，"主体句与后续语之间此消彼长，你强他弱，主体句越'强'，后续语越'冷'，越欠缺句末助词；主体句越'弱'，后续语越'热'，句末助词的数量就越多"。

具体就普通话、粤语及英式英语、新加坡英语而言，其冷热等级分布如下：

（50）粤语＞普通话、新加坡英语＞英式英语

（邓思颖 2019b：649）

同时，邓思颖（2016）还提出"联合结构说"来解读汉语的句末语气词所在的结构模式，认为边缘结构短语的中心语是一个无声的连词"ø"，可表示为F1、F2、F3。它们分别连接小句与焦点、程度、感情类功能成分，其层级如下：

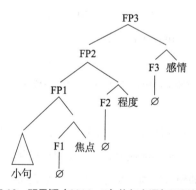

图 3.10　邓思颖（2016：7）的句末语气词层级图

这里"无声"的中心语是否是连词或可商榷，但该研究对于焦点、程度及感情类功能成分的分层分析是具有参考价值的。

(三)词汇层次的句末助词

Chomsky（1995）和Rizzi（1997）等主张句子由CP、IP、vP、VP等不同的层次组成，这一层次分区具有跨语言普遍性。Rizzi（1997）将它们分为词汇层、屈折层、标句层[1]。邓思颖（2019a）进一步以普通话和粤语为例，在制图理论框架下讨论其中词汇层相关的句末助词，认为汉语句子右缘可以有多个句末语气词，它们可以共现连用，并且按照一定的语序排列。该文认为，"制图的角度，正好用来帮助我们研究，更好地理解汉语句法结构的组成"（邓思颖 2019a：29）。他以"法"为例，认为"法"有"法1""法2""法3"之分，其层级如下：

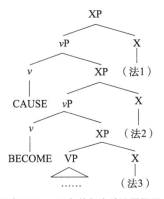

图 3.11　邓思颖（2019a：42）的句末助词层级图（例释："法"）

邓思颖（2019a：42）认为，词汇层次、屈折层次和标句层次都有句末语气词的位置，而事件类功能成分属于词汇层次的句末助词，时间类功能成分属于屈折层次的句末助词，焦点、程度、感情类功能成分属于标句层次的句末助词，普通话和粤语都遵守如下的层次：

1　根据它们在语义和形态功能方面的不同，司富珍（2014a）将这三个层次分别称作论元层、形态层和语用层。

（51）［标句层次［屈折层次［词汇层次 …… 事件］时间］焦点 程度 感情］

也就是说，普通话和粤语在结构层级上完全相同，只不过句末助词（实际上显现的）的多寡有异而已。

3.3.4 语用信息的句法化

句法制图理论关于左缘结构的研究关注语用信息的句法化问题（Rizzi 1997；司富珍 2011）。近年来，国内句法制图研究中对句法化的语用信息的研究关注点包含语用否定的句法层级（司富珍 2016，2017a，2017b）、言语行为理论（史德明 2018）、传信标记系统（Si 2022a；康兴 2020）、名词短语中句法化了的语用信息（Samo & Si 2022a，2022b；司富珍 2014a）等。

案例一："分裂言语行为层理论"和汉语的句末语气词

史德明（2018）在制图理论框架下讨论汉语中的"右置结构"（例如"你笑什么啊，你啊！"）。该文依照 Haegeman（2014）关于分裂言语行为层理论的有关假设，对右置结构中的"啊""呀"等小品词进行语音学测试，区分了不同位置的"啊""呀"的语音特征及其句法功能，从而提出：

> 右置成分中出现的语音较低的话语标记词"啊""呀"体现说话者导向（speaker-oriented），其句法位置位于上层言语行为层的中心语位置；而主句句末出现的语音较高的话语标记词"啊""呀"则体现听话者导向（listener-oriented），其句法位置位于下层言语行为层的中心语位置。这一层级的区分揭示右置成分与说话者的观点立场更为密切。
>
> （史德明 2018：73-74）

同时，该文也细致比较和讨论了不同的句法生成方式，指出通过"双句平行结构删除"这一句法操作来生成右置结构更具合理性，进一步说明"右置的句法成分会左向移至话题标记'啊''呀'的指示语位置，从而实现背景信息前景化"。

案例二：言者视角标记的句法层级

康兴（2020）借鉴Jackendoff（1972）、Bellert（1977）和Cinque（1999）等研究对副词性传信标记的分类，通过对汉语的考察，对言据类、态度类、方式表达类、评价类、范围限定类及情态表达类标记的相对语序和句法层级以及言者视角标记对信域真值的不同影响作了尝试性分析，认为言据表达标记、方式表达标记、态度表达标记均不对主句真值构成任何影响和限定，是信据性最强而真值影响性最低的类别。评价类标记与主语真值的相关度比范围限定类和情态类标记低，它们并不对主句真值作出直接断言，但会影响听者对主句真值的判断，在一定程度上传达了言者对主句真值的认知信息，范围类和情态类标记则直接影响真值判断。

表 3.2　康兴（2020：34）言者视角相关功能语义特征描写图

言者视角类型	例子	删除或更改标记是否影响主句真值语义表达	是否传达言者对信域命题真值的认知信息	例句
言据表达类	据说	-	-	据说张三是中国人。
方式表达类	简单说	-	-	简单说他就是什么都学不会。
态度表达类	坦白说	-	-	坦白说他就是什么都学不会。
评价表达类	显然	-	+	显然他是个中国人。
范围限定类	按说	+	+	按说张三是中国人。
情态表达类	当然	+	+	当然他是个中国人。

该文将六类标记层级排序如下：

（52）态度表达标记 = 方式表达标记 > 言据类 > 评价表达标记 >

范围限定标记/情态表达标记

（康兴 2020：36）

据此，康兴（2020）提出了信据命题层的三个层级，如下：

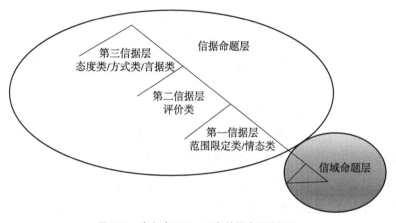

图3.12　康兴（2020：35）信据命题层级图

该研究的主要观察结论是：说话人态度主观性越强，传信标记所蕴含的主观性也相应提高，而对应成分的句法位置也就越高。主观性最低的情态成分，则无限接近甚至脱离出左缘结构的最低外延。该研究为表达命题的内部结构与表达情态的功能层级之间的接口研究提供了较为详细的分析。同时，该研究还认为，不同语言有时会选用不同的策略表达相同的句法功能，而传信标记作为全人类共有的语用手段，其内部层级顺序同时也反映了语用信息在左缘结构内具有更复杂的结构面貌。尽管对传信标记的个别命名和定位还有值得商榷之处，但运用句法制图理论框架研究传信标记则为句法与语篇的接口研究提供了一个新的视角。

案例三：句法与信息结构的互动及汉语传信标记句法化

在方法论上，Si（2022a，2022b）采用Kayne（2005）、Cinque（2006a）

和 Cinque & Rizzi（2008）有关强式句法制图的研究策略，在 Rizzi（1997）和 Cinque（1999）的框架内讨论了形态句法与信息结构之间的关系，认为如果某些语言中有证据表明其存在某一类型的功能中心语，那么从研究策略上讲，可以假定在其他语言中也存在同样的功能中心语，只不过形态上显隐不同。

同样的策略可以用来研究传信标记。如果充分考虑各种类型的隐性（零形态）成分以及不同区域的句法投射的话，那么形态句法与信息结构之间可能会存在同构现象。只不过，不同的形态句法策略使得表面呈现出较大的差异而已。

比如，有的语言使用屈折形态来标记传信信息，如塔里亚纳语（Tariana），有的语言使用功能小品词或词汇手段来标记传信信息，如汉语中的句末语气词和表达传信功能的副词成分等。当然，还有零形态的传信标记成分。以此认识为基础，Si（2022a）对古代汉语、汉语普通话及汉语方言中的一些传信标记进行了考察，对汉语传信标记系统进行了句法制图视角下的初步分析并得出了信息结构分裂的假说：在包含传信标记的句法结构中，有"信核"与"信壳"两个层级。这是用"思维放大镜"观察信息结构层级的初步结论（Si 2022a；康兴 2020）。

研究表明，《马氏文通》为古代汉语中的"传信"系统（包括"传信"和"传疑"等子类）提供了丰富的语料和富有启发的理论探索，其中"其以传信助字与传疑助字双合为助者，则惟传疑者殿句，殿以'乎''哉'两字者常，殿以'与''夫'者有焉，而以'邪'字者仅矣"（马建忠1898/1998：287）的观察结论实际上清楚地展示了古代汉语传信系统的两个子类之间的层级。同时，它对表达"传信"和"传疑"的两个子系统的具体案例的分析也都极富启发性，比如《马氏文通》关于表达"已见者"的标记成分"矣"和表达论断的标记成分"也"之间的区别以及多个语气词的连用等的讨论，可以为今天的制图分析提供有力的支持。

我们可以用简化的结构来转写《马氏文通》所举语料中句末传信和传疑的功能词的相对层级：

（53）a. [[[舜其大孝]也]与]（《中庸》，马建忠 1898/2010：388）

　　　b. [[[[泰伯其可谓至德]也]已]矣]。（《论语》，马建忠1898/2010：387）

　　　c. [[有[能一日用其力于仁]矣]乎]？（《论语》，马建忠1898/2010：388）

据此，可得到论断（inferred）、强调（emphasis）和确认（confirm）的传信功能中心语层级如下：

表 3.3　图解马建忠（1898）所论传信标记的功能层级

论断	体貌	确认	传疑	感叹
Evid_{inferred}	Evid_{confirm/aspectual}	Evid_{confirm}	Int	Force_{excl}
也	已	矣	乎	哉
	耳		与	夫
	而			

《马氏文通》还比较了"泰西文字"与"华文"之间的区别与联系，即"泰西文字"形态实现的方式是"动字之尾音"变化，就是我们现在常说的屈折形态变化，而"华文"则用"助字"来表达相应的功能："泰西文字，……凡一切动字之尾音，则随语气而为之变。……惟其动字之有变，故无助字一门。助字者，华文所独，所以济夫动字不变之穷。"（马建忠1898/2010：329）

如前所述，现代汉语语法研究中也有大量探讨多个句末语气词相对语序的研究，如朱德熙（1982：208）讨论了三组句末语气词：

（54）第一组表示时态：了，呢₁，来着；

　　第二组表示疑问或祈使：呢₂，吗，吧₁，吧₂（同样都属于第
　　　　二组的"吧₁""吧₂"，读音相同，语法功能不同。"吧₁"
　　　　表示疑问，"吧₂"表示祈使。）；

　　第三组：啊，呕，嗫，呢₃，罢了。

朱德熙（1982：208）指出："这三组语气词在句子里出现的顺序是固
定的。……如果句子里有两个或两个以上的语气词接连出现，总是第一组
在最前边，第二组次之，第三组最后。当中可以有缺位，但次序不能颠
倒。"举到的例子有（朱德熙1982：208）：

（55）a. 还小呢₁嗫！

　　　b. 不早啦（＝了＋啊）！

　　　c. 走啵（＝吧₂＋呕）！

　　　d. 好好说呗（＝吧₁＋欸）！

　　　e. 已经有了婆家了呗（＝吧₁＋唉）！

根据朱德熙（1982）的观察，我们不难得出如下的制图层级：

（56）[[[...Evid时体] Int传疑/Force祈使语力] Force态度或感叹]

这一层级与我们通过《马氏文通》关于句末传信（及传疑）助字的观察
所总结出的层级是一致的。

Si（2022a）还讨论了晋语交城话等多地方言中的句末语气词的层级，
以下是其中关于交城话的几个例子：在日常口语表达确认的"是的嘞哇"
（意思是"确实是这样的吧"）中，"的"是表达论断的语气词、"嘞"表示确
认，"哇"表示传疑。而在另一个常用语"是的嘞嘛"（意思是"确实如此"）

中，"嘛"表示态度，"的""嘞"则同上例。

对方言中多重句末语气词的观察得到的结构层级也与上述对《马氏文通》的观察及朱德熙（1982）关于语气助词的层级一致，尽管三者所涉及的例子在具体标记类别的丰富程度上有所不同，但在共有的功能类型中，它们之间的相对顺序（层级）都是：

（57）$[[[[\ldots \mathrm{Asp}/\mathrm{Evid}_{\mathrm{confirm}/\mathrm{foc}/\mathrm{inferred}}]\ \mathrm{Evid}_{\mathrm{confirm}/\mathrm{aspectual}}\ \mathrm{Evid}_{\mathrm{confirm}/\mathrm{emphasis}}]$
$\mathrm{Int}_{\mathrm{speculation}}]\ \mathrm{Force}_{\mathrm{attitude}}]$

（Si 2022 a）

这一层级与观察其他语言后得出的层级呈镜像对称：

（58）$[\mathrm{Force}_{\mathrm{attitude}}\ [\mathrm{Int}_{\mathrm{speculation}}\ [\mathrm{Evid}_{\mathrm{confirm}/\mathrm{emphasis}}\ [\mathrm{Evid}_{\mathrm{confirm}/\mathrm{aspectual}}\ [\mathrm{Evid}_{\mathrm{confirm}/}$
$_{\mathrm{inferred}/\mathrm{Foc}}\ [_{\mathrm{IP}} \ldots]]]]]]$

（Si 2022 a）

据此，我们得出结论认为，存在传信功能中心语的分裂现象，即传信标记并不是单一的功能结构投射，而是像话题和焦点等成分一样，是由一系列传信功能中心语构成的一个"传信域"（field of evidentiality）。传信域在传疑域之内（或之下），是左缘结构中界于时体标记和语力（态度）等的功能域之间的一个功能结构区域。

以上这几项研究的关注点均为语用信息的句法化问题，这方面的研究涉及句法与语用的接口，它展示的是生成语法解决句法与语篇（语用）接口问题所提供的形式化方案。用乔姆斯基的观点来看，语义问题和语用问题实质上都是句法问题。意思就是，语义问题和语用问题只有在句法化后才能真正进入语言计算系统。这方面有着大量未开垦的处女地，句法制图恰好为之提供了非常有力的工具。

IP功能分裂及 *v*P 左缘制图

4.1 概述

在原则与参数框架下，句法分析逐渐呈现精细化的走向，并且注重通过跨语言之间的比较来解读语言的普遍性和差异性。前面谈到，当我们将"思维缩放镜"先拉回到句子骨架层粗放地观察，再拉近观察制图研究中提出的各种功能中心语假说时，就会发现生成语法原则与参数框架最大的研究进展之一是CP-IP-VP这三个区域都发生了分裂。Pollock（1989）将处于句子结构中段的IP层分裂为AgrP和TP等不同的功能层级；Larson（1988）的研究结果是VP发生了分裂，将动词短语层分裂为动词核层和动词壳层；而Rizzi（1997）的贡献则将CP层分裂为ForceP、TopP、FocP、IntP和FinP等不同层级。无论是否冠之以"句法制图"之名号，其实质体现的都是句法制图精细化描写的研究思路，是启用"思维缩放镜"之"放大"功能来观察局部范围内功能层级结构的结果。我们将这些研究的工作区域集中在一棵句子结构树上，可以更清楚地看到整个生成语法工程在制图方面精细化的共同走向。

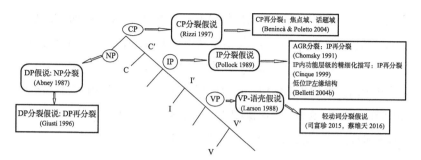

图 4.1　生成语法工程的精细化制图走向

　　在本书第三章，我们介绍了 Rizzi（1997）的"CP 分裂假说"，评介了其对 CP（句子结构）左缘结构成分进行的精细化分析，以及来自不同语言背景的学者受其启发在跨语言视角下开展的关于话题、焦点等左缘结构成分的专题研究。受 Rizzi（1997，2004，2015/2017）等的启发，句法制图研究实践常常把关注点放在句子的左缘结构层面，不过句子左缘并非句法制图研究的全部。如前所述，句法制图的研究目标是用"思维放大镜"的思路来为整个句子构造提供精细化的结构描写。CP 层展示的句子左缘结构的精细化描写在研究句法 — 语篇、句法 — 语义以及句法 — 语音/音系互动的接口效应方面为 IP 内部层级等其他区域的句法制图分析提供了参考。因此，除句子左缘这个重要的区域外，制图研究者在 IP 层面、vP 左缘、名词性短语的左缘乃至复杂词词内构造层级等方面都有不同程度的探索。以下我们就把"放大镜"移到位于句子骨架中段的 IP 区域，来观察这一区域的制图研究成果。

　　Pollock（1989）的"IP 分裂假说"在精细化地观察 IP 内部功能层级、解释语言之间的参数差异方面极具理论启发力，影响了很多后续研究，对句法制图方案的产生和发展也起到了积极的影响作用。因此，以下将首先从 Pollock（1989）说起，主要评价其对句法制图研究的贡献与影响。然后重点评介句法制图的另外一个奠基性作品 Cinque（1999）的《副词和功能中心语：跨语言视角下的研究》(*Adverbs and Functional Heads: A Cross-Linguistic Perspective*)，特别是其中关于功能中心语及相应副词的"钦奎等级"(Cinque hierarchy)。此外，Belletti(2004b)也曾用类似的思路和策略观察IP内部结构，认为IP低层区域实际上是*v*P的左缘结构区(Belletti 2019)，其内部层次像CP层一样，有着更为丰富的内涵，并非单一投射可以解释，对此，本章也一并简要评述。

4.2　IP 分裂假说及其影响

4.2.1　IP 分裂假说

4.2.1.1　理论背景

Pollock(1989)IP分裂假说的提出是在生成语法原则与参数框架下进行语言比较的结果。正如Pollock(1989)在结语部分所提到的那样，其理论背景除了原则与参数框架外，生成语法经典理论时期的很多闪光思想都为之提供了重要启发，特别是Chomsky(1955/1975)在考察抽象的句法表达层时将表达时制(Tense)、一致(Agreement)的语素作为独立的句法成分进行描写，为功能中心语的研究和Pollock(1989)核心观点的提出奠定了重要的理论基础。这一点应该特别强调，因为有部分学者将句法制图研究看作是生成语法的另类。然而追根溯源就可以知道，句法制图功能中心语研究的很多重要方面，包括允许将功能中心语定义在包括语素这一小于"词"的形态单位层级，以及运用"思维放大镜"式的思路来观察句法的微观要素等方面，都是生成语法产生伊始就存在的技术精髓。句法制图所做的只是将之系统化地运用于更加精细的跨语言比较分析，得出更加具体、细致的结论，进而从微观层面的投射规则和局部简约性来印证生成语法的核心主张。可以说这继承的正是生成语法研究的经典路线。Pollock(1989)这一研究作为联结原则与参数框架和句法制图的重要纽带，在句法制图学术史上的地位不言而喻。

4.2.1.2　主要假设

Pollock(1989)的主要假设如下：1)英语和法语里都有一个被标记为AgrP的功能性中心语投射，该投射在英法两种语言里都是Tense或Neg的补足语成分。2)在AgrP确立之后，IP可以被改写为TP。TP可以构成一种内在的语障。3)在英语和法语中，都有一个独立的否定投射，标记为NegP，而且这个NegP也可以构成内在的语障。4)英语、法语、意大利语、葡萄牙语等语言在动词提升的限制条件方面机制相似，它们之间的差异主要在于Agr(一致性形态表达)形态丰富或贫乏的程度不同，因此不同语言、不同结构(如限定结构和非限定结构)动词移位的着陆点不同(比如有的语言中动词可以提升到Agr位置，而有的语言中动词可以继续提升至Tense位置)，由此形成表层动词与否定词及副词成分不同的语序排列。

这样，句子骨架CP-IP-VP在Pollock(1989)中变成了CP-TP-AgrP-VP。在这一假设的基础上，Pollock(1989)将表面看来貌似无关的若干语法现象联系在了一起，对比研究了英语和法语的限定句、非限定句、分词结构中动词的移位现象，为它们提出了统一的解释方案，为句法与形态之间的接口研究提供了经典案例。

4.2.1.3　事实验证

支持Pollock(1989)IP分裂假说的语言事实主要是英语和法语中的否定结构、疑问句、句中副词、浮游量词及远距离量化现象。围绕这些句法结构和现象，Pollock(1989)提出了若干研究问题：1)在与否定词的相对语序(层级)方面，英法两种语言有着怎样的差异？2)英语的否定成分not为什么能阻挡词缀跳脱，而其他副词却没有这个功能？为什么法语时态句中不能有词缀跳脱？为什么UG会允许词缀向下移位？3)英法两种语言在疑问句中的动词提升表现有何差异？为什么有的动词(如be和have)必须发生移位，否则就不合语法？英语的be和have与其他实义动词在句法位置上有何区别？为什么现代英语中除了be和have之外，其他普通动词无法提升至I位置？4）动词提升在限定句和非限定句中有何区别？

为解释这些问题，Pollock（1989）从跨语言比较的视角对英法限定句和非限定句中动词与相应成分的语序配置规律进行了考察。

第一类：限定句

首先是观察关于限定句中否定结构的英法差异，比较下面的（1）和（2）：

（1） *John likes not Mary.

（2） Jean (n')aime pas Marie.

（1）所示的英语句子在现代英语中是不合语法的，但（2）所示的相对应的法语结构却是合乎语法的正确句子。就是说，现代英语不允许动词likes提升至否定词not之前，而现代法语的动词aime却可以出现在否定词pas之前而不影响句子的合法性。

再来看限定句中疑问表达的英法差异，比较（3）和（4）：

（3） Aime-t-il Marie?

（4） *Likes he Mary?

以（3）为例的结构形式在法语中是合乎语法的，但相对应的（4）在现代英语中则不合语法。

其次是关于句中副词位置的英法差异，比较（5）和（6）：

（5） *John kisses *often* Mary.

（6） Jean embrasse *souvent* Marie.

如（5）所示的结构形式在现代英语中是不合语法的，而相应的结构（6）在现代法语中却完全合法。反过来，在现代法语中，如果将副词 souvent 放置于动词 embrasse 前，句子反而不可接受，如（7）所示：

（7）　*Jean *souvent* embrasse Marie.

就是说，现代英语的实义动词不可以提升至 often 这类副词之前，而法语则相反，动词必须提升。

最后看关于量词浮游的英法差异，比较英语的浮游量词 all 和法语相应的浮游量词 tous 在下例中的句法位置及其对所在结构合法性的影响：

（8）　a. My friends *all* love Mary.

　　　 b. *My friends love *all* Mary.

（9）　a. *Mes amis *tous* aiment Marie.

　　　 b. Mes amis aiment *tous* Marie.

现代英语的浮游量词 all 和法语相应的浮游量词 tous 在其位置与整个结构的合法性方面表现正好相反，或者可以说互补。

将上述四类情况总结起来，可以得出以下结论：英法两种语言在限定性句式中存在如下的对立，在否定结构、疑问句、与句中副词相对语序以及与量词相对语序方面，现代法语动词的落脚位置比英语要高，前者可以显著提升至高于否定词、句中副词、浮游量词等之前的位置，而后者则不行。

第二类：非限定句

以法语为例，动词位置在非限定句中的表现与限定句不同。

先看实义动词，法语的实义动词在非限定句中的表现与现代英语的限定句相似，即动词不可以提升到否定词等词语的前面。

（10）a. Ne *pas* posseder de voiture en banlieue rend la vie difficile.

b. *Ne posseder *pas* de voiture en banlieue rend la vie difficile.

上面两句构成一个最小对儿，它们之间的唯一区别是实义动词 posseder 在（10a）中未提升至否定词 pas 之前，而在（10b）中则将动词提升至 pas 之前。结果显示，与法语限定句中的情况正好相反，提升动词后的结构（10b）不合语法，而未发生提升的（10a）则合乎语法。

再看 be 和 have。与实义动词不同，在法语非限定性句中，be 和 have 相应的动词既可以出现在 pas 之前，也可以出现在其后，语序比较灵活。例如，既可以说 "Ne *pas* être heureux est une condition pour écrire des romans."，也可以说 "N'être *pas* heureux est une condition pour écrire des romans."。

由此 Pollock（1989）得出结论认为：法语的实义动词是否可以提升，与句子的 [+finite]/[-finite] 特征有关。

Pollock（1989）还发现，在法语非限定句中，实义动词移位至副词与 Neg 之间，说明在屈折层（IP）区域内存在不止一个功能中心语的位置。下图是本书作者根据 Pollock（1989：366）绘制的结构图，其中的 XP 即是非限定小句中动词着陆的屈折层功能中心语位置：

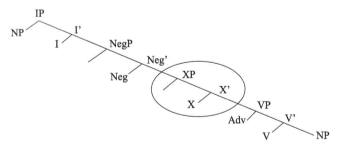

图 4.2　根据 Pollock（1989：366）绘制的 IP 结构图

这一观察为IP分裂出相应的功能中心语层级提供了直接的证据。据此，Pollock（1989）进一步假设，[+/-past]这样的限定性（Finite）特征实际上是一种算子成分，约束相应的变元成分，这个变元成分移位至算子位置进行相应特征核查。而这里的变元可以看作是Davidson（1967）所讨论的事件变量（event variable）的句法对应物。像其他约束关系一样，这里的约束关系也遵循成分统治（C-command）等条件的制约。

除此之外，Pollock（1989）还从题元角度解释了英法两种语言动词移位的不同表现，基本观点是：1）句子的组构与操作应遵循题元准则，即"一个论元只能带有一个题元角色，一个题元角色只能分配给一个论元"。2）题元角色由动词分配，助动词be/have不分配题元角色，所以移位也不会影响题元角色的分配。因此，be与have在移位方面与实义动词表现不同，其他实义动词的移位会阻挡题元角色的分配。3）限定性（Finite）特征会影响到题元角色的分配。英语形态不丰富，Agr对题元角色的分配是不透明的，不允许动词题元角色的传递；而法语的形态丰富，因此在法语限定句中Agr对题元角色的分配是透明的；但是在法语非限定句中T对题元角色的分配也与英语限定句一样是不透明的，因此在法语非限定句中，除助动词外的动词只能移位至Agr，不能再继续移位至T的位置。

综上所述，Pollock（1989）关于英法限定句和非限定句在动词移位方面的考察结论可以表示如下：

表 4.1　Pollock（1989）关于英法两种语言动词移位的比较研究

	限定句（finite clause）		非限定句（infinitive clause）	
	实义动词	be/être; have/avoir	实义动词	be/être; have/avoir
现代法语	强制移位	强制移位	禁止移位	可选性移位
现代英语	禁止移位	禁止移位（没有功能词 DO 的条件下）	部分禁止	勉强可接受

在从移位条件、题元角色等多个侧面对两种语言的动词移位进行考察之后，Pollock（1989）得出结论认为，在屈折层（IP）区域至少存在两个功能中心语的位置：一个是高位屈折位置，一个是低位屈折位置。在法语限定句中，动词可以提升至高位屈折位置，而在法语非限定句中，动词只能提升至低位屈折位置。英语限定句中的动词只能留在原位，既不能提升至高位屈折位置，也不能提升至低位屈折位置，借用Belletti（2001：486）的树图演示如下：

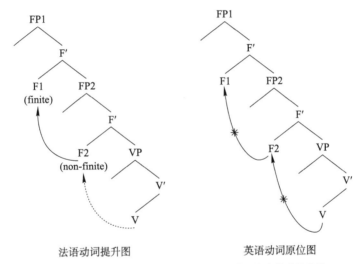

图 4.3　Belletti（2001：486）图解英法两种语言中的动词移位

IP分裂为两个不同的层级：高位屈折层标记为AgrP，低位屈折层标记为TP，这成为IP假说的核心内容。

有了这一假说，句子结构骨架的普遍性与不同语言之间差异的兼容性就大大增强。以词缀跳脱（affix-hopping）与否定成分not的语障之间的关系为例，英语中之所以存在下列句子在合法性方面的差异，其本质不在于句子基本骨架的不同，而在于空语类原则的限制以及功能中心语成分是否构成语障等原因。

（11）a. John left.

　　a'. John leaves.

　　b. *John not left.

　　b'. *John not leaves.

　　c. John did leave.

　　c'. John does leave.

　　d. John did not leave.

　　d'. John does not leave.

依照Chomsky（1955/1975, 1957）等研究的思路，标记时范畴的-ed、-s 是独立的句法结构成分。它们本来占据T的功能中心语位置，在（11a）和（11a'）中发生词缀跳脱，从而得以与leave组合，并运用形态音系规则，最终在表层实现为left和leaves。在（11b）和（11b'）中因为出现了not这个固有语障，阻断了其词缀跳脱之路，因此（11b）和（11b'）不合语法。其次，还存在一个空语类成分DO，它基础生成于Agr的位置，而后提升至T位置。因为由not投射而来的NegP是一个语障，根据空语类原则（empty category principle，简称ECP），这个语障需要得到词汇标示，这时就需要显性助动词do来标示该空语类成分，因此在（11c）、（11c'）、（11d）、（11d'）四个句子中，提升至T位置的DO显化为显性的助动词do，而后分别与-ed、-s结合，并运用形态音系规则，最终显现为did、does。

其他副词则不会形成语障，因而不会阻断词缀跳脱，也不需要DO显化支持。例如：

（12）a. John hardly speaks.

　　b. John never reads.

（12a）和（12b）两个句子与（11b）和（11b'）形成对照，表明了not与普通副词（hardly、never）的句法地位不同。通过比较，得出的结论是，英法两种语言中都存在 NegP 和 AgrP。AgrP 在法语中是固有语障，但在现代英语中则不是固有语障。以此为例证，很好地解释了普遍性与差异性之间的关系，也回答了作者就否定结构、词缀跳脱、副词的语法表现等提出的思考问题。以上论证一方面为 (CP-)TP-AgrP(-VP) 的普遍句法骨架的讨论提供了解释，另一方面也为将 NegP 作为独立投射提供了证据，对于否定结构的研究具有重要的启示意义。

4.2.1.4 理论影响

Pollock（1989）对最简方案和句法制图这两种方案的发展都产生过直接的影响。

第一，对于最简方案的理论影响。

针对 Pollock（1989）提出的 IP 分裂假说，Belletti（1990）提出了改进方案，该文一方面赞同 Pollock（1989）关于 IP 应该分裂为更细致的层级的主张，另一方面认为 Pollock（1989）将 AgrP 排列在 TP 之下的顺序有所不妥。其依据是按照 Baker（1985）的镜像原则，在动词中心语移位产生的复合体中，最晚添加进来的形态成分位置最高。也就是说，形态上靠近中心成分的要素在结构上也靠近该中心成分。因此，正确的相对顺序应该是AgrP-TP，而不是 TP-AgrP。

Chomsky（1991）认为 Pollock（1989）和 Belletti（1990）其实都有道理，之所以出现分歧，是因为 AgrP 实际上并不只是一个单独的投射，而是可以分裂为两个各自独立的投射（AgrSP 和 AgrOP）的抽象体。读者可以在最简方案的早期理论（如 Chomsky 1991，1993）中找到相关论述。最简方案引入了 Pollock（1989）IP 分裂假说中将 IP 分裂为 Tense 和Agr 的思想，并在 Pollock（1989）和 Belletti（1990）的基础上，又将 Agr进一步区分为负责与主语之间一致关系的 Agr-S 和负责与宾语之间一致关系的 Agr-O，并认为 Agr-S 应该靠近主语，而 Agr-O 则应该靠近宾语。

Chomsky（1991）提议，分裂后的Agr-S和Agr-O在整个句子结构中的分布如下：

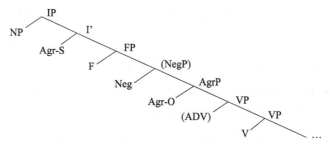

图 4.4　Chomsky（1991：69）关于 Agr 分裂的结构图

其中F表达限定性相关特征（[+/-finite]），Agr-S出现在限定性成分之上，而Agr-O则出现在限定性成分和否定成分之下，接近动词短语。Chomsky（1991）认为主语一致或宾语一致都是以Agr与NP之间的管辖关系为基础构建的一种关系，并认为将Agr进一步分裂为Agr-S和Agr-O的话，可以使得与动词移位相关的若干难题迎刃而解。以下面的结构为例：

（13）John I Neg Agr write books.

之前的困惑在于这一结构要在表层实现需要插入do，并且需要提升Agr以与I(屈折成分)组成复合动词。但该结构中有一个否定成分Neg，如果按Pollock（1989）的提议将Neg也看作是中心语，那么动词的提升就会违反中心语移位限制条件（head movement constraint，简称HMC）。中心语移位限制条件要求一个中心语只能移位至紧邻的下一个中心语位置，而不能跳过邻近的中心语移位至上一级的中心语位置，但（13）中的Agr如果要提升至I与之复合，就得跨越中间的中心语Neg，因此会违反中心语移位限制条件。为此，Chomsky（1991）提议，Agr实际上有两层，一个分管主语（Agr-S），另一个分管宾语（Agr-O），并认为Pollock（1989）所讨论的Agr主要是Agr-O，即宾语一致的Agr。如果采用Agr分裂的思路且上面这个结构中的Agr是Agr-O的话，它就不需要移位至I的位置，因为负责主语一致的另有Agr-S，Agr-O只需要通过词缀跳脱与其近邻write结合，这样就不存在违反中心语移位限制条件的问题了。

Chomsky（1991，1993）还用特征强弱来对英法两种语言动词移位的不同表现作出了新的解释，认为：法语类语言中Agr为强特征，这一强动词特征表现为丰富的形态，因而在音系中可见；另一方面，根据特征核查的解释性原则，在特征核查结束后所有特征都必须在本部门（包括句法、语义、音系）为可解释特征，而Agr的动词特征的功能只是核查已有完整形态的动词，因为听觉—发音系统无法对这些特征进行处理，所以对音系式来说它们并不是合法物（即不可解释）。由此可知，在法语类语言中，动词必须显性提升到Agr的位置，以避免Agr的动词特征进入音系式。而在英语这类形态不丰富的语言中，Agr的动词特征弱。弱动词特征在音系式中不可见，因此动词无需显性提升。

这种功能中心语分裂的思想是句法制图研究最典型的特征之一，尽管Chomsky（1995）提议Agr-S实际上可以从语法体系里削减，代之以Spec-Head关系基础上的EPP特征核查，但分别在不同层次处理一致关系的影响仍在。这一发展历史也从一个侧面显示出最简方案与句法制图理论之间的相似之处，二者绝非对立的理论，而是各有侧重但又神似的两个不同方案。在维护Agr-S独立存在的假说方面，Griffin（2001）沿着Speas（1994）的观点，坚持认为从限定句和非限定句的句法差异来看，有足够证据表明独立设置AgrSP具有理论和经验证据两方面的合理性，并提供了儿童语言习得的证据来支持这一观点。

第二，对于句法制图研究的理论影响。

应该说，对于句法制图理论的产生和发展，Pollock（1989）起到了开启先河的作用，可以视作制图理论的一大理论来源。它为句法制图在句子骨架中段（屈折层）的研究提供了直接的理论基础，也为通过功能中心语分裂来精细化地观察、描写和解释相关句法现象和难题提供了可以借鉴的范例；它成功地运用空语类的概念，为跨语言之间表面的差异性和复杂性以及它们之间深层次（句法基本骨架）上的普遍性与共性之间的辩证关系提供了新的解释；它也为我们关于"proto-BEHAVE 功能分裂"、否定词等的个案研究提供了重要参考。

4.2.2　从副词序列看 IP 的功能层级

Pollock（1989）讨论了传统归类为副词的否定成分 not 在动词移位中与其他副词的不同表现，并认为 not 所在的 NegP 构成语障，而其他副词则不构成语障。十年之后，Cinque（1999）的《副词和功能中心语：跨语言视角下的研究》这一句法制图理论的重要代表作品专门讨论了副词的句法属性和句法地位，通过对副词相关语序的研究提出了一个更加精细化地描写句子内部功能层级的方案。该著作成为从微观层面观察句子内部组织结构的典型代表。

在第二章关于句法制图研究的核心理念与方法部分，我们曾介绍了 Cinque & Rizzi（2008）等关于句法普遍性研究的强式制图观，以下则主要展示 Cinque（1999）为强式制图研究策略的具体运用提供的范例。

4.2.2.1　理论背景

句法操作中最为核心的操作程序是合并（merge），包括外部合并（external merge）和内部合并（internal merge）。内部合并即移位，在没有特别说明的情况下，一般说的合并仅指外部合并。Pollock（1989）讨论的事实证据主要与动词移位有关，Cinque（1999）关于副词深层的普遍性和表层语序的复杂性的讨论也与合并与移位这两个程序直接相关。

Cinque（1999）的主要理论背景是：尽管 Kayne（1994）和 Chomsky

（1995）从语言普遍性角度指出了短语结构的组成及句法移位现象极强的普遍性和极严格的限制条件，但在许多文献中，学者大多持弱式制图观，认为UG（即普遍语法）允许不同的语言在功能中心语及其投射的数量和类型以及相对语序上可以有较大范围的宽松度和差异性。就是说，即便是在赞同普遍语法基本假说的生成语法研究队伍内部，也有不少学者更多地着眼于语言之间的差异性，认为语言之间在功能中心语方面可以千差万别。同时，学者们通常也认为，即使是在同一种语言内部，不同的句子类型也会有不同的功能投射。

针对这一普遍的认识，Cinque（1999）从跨语言对比的事实证据出发，提出自己的不同看法。他认为从深层次上看，普遍语法机制并不允许这么大的差异。在深层的骨架结构方面，尽管表面上看起来会有种种反例和各种复杂性，但不同语言甚至同一种语言的不同类型的句子之间在功能投射的数量、类型及相对层级（相对层级又体现为不同的相对语序）方面应该具有高度的一致性。这一句法制图观后来被称作是关于功能中心语层级的强式制图观。这一观点显然比较激进，非常容易被一般读者抗拒。然而Cinque & Rizzi（2008）认为，强式制图观与弱式制图观到底哪一种更接近语言事实的真相还需要实践的检验，但从研究策略上讲，从一开始就放弃理论上具有极大可能性和合理性的强式观点就等于放弃了探索更大程度的普遍性的可能，这是不明智的做法。本书作者赞同这一观点，认为作为一种理论诱导性的研究策略，强式制图观有其独特优势，不妨借鉴。

关于副词在句子结构中的分布问题，Cinque（1999）采纳了Kayne（1994）关于X'理论的核心思想，比如关于短语结构的反对称（antisymmetry）句法观。根据Kayne（1994）的观点，X'理论本质上表达的是短语结构的一系列反对称特点，而短语结构的这种反对称性又源自关于线性顺序更为基本的反对称性特点。线性顺序可以从以下三个方面来定义：第一，传递性（transitivity），即如果x在线性上先于y，且y在线性上先于z，那么x一定也先于z，即xLy & yLz = xLz。第二，完全性

（totality），即这种线性规律适用于短语结构的所有成员。换言之，对于短语结构的两个成员x和y来说，从线性顺序上看，要么x先于y，要么y先于x（xLy或yLx）。第三，反对称性，即不可能同时存在xLy和yLx这两种线性顺序。这一定义为句法操作提供了条件，比如非对称性成分统治和二分叉的限制条件。其结果就是，假设在一个句法树上有x、y和z三个成分，如果x非对称地成分统治z，y也非对称地成分统治z，那么x与y之间的相互关系就是要么x不对称地成分统治y，要么y不对称地成分统治x，再也没有第三种可能性。这样，在句法结构树上，基础的关系就变得非常简单，这些关系都可以用一个个的有序对 <x，y> 来表达。短语结构成分之间的非对称成分统治关系与短语结构终端节点的线性顺序相匹配，所有短语结构都可以描写为一种符合以下规律的有序对的集合：A是有序对 <x_i，y_j> 的集合，其中x非对称地成分统治y。以此得出句法结构的线性对应公理（linear correspondence axiom，简称LCA）：

（14）d(A)是T的线性序列。　　　　　　　　　　　　　（Kayne 1994）

其中T是终端成分的集合，d指从非终端节点到终端节点的成分统领关系（dominance relation），而A如前所述是指由一个个有序对 <x_j，y_j> 组成的集合。这一公理说明的是，一个短语结构的线性顺序与其中成分之间的统领关系（即高低层次关系）有直接的对应关系。这种反对称性原理及其二分的局部关系假设，与局部简约性（local simplicity）原则的精神一致。

在这一理论假设启发下，许多句法概念和现象得以重新思考，比如中心语被重新定义为没有其他非终端节点在其节点之下的非终端节点（a nonterminal that dominates no other nonterminal）。通俗地讲，手下没有其他"兵将"需要它管理的终端节点就是它所在结构的中心语。许多功能成分的句法地位也得以重新认识，比如，并列结构中的并列连接词and

自然地被归类为功能性中心语，也由此解释了"*I saw the boy the girl."不合语法的原因——并列连接词的作用就是在线性对应公理的指引下建构并列结构的基本秩序。

此外，Kayne（1994）关于X'基本构架的如下主张也为句法制图研究提供了基础：1）普遍语法为句法结构提供的基础顺序是Spec-Head-Complement，从底层基础结构来看，世界上所有语言都遵循这一基础语序，本质上并不存在所谓"中心语在前或中心语在后的参数"，表面的差异是经过移位等手段调整后的结果。2）所有由成分统治所促动的向上移位在语序上都是向左移动。所以表面上是SOV语序的语言，其中必然发生了基础生成于动词补足语位置上的O向动词前移位的操作。在IP处于C之前位置的语言中，也必然是发生了原本处于C补足语位置的IP向C的左侧移动的操作。这些理论假设为Cinque（1999）提供了最直接的理论基础。

另外，之前关于句子骨架普遍性方面的考察大多是以形态上实现为"自由语素"的功能词（如助动词、小品词、句末语气词等）或形态上不自由的功能性词级成分（如英语表达时的-ed、-s等）为着眼点进行考察的。Cinque（1999）认为除以上两种类型的事实证据外，不同类型副词之间的层级顺序也可以帮助诊断句子骨架上功能中心语的等级位次。因此，如其标题《副词和功能中心语：跨语言视角下的研究》所示，Cinque（1999）对句子骨架普遍性的研究是以副词为切入点，以功能中心语为研究对象，以跨语言的事实为证据开展的，该书也因而成为生成语法特别是句法制图研究领域研究副词的代表性经典文献。

4.2.2.2　主要假设

Cinque（1999）的主要假设有二：1）句子的功能投射具有固定的、跨语言普遍的层级。2）副词短语AdvP并不占据核心的位置，即副词并非功能中心语，而其投射AdvP也不是动词的扩展投射；它们占据的是不同功能中心语所在最大投射的指示语位置，这一假说有时被称作是副词"地处指示语位置的假说"（location-in-Spec hypothesis）。

更具体来说，Cinque（1999）认为，不同类型的副词会与不同的功能中心语形成一种指示语 — 中心语关系，这种一一对应的二元关系在表层可能出现许多不同的情形，比如在某些语言中，二者之中可能只有副词在形态上会显化，而相对应的中心语在"外化"时却并未现形。关于"外化"（externalization）的有关概念可参见 Chomsky（2017）。Chomsky（2017）强调，自然语言外化时有多种形式，语音上实现的言语形式只是外化形式之一。显然，各种不同类型的空语类也是外化的形式之一：它们具有句法功能，可以承载语义信息或功能信息，但没有语音形式。Chomsky（1957，1981）对空语类现象有间接或直接的讨论，是大家早已熟悉的概念。虽然关于"空语类"的创造性发现早已为生成语法学者普遍接受，然而在实际的研究过程中，有的学者还是常常容易忽略隐而不现的成分，这应该是造成关于功能中心语研究分歧的重要原因之一，也是"伽利略谜题"的重要内容之一。能够透过表层不完整的"外化"表象窥视内在的完整结构是句法制图研究者的追求。而要探知隐藏的功能成分的真相，单一地去看一种语言或者一种句式显然不够，将不同语言或同一语言的不同句式或隐或显的表象叠加在一起观察，则可能最大限度地还原其骨架之原貌。出于同样的方法论考量，司富珍（2019，2022b）也认为，只要方法得当，完全可以提倡和鼓励用 A 语言的眼光去看 B 语言。用 Cinque（1999）的话来讲，虽然有的功能中心语在一种语言或一种句式中隐匿不显，但在另一种语言或另一种句式中则可能显现。因为每类副词都会占据一个独一无二的句法位置，与相应的功能中心语呈一一对应关系，所以，一旦相应的功能中心语在某一种语言或某一种句式中显现，通过观察它与副词和其他功能性成分之间的映照关系，就可以印证关于功能中心语普遍性层级的句法制图假说。

4.2.2.3　代表性事实

作为意大利语言学家，Cinque（1999）对事实的观察也是首先从罗曼语言开始，而后扩展至包括希伯来语、汉语等语言在内的跨语言事实。在对大量语言事实进行对比分析的基础上，Cinque（1999）首先提出副词层级的普遍基础框架，将副词的区域划分为低位和高位，对每个区域内部的副词层级进行了考察，并以跨语言的事实对这些层级进行了验证，认为副词处于特定功能中心语的指示语位置，副词的位置与其语义解释之间存在一一对应的关系。这一假说可称为"副词结构空间分裂假说"。

第一，副词层级的基础框架：以罗曼语言为基础的事实观察及相关假设。

Cinque（1999）在对意大利语、法语等罗曼语言中处于IP低位（动词短语前）的副词、高位副词及相应的状语成分分别进行考察的基础上，建构起了关于不同副词之间相对层级的、具有跨语言普遍性的基本框架：

（15）"高位"（句子层面）副词（"Higher"（sentence）AdvPs）>"低位"副词（"Lower" AdvPs）>（DP$_{Subj}$）（V）补足语（complement）>地点、时间、方式等状语（Place, time, manner, etc. adverbials）>（焦点化的）"低位"副词（（Focused）"Lower" AdvPs）>去重读特性的材料（de-accented material）

这一基本框架对不同类型的副词占据的结构空间进行了定位，如上所述我们将之称为"副词无可争议空间分裂假说"，简称为"副词分裂假说"。Cinque（1999）的副词分裂假说将句子中的副词分为两个"空间"（space），这里的"空间"一词与Benincà & Poletto（2004）讨论话题和焦点结构时所用的"域"（field）以及我们在讨论轻动词时所用的"圈"（zone）类似。副词分裂假说代表了句法制图对句子内部功能层级精细化描写的研究风格，在基本构架上体现出了句法制图"一个特征——一个中心语——一个投射"的制图主张。

根据Cinque(1999)的观察，处于高低两个不同"空间"的各类副词归属于不同的句法语义类属，因而分别处于不同的结构层级。在不同副词的层级排序方面，Jackendoff(1972)、Bellert(1977)等为Cinque(1999)提供了启发，其中Jackendoff(1972)曾将副词区分为指向主语的副词(如intelligently、clumsily等)和指向说话人的副词(如probably等)，并认为从语序上看，指向主语的副词出现在指向说话人的副词之后。Bellert(1977)则详细讨论和区分了下列副词类型：1)领域副词(domain adverbs)：如politically(政治上)、legally(合法地)；2)语用副词(pragmatic adverbs)：frankly(直白地)、sincerely(真诚地)、honestly(诚实地)；3)评价副词(evaluative adverbs)：luckily(幸运地)、fortunately(幸运地)、happily(开心地)；4)情态副词(modal adverbs)：probably(也许)、presumably(很可能)；5)perhaps(或许)。对于多重副词结构观察的结果显示，Bellert(1977)所讨论的这些不同类型的副词常常可以共现于同一结构中。这从一个侧面说明，不同类型的副词占据的很可能是不同的句法层级。沿着这样的思路，Cinque(1999)从高位副词和低位副词两个空间区域分别讨论了不同副词的构成的层级。通过对两个副词空间内部序列及两个空间之间的对比，Cinque(1999)得出如下结论：1)当高位副词与低位副词共现时，高位副词居前，低位副词从后；2)低位副词可以出现在动词短语前，也可能出现在动词后并且处于句子核心重音或焦点重音所在的末尾的位置；3)当动词前低位副词出现在动词补足语之后时，它同时也位于表达时地、行为方式等的状语成分之后，除非这些状语成分去重音化(de-accented)。换言之，当动词前副词出现在动词补足语之后时，它总是靠近句子的核心(焦点)重音成分所在的位置。

在确立了副词层级的基本框架的情况下，Cinque(1999)对处在高位和低位两个"空间"的副词之间的相互关系以及它们各自的辖域问题作了详细讨论。

首先是关于移位的讨论。

从理论上讲,当词典意义上的同一副词分别处在高位副词空间与低位副词空间时,存在两种可能性:一种可能是处于高位空间和低位空间的副词各自在自己的空间内独立生成;另一种可能是两个空间的副词位置通过移位操作而关联。

Cinque(1999)认为,尽管如众所周知的那样,副词可以伴随Wh-移位(如Chomsky 1995;Kayne 1994等)或焦点移位等算子移位操作而发生位置上的变化,比如:英语句子 "How elegantly do you think he was dressed?" 中的 elegantly 基础生成于 be dressed 的VP结构内,它随How这个Wh词一起移位至CP域内。同样地,在意大利语句子 "MAI Gianni ti farebbe del mae!" 中,MAI基础生成于VP结构内,通过焦点移位提升至CP域内。在拥有两个以上副词的句子结构中,当发生算子移位时,两个副词之间的顺序可能发生变化,比如:在意大利语句子 "Tratta *gia male* il suo assistente." 中,副词gia(已经)正确的语序位次是居另一个副词 male(很不好地)之前,将二者顺序颠倒后的句子 "*Tratta *male gia* il suo assistente."(*他很不好地已经对待他的助手了。)则不合语法。但在发生Wh-移位后,二者的相对顺序可以发生变化,如 "Quanto male *tratta* gia *il suo assistente?*"。不过,从语义辖域来看,与male相比,gia仍占宽域。从语义上讲,这些经由算子移位而发生了语序变化的副词仍然保持原来谓语动词次范畴化的要求,即它们的语义指向仍然保留在原来基础生成的位置所关联的成分上。副词移位后会在基础生成位置留下语迹(trace),同时保留原有的次范畴化特征,它们与移位后的副词及其在落脚地CP域内因重构而产生的辖域特点之间通过A-Bar语链(A-bar chain)连接在一起。

这只是问题的一个方面,但还不是Cinque(1999)关注的重点。对于Cinque(1999)而言,最关键的问题在于,副词是否可以从其"基础生成"的位置移位到另外一个(非算子的)位置。根据Kayne(1975)、Pollock(1989)、Cinque(1992)等的研究,有的语言(如法语)中确实存在单个副词移位（由较低的句法位置提升至较高的句法位置）的情形，然而，提升之后的副词也仍然保留着其基础生成位置曾有的与谓语动词之间的次范畴化关系，其语义解读也是通过其基础生成的位置来获得。这一点与上面提到的算子移位中的情况相同。但重点是，在这类移位中，如果存在两个或两个以上的副词，那么这些副词的相对语序是不能改变的，例如法语"*I1 a *mal* du *toujours* raccrocher." 之所以不合语法，就是由于辖域为动词短语的mal（不好地）与辖域为整个事件的副词toujours（总是）的相对语序发生了变化。这意味着，移位并不一定会直接导致多个副词之间语序的调整，而是特定的移位（比如朝向CP域的算子移位等）才会导致副词语序的调整。

　　Cinque（1999）还援引Koster（1978）对V2语言观察的例子进一步论证，在这些语言里，如果副词出于满足动词占据第二位置的需要（而不是出于Wh等算子移位的需要）而发生移位，即使是其中的某一副词移位到CP的指示语位置，两个副词之间原有的顺序也不会发生调整。这些观察清楚地显示出CP和IP区域的边界性制图特点，在副词的相对顺序上，只有A-bar算子位置允许多个副词的位置调整，非算子类成分相关的副词顺序则保持原有秩序不变。这与Rizzi（1990）的相对化最简性原则以及Chomsky（1995）的最短距离原则相符。

　　其次是关于辖域的讨论。

　　关于高位副词与低位副词之间的辖区问题，还可以通过词典意义上的同一副词出现的不同句法层级位次及其相应辖域差异来得到观察。举例来说，英语的twice可以同时出现在同一个句子的高位和低位，如（16）所示：

（16）a. John *twice* (often/rarely/...) knocked on the door *twice* (three times/often/...).

　　　b. John *twice* (often/rarely/...) knocked *twice* (three times/often/...) on the door.

（16a）和（16b）中都各有两个twice，它们的辖域不同，其中处在高位的twice所量化的区域是整个事件，就是说 "John knocked on the door twice." 这件事发生了两次；而处在低位的twice所量化的区域则是 knocked on the door 这个动作行为发生了两次，就是说，在每次的敲门这个事件中，其敲门的动作发生了两次。这里涉及事件复数的类型划分问题（标记动作的事件复数和标记事件的事件复数），此处暂不对此展开讨论。当然，如果整个句子是 "John twice knocked on the door three times."，那么表示的就是 "John knocked on the door." 这件事发生了两次，而每次敲门这个事件都是由带有 "敲三下" 这一特征的动作所完成。诸如此类的例子说明，twice在句子高位和低位功能不同，借用 "句法槽"（司富珍 2002）的概念来解释就是：在句子的骨架上存在量化事件的高位功能层和量化动作行为的低位功能层，twice、often、three times等副词性量化成分从词库里被取出后分别填充在相应的功能层级，处在两个不同功能层级的副词成分并非通过移位而来，而是分别提取和填充在不同的句法槽位置。它们之间的高低层级还可以通过与其他成分（比如intentionally及动词短语）之间的语序变换来得到验证，如：

（17） a. John [knocked *twice*2 on the door intentionally] *twice*1.

b. John [knocked on the door *twice*2 intentionally] *twice*1.

c. John *twice*1 [knocked on the door *twice*2] intentionally.

d. John [knocked on the door *twice*2] *twice*1 intentionally.

在以上四个例句中，twice1、twice2与其他成分之间的相对语序多有变化，但其句法相对层级始终未变，twice1始终占据宽域，量化整个事件；而twice2始终占据窄域，量化动作行为本身。另外，当删除其中一个twice时，intentionally的辖域不同，这也可以验证两个twice实质上是各自从词库中单独提取，以满足不同的功能特征，而并非同一成分的移位结果：

（18）a. John [knocked on the door intentionally] *twice* 1 .

b. John [knocked *twice* 2 on the door intentionally].

c. John [knocked on the door *twice* 2 intentionally] *twice* 1 .

（19）a. John *twice* 1 [knocked on the door *twice* 2] intentionally.

b. John [knocked on the door *twice* 2] *twice* 1 intentionally.

最后是关于语义指向的讨论。

关于副词的层级，还可以通过观察同一副词在不同层级时的语义指向来进一步得到验证。Cinque（1999）援引了 Jackendoff（1972）关于 cleverly 的语义指向的讨论来说明这个问题，如：

（20）a. John has answered their questions *cleverly*.

b. John *cleverly* has answered their questions.

c. John has *cleverly* answered their questions.

副词 cleverly 在上面三个句子中占据不同的"句法槽"。在（20 a）中，cleverly 语义指向 answered their questions 所指代的行为，意思是 John 回答问题的行为、方法本身很巧妙、很聪明；在（20 b）中，cleverly 则占据更高的位置，它在语义上指向整个事件，评价的是 John 回答问题这件事很聪明，至于回答问题的行为、方法本身是否巧妙，即问题答得好不好，该副词语义并不涉及；（20 c）是歧义句，cleverly 可能指向回答问题本身，这时同（20 a）；也可能指向回答问题这件事，这时同（20 b）。

此外，cleverly 还可以同时出现在两个副词位置，如：

（21）John has been *cleverly* answering their questions *cleverly*.

当然，也还可以说：

（22）John has been *cleverly* answering their questions *stupidly*.

上面两个例子中，句尾的cleverly/stupidly是对 "John has been cleverly answering their questions." 这件事的评价。在某些情境下，John这么做(即很机智地回答问题)是明智之举，而在另外一些情境之下则可能是愚蠢的举动。因此，句尾的cleverly/stupidly的语义指向是整个事件，而句中的cleverly的语义指向则仅是动作行为本身。

总结起来，如果同一副词出现在不同的句法位置，那么可能的情况有三：1) 这个副词周围的成分发生了位置变化，副词本身并未发生位置变化，只不过是相对位置发生了变化。2) 可能由于某种特殊的情况(如算子移位)诱发了副词移位，在这种情况下，其语义解释仍然保留在其基础生成的位置，并通过A-bar语链与相关成分关联。3) 同一副词在两个位置获得相同的语义解释只是一种假象，究其实质仍然是不同位置获得不同解释。例如英语的 "He has been *slowly* testing bulbs." 和 "He has been testing some bulbs *slowly*."，slowly（"缓慢地"）在这两个句子中貌似语义解释相同，实质上在第一句中它量化的是整个事件(即他做这个事情本身可能是slowly的，但每次动手做测试则快慢不等，可以很快，也可以很慢)，但在第二句中，slowly所量化的则是每个测试行为本身。

以上这些例子从不同侧面说明，在句法骨架树上，存在与不同副词基础生成位置相对应的不同句法槽，句法位置与特定的功能或语义解释之间存在一一对应关系。当词典意义上的同一副词出现在不同的位置时，应该从基于结构位置或者说句法槽的视角出发来观察，才能对句法 — 语义之间的关系等得出更为清晰的结论。从这个意义上讲，词典意义上的同一副词从句法制图的角度来看有可能涵盖着因句法位置不同而分裂开来的不同的句法词。这种位置与功能、语义一一对应的关系，成为句法制图理论中一个特征、一个中心语、一个投射、一个指示语的一一对应关系的重要注解。

第二，强式句法制图观视角下的跨语言观察数据。

前面提到，Cinque（1999）持一种关于功能中心语层级的强式制图观，按照这一观点，特定的副词作为某一特定中心语的指示语，与之存在一一对应关系。如果这一假定成立，那么在这种两两对应的关系中，即使其中一方在形态上隐而不现，凭借另一方的存在也可以推知它的存在。这对于那些在功能中心语的形态实现方面不丰富的语言来说就找到了一个观察其功能中心语层级的新的突破口，同时也为考察跨语言之间的普遍性找到了新的研究路径。

首先来看英语的副词层级。

1. 高位副词

根据Cinque（1999）的观察，英语高位副词空间内多个副词的排序与罗曼语相同，比如表达言语行为的副词位置高于表达评价义的副词。在英语中可以说 "*Honestly* I am *unfortunately* unable to help you."，但不可以说 "*Unfortunately I am *honestly* unable to help you."，其中honestly是言语行为副词（speech act adverbs），unfortunately是评价副词（evaluative adverbs），前者位置高于后者，颠倒二者的顺序会导致句子不合语法。而评价副词又必须高于传信副词（evidential adverbs），比如可以说 "*Fortunately*, he had *evidently* had his own opinion of the matter."，但不可以说 "*Evidently, he had *fortunately* had his own opinion of the matter."。此外，Cinque（1999）还认为，认识类副词（epistemic adverbs）的位置高于时制副词（Tense adverbs）等。

2. 低位副词

除个别因移位等原因造成的差异，英语的低位副词空间内部秩序也与罗曼语相同，比如惯常性副词（habitual adverbs）的位置高于already，already高于no longer/any longer，而no longer/any longer则高于always，等等。将高位副词与低位副词排列在一起，得到如下层级：

（23）frankly > fortunately > allegedly > probably > once/then > perhaps > wisely > usually > already > no longer > always > completely > well

（Cinque 1999：34）

再来看挪威语等多个语言中的副词层级。

Cinque（1999）还考察了挪威语、波斯尼亚语/塞尔沃—克罗迪亚语、希伯来语、阿尔巴尼亚语和马达加斯加语，认为这些语言与罗曼语和英语相似，相应的副词在相对层级上也表现出了高度的一致性，其层级排序为：

（24）挪威语：*cerlig talt* 'honestly' > *heldigvis* 'fortunately' > *tydeligvis* 'evidently' > *sannsynligvis* 'probably' > *na* 'now' > *kanskje* 'perhaps' > *klokelig* 'wisely' > *vanligvis* 'usually' > *allerede* 'already' > *ikke lenger* 'no longer' > *alltid* 'always' > *helt* 'completely' > *godt* 'well'

（Cinque 1999：36）

（25）波斯尼亚语/塞尔沃—克罗迪亚语：*iskreno* 'frankly' > *nazalost* 'unfortunately' > *ocigledno* 'evidently' > *mozda* 'perhaps' > *neizostavno* 'necessarily' > *inteligentno* 'intelligently' > *obicno* 'usually' > *cesto* 'often' > *vec* 'already' > *vise* 'no longer' > *uvijek* 'always' > upravo 'just' > *gotovo* 'almost'

（Cinque 1999：37）

（26）希伯来语：*be'emet* 'truly' > *le-mazal-o ha-ra* 'unluckily' > *kanir'e* 'probably' > *'ulay* 'perhaps' > *be-xoxma* 'intelligently' > *be-derex klal* 'usually' > *kvar* 'already' / *kvar lo* 'no longer' > *tamid* 'always' > *bidiuk* 'just' / *kim'at* 'almost' > *legamrey* 'completely' > *heitev* 'well'

（Cinque 1999：39）

（27）阿尔巴尼亚语: *sinqerisht* 'sincerely' > *mjerisht* 'unfortunately' > *tani* 'now' > *ndoshta* 'perhaps' > *zakonisht* 'usually' > *as* 'not yet' / *ende* 'still' > *gjithnje* 'always' > *teresisht* 'completely' > *mire* 'well'

（Cinque 1999: 42）

值得注意的是，如果仅从表面的语序来看，不同语言相对应的副词类别之间有时会有比较大的差别。以马达加斯加语与英语的副词层级为例，试比较：

（28）a. speech act > generally > already > no longer > always >

   1   2   3   5   6

   completely > well

   7   8

（英语的副词层级顺序）

 b. matetika > efa > mbola > V(O) > tsara > tanteraka > foana >

  （generally already still well completely always anymore

   2 3 4 8 7   6   5

  intsony > ve

  speech act)

  1

（马达加斯加语的副词层级顺序）

（Cinque 1999: 43）

表面看来，马达加斯加语与英语、罗曼语之间在副词的层级排序上是不同的。但仔细观察不难发现，这种差异又有明显的规律。比如，言语行为类副词在英语、罗曼语中处于相应排序的最左端，而在马达加斯加语中则在最右端。如前所述，生成语法的大量研究已经表明，某些语言中处于最左端的成分与另外一些语言中处于最右端的成分从高低层级来看其实相当，只不过呈一种镜像分布状态而已。这也是有的语言中的左缘结构成分在另外一些语言中会处在相对应的"右缘结构"区域的缘故。此外，句子骨架上的功能成分层级的镜像分布常常以动词为分水岭。仍以上面马达加斯加语和英语的对照为例，如果以马达加斯加语的V(O)为界观察二者的差异，规律就一目了然，那就是V(O)之前的副词语序在两种语言中一致，而V(O)之后的副词语序则呈现镜像分布状态，用Cinque(1999)所标的数字观察就非常清楚：

（29）英语：5678

马达加斯加语：8765

由于马达加斯加语是一种VOS语言，因此这种语言以V(O)为界将副词分隔两端，动词前的部分正向排序，动词后的副词反向排序，这清楚地证明了将副词出现的位置区分为高位和低位两个空间的合理性，从而很好地支持了副词功能层级分裂的假说。

最后看汉语中的副词层级。

Cinque(1999)关于跨语言普遍性的副词层级举例中还提到了汉语的副词层级，其他学者关于汉语副词层级的研究在本书后面的章节中还会有所涉及，这里只简单引述Cinque(1999：41)的观察结论[1]，如下：

（30）老实说 laoshi-shuo 'honestly' > 不幸 buxing 'unfortunately' > 显然 xianran 'evidently' > 现在 xianzai 'now' / 也许 yexu 'perhaps' > 明智地 mingzhide 'wisely' > 一般 yiban 'usually' > 常常 changchang 'often' > 已经 yijing 'already' > 不再 bu-zai 'no longer' > 总是 zongshi 'always' > 一直 yizhi

---

1 这里的中文翻译系本书作者提供。

'continuously' / 刚刚 ganggang 'just' > 完全 wanquan 'completely' > 好 hao 'well'

对应的功能层级则为：

（31）言语行为（speech act）> 一般地（generally）> 已经（already）> 不再（no longer）> 通常（always）> 完全（completely）> 好（well）

关于多重状语的层级和排序，语言类型学研究中多有涉及，现代汉语语法研究中也有少量值得参考的研究文献。但从语言普遍性的角度来看，特别是从功能中心语的句法制图角度对汉语不同类型的副词进行排序的研究方面，Cinque（1999）具有极大的创新意义，对汉语副词的后续研究启发良多。

第三，功能中心语的层级序列。

在运用跨语言的事实证据验证了高位副词和低位副词及它们各自内部的层级之后，Cinque（1999）又从另外一条线索考察跨语言的事实，目的是对句子的功能中心语层级进行排序。这次的考察独立于副词进行，关注的对象主要有黏着性词缀、屈折性词缀和助动词之间的排序，同时也考察了功能性小品助词（particles）之间的排序，以及当这些要素中的多个要素同时出现时的综合性排序。通过对不同语言中词缀等形式的功能成分的考察，Cinque（1999）得出结论认为，存在一个具有跨语言普遍性的功能结构层级。他用来论证这一假说的语言材料分别来自韩语，土耳其语，新几内亚的吴那语（Una）、陶亚语（Tauya），汉语等，在对这些语言的语料进行对比分析的基础上，得出了如下所示的关于句子层面功能中心语的普遍层级：

（32）$Mood_{speech\ act}$ > $Mood_{evaluative}$ > $Mood_{evidential}$ > $Mod_{epistemic}$ > $T(Past)$ > $T(Future)$ > $Mood_{irrealis}$ > $Asp_{habitual}$ / $T(Anterior)$ > $Asp_{perfect}$ > $Asp_{retrospective}$ >

169

$$Asp_{durative} > Asp_{progressive} > Asp_{prospective} / Mod_{root} > VoiceAsp_{celerative} > Asp_{completive} >$$

$$Asp_{(semel)repetitive} > Asp_{iterative}$$

（Cinque 1999: 76）

对于这一序列，Cinque（1999）认为有两种可能的解释：一种可能性是这一序列是由普遍语法所决定的一个库存清单，它适用于所有语言，只不过这些功能中心语并不一定同时出现在所有语言里，不同的语言会从这个普遍语法的库存清单中选取自己需要的中心语，但它们选定的中心语须遵守上面这一序列给定的相对顺序和层级；另外一种可能性则是这些功能中心语在所有语言中都有自己的位置，只不过有的显性实现，有的隐性实现，但即使是隐性实现的那些功能中心语，也可以通过其他一些途径得到验证，比如考察与之匹配的副词的层级。如前所述，前一种观点被称作是弱式制图观，后一种观点则是一种强式制图观。关于这两种解释思路的取舍问题，在本书关于句法制图研究的方法论部分已经有过评述，主要观点是，作为一种研究策略，在研究初期采用强式制图观有利于发现更多的未知可能性，而对于事实真相究竟更偏向于强式还是弱式观点，则应该由事实来说话。具体可看本书第三章的讨论。

第四，副词层级与功能中心语之间的匹配。

Cinque（1999）为功能中心语分裂提供的第三个程序是将上面提到的关于副词的层级序列与关于功能中心语的层级序列进行匹配，进而通过观察它们之间的对应关系来对相关假设进行印证。比如他将表达言语行为的副词（如frankly、honestly、sincerely等）与言语行为语气（speech act mood）[这里的mood与Rizzi（1997）系统中的force相当]功能中心语对照，将表达评价义的副词与评价义语气功能中心语对照；将表达传信义的副词（evidential adverbs）与传信语气（evidential mood）功能中心语对照；将认识义副词（epistemic adverbs）与认识义情态功能中心语对照；将时间副词与表达时制的功能中心语进行对照；将非现实义的副词

（如 perhaps 等）与表非现实义语气（irrealis mood）功能中心语进行对照；将语义指向主语的副词与根句情态（root modals）功能中心语对照；将表惯常义的副词（habitual adverbs）与惯常体功能中心语对照；将表重复/反复义的副词（repetitive/frequentative adverbs）与重复体/反复体功能中心语相对照；将像 quickly/rapidly 这样的表达加速度义的副词与加速体（celebrative aspect）功能中心语相对照等。尽管在具体事实验证中还存在各种复杂性，比如有的功能中心语可能找不到合适的副词对应，而有的副词对应的功能中心语找不到相应的形态证据等，但总体的层级规律还是清晰可见的。Cinque（1999）根据上述两两对照的分析结果得出了句子功能投射的跨语言普遍性层级，如下：

（33）$[frankly$ $\text{Mood}_{\text{speech act}}$ $[fortunately$ $\text{Mood}_{\text{evaluative}}$ $[allegedly$ $\text{Mood}_{\text{evidential}}$ $[probably$ $\text{Mod}_{\text{epistemic}}$ $[once$ T(Past) $[then$ T(Future) $[perhaps$ $\text{Mood}_{\text{irrealis}}$ $[necessarily$ $\text{Mod}_{\text{necessity}}$ $[possibly$ $\text{Mod}_{\text{possibility}}$ $[usually$ $\text{Asp}_{\text{habitual}}$ $[again$ $\text{Asp}_{\text{repetitive(I)}}$ $[often$ $\text{Asp}_{\text{frequentative(I)}}$ $[intentionally$ $\text{Mod}_{\text{volitional}}$ $[quickly$ $\text{Asp}_{\text{celerative(I)}}$ $[already$ T(Anterior) $[no\ longer$ $\text{Asp}_{\text{terminative}}$ $[still$ $\text{Asp}_{\text{continuative}}$ $[always$ $\text{AsP}_{\text{perfect(?)}}$ $[just$ $\text{Asp}_{\text{retrospective}}$ $[soon$ $\text{Asp}_{\text{proximative}}$ $[briefly$ $\text{Asp}_{\text{durative}}$ $[characteristically(?)$ $\text{Asp}_{\text{generic/progressive}}$ $[almost$ $\text{Asp}_{\text{prospective}}$ $[completely$ $\text{Asp}_{\text{SgCompletive(I)}}$ $[tutto$ $\text{Asp}_{\text{P 1 Completive}}$ $[well$ Voice $[fast/early$ $\text{Asp}_{\text{celerative(II)}}$ $[again$ $\text{Asp}_{\text{repetitive(II)}}$ $[often$ $\text{Asp}_{\text{frequentative(II)}}$ $[completely$ $\text{Asp}_{\text{SgCompletive(II)}}$ ...

（Cinque 1999：106）

除了为副词及相关功能中心语排序，Cinque（1999）还讨论了一些其他的相关话题，比如句子结构和 DP 之间的平行性问题，并且认为就像在 DP 结构中存在修饰性（attributive）形容词成分和谓语性质的形容性成分[1]

---

1 这一区分与吕叔湘、饶长溶（1981）等在汉语语法研究中提出的非谓形容词和谓词性形容词的区分类似。

一样，在动词短语结构中也有修饰性状语成分和谓语性状语成分的分别；作为谓语性质的状语成分在低层结构里内嵌在VP深处。Cinque(1999)借鉴Nilsen(1997)关于句子与DP平行性的有关观点及Davidson(1967)对于表达环境义的状语成分的语义学解释，讨论了副词与表达环境信息的状语成分之间的区别，认为出现在补足语后的环境性状语成分实际上是VP的谓语。比如，在"John attended classes at the university every day."这个句子中，at the university是John attended classes的谓词性成分，而every day则是更高一级的VP成分John attended classes at the university的谓词性成分。

总体来说，Cinque(1999)最具影响力的贡献是对不同类型的副词及相应的功能中心语进行了系统而细致的制图分析，这一研究为句子IP区域功能中心语层级的精细化描写提供了范例，是句法制图理论最重要的代表性文献之一。

4.2.3　IP低层区域的功能中心语

Belletti(2004b，2008，2009)等一系列文献的研究聚焦点在IP的低层区域，目的是为这个区域提供类似Rizzi(1997)所讨论的句子左缘结构那样的精细化描写。因为这个区域紧邻vP/VP区，所以Belletti(2004)称之为"句内边缘成分"(clause-internal periphery)，也可以把其看作是vP/VP的左缘成分。Belletti(2004)等认为vP/VP左缘与句子左缘有相似之处或平行之处，内部也有丰富的层级，并且同样存在与语篇信息相关的"话题"和"焦点"等功能成分。

以话题与焦点为例，可以这样理解vP左缘与IP左缘之间的关系：句子左缘结构中的话题和焦点可称作外部话题和焦点，或者高位话题和焦点；而句内vP边缘区域的话题和焦点则可称作内部话题和焦点，或者低位话题和焦点。作者认为高低两个区域(分别对应于CP和IP两个区域)的话题和焦点位置存在平行的特点，这些平行性和相似性可以从语音、语义、句法等多个侧面得到验证。这一研究的意义在于它揭示出了IP和vP之间的平行性（CP承担的是IP左缘结构的句法语义和语用功能，而IP内低位边缘功能区承担的则是vP的左缘结构的功能，因而二者层级不同，但功能有相似和平行之处）。

除了来自意大利语的事实支持外，最简方案关于语段的理论假设也可以为高位边缘成分与低位边缘成分之间的这一相似性提供支持。Chomsky（2001）等文献认为句子层面至少有两个部分可称为（强）语段（strong phase），这两个部分分别为CP层和v*P层，二者在句法和语义等方面具有诸多相似性，比如：1）它们都具有完整的论元结构；2）二者都可以与相应接口部门互动，将信息从句法传导到音系、语义等部门去，等等。

4.3 汉语 IP 内部结构的制图研究

句法制图关于功能结构层级精细化描写的追求以及以此带来的结构分裂效应在多个层面都有体现。以下选取几个广受关注的话题，并展示相应的汉语研究案例。

4.3.1 汉语的语序与副词层级

4.3.1.1 非生成视角下的语序与副词层级研究略说

国内语言学界关于语序，特别是副词语序及其层级的研究由来已久，不同历史时期都有与语序问题及句法结构层级相关的值得参考的重要文献，这些文献中既有重要的译介作品[如陆丙甫、陆致极（1984）对Greenberg（1963）《某些主要跟语序有关的语法普遍现象》（"Some universals of grammar with particular reference to the order of meaningful elements"）的翻译和引介]，更有从语言实际出发进行的探索性研究［如陆丙甫（1993）等在类型学视角下就语序问题展开的一系列研究；李亚非（2001，2007）等以生成语法为框架对句法操作与生成顺序所做的研究等］。而在这类探索性研究文献中，有的只是单纯对汉语普通话和汉语方言中的语序问题进行研究，如李英哲、陆俭明（1983）关于汉语语义单位的排列次序的研究；陆俭明（1985）对由指人的名词自相组合而成的偏正结构的研究；胡裕树、陆丙甫（1988）对制约汉语语序因素的探讨；陆丙甫（2005）从可别度（有定性、指称性）角度对指人名词组合时呈现的语序特点提供的功能解释；李欣芳（2011）关于粤方言比较句的语序类型特点的研究；陆丙甫等（2012）对现代汉语语序的类型学研究；金立鑫（2019a，2019b）从广义语法形态理论的解释力出发，对普通话语序类型与论元配置类型进行的描写与解释。有的理论探讨虽然也是以汉语为例，但研究目标是面向理论建构的，如陆丙甫（2004，2005）对"距离—标记对应律"以及可别度角度对语序的普遍影响的研究；陆丙甫、罗彬彬（2018）对形态与语序关系的探讨；陆丙甫、应学凤（2019）从人类信息能力限度对语言结构的基本制约的探讨；陆丙甫、陈平（2020）从距离象似性角度对句法结构基本性质提出的研究假设等。还有的学者从汉藏语系或中国境内民族语言的角度进行普通语言学视角下的研究，如刘丹青（2002）关于汉藏语言的语序类型学研究等；戴庆厦（2002）和戴庆厦、傅爱兰（2002）关于藏缅语的形修名语序的研究；杨永龙（2015）关于青海民和甘沟话的语序类型的研究；张秋文（2016）关于侗台语差比句的语序类型的研究；柳俊、金立鑫（2020）关于中国境内名词短语的地理类型和区域类型格局的研究等。

在这些关于语序的经典文献中，特别值得一提的是吴为章（1995）。该文认为语序既是语言研究中的普遍现象，也是一个重要课题。吴为章（1995：429）区分了广义语序和狭义语序，认为狭义语序一般指"语素、词的排列次序"；而广义语序则指"各个层面、各种长度的语言单位和成分的排列次序"，"如语素序、词序、词组序、句子序、句群序"等，还包括"成分序",如构词成分(词干、词缀)序、句子成分(主语、谓语)序、句法成分(述语、宾语、补语、中心语、状语、定语)序、分句序、句群序等。这一思路与句法制图理论用"缩放镜思维"观察句法结构成分所要考察的对象范围相似,考察的范围也有相近之处(比如不只关注到词一级的单位,还关注到词缀等成分及其语序等)。

在副词研究方面,代表性研究如陆丙甫(1993)在"核心推导语法"系统内所提出的"轨层说"对于多个副词性成分语序的一系列解读;张谊生(1996,2000a,2000b,2014)等关于现代汉语副词的性质、范围、分类、演化机制等的一系列研究;杨德峰(1999,2005,2006a,2006b)对汉语副词的系列研究;毛帅梅(2012)关于副词功能层级的研究;徐以中、杨亦鸣(2014)从实验语言学角度对不同语言中的语料进行分析,从而对副词修饰副词现象在句法结构、语义辖域、语用制约等方面的制约条件和存在理据进行的实验等。值得注意的研究还有尹洪波(2013)和杨德峰(2016)等对饰句副词和饰谓副词进行的比较研究;吴春相、曹春静(2018)对"副词+语气词"结构的讨论;方梅(2022)从副词独用角度对副词句法位置相关问题进行的研究等。这些研究关注句法与语篇、句内谓语域和句子域等不同区域之间的互动关系,对于句法制图层级的系统研究都具有参考价值。

还有一些从类型学、方言研究和跨语言比较的角度对副词层级进行的研究也有重要参考意义。例如毛帅梅(2012)从语言类型学角度对汉语副词的功能层级进行的研究涉及语素层副词、词层副词、短语层副词、小句层副词、句子层副词、语篇层副词以及跨层副词的问题,在研究视角方面与吴为章(1995)关于广义语序的解读有暗合之处。以外,从语言类型学角度对副词进行汉外对比研究的还有:贾娟(2019)在语言类型学视角下对英汉两种语言中副词等级差异的对比研究;潘杰、原苏荣(2019)同样采用类型学视角对英、汉、日、韩语言中副词语序的研究;吴玉全(2022)关于类型学视角下吉尔吉斯语语序的研究等。这些都是国内关于副词研究值得注意的新近文献。

此外还有文献(包括一些学位论文)从第二语言习得角度出发，对留学生学习汉语副词时在语序方面表现出的偏误进行专门的研究，这方面有曹成龙(2007)和赵霞(2009)关于汉语语序与汉语教学的概括讨论可以参考。陈扬(2016)关于母语为印尼语的汉语学习者学习副词作状语时语序偏误的分析，吴加培(2018)关于秘鲁的汉语学习者在汉语状语语序习得方面的偏误分析，黄丽婷(2017)关于日本留学生习得副词作状语时出现的语序偏误的研究等，都是新近出现的有关这方面论题的学位论文。其中，陈扬(2016)以语料库和调查问卷结合的手段，参考张谊生(2000 c, 2010)有关副词研究的观点，对语料库中高频偏误的副词进行了研究，特别是其中对于副词连用时出现的偏误的分析对于副词的制图研究具有参考意义。其中涉及的副词类型有：评注性副词、范围副词、程度副词、时间副词、重复副词、频率副词、否定副词等。该研究对影响副词习得的母语迁移因素、目的语知识过度泛化问题等进行了分析。黄丽婷(2017)参考李泉(2002)对副词的分类研究，以HSK考试写作部分出现的758条副词偏误用例为数据来源，从程度、语气、时间、方式、范围、否定等六个维度对日本留学生习得汉语副词时在语序方面出现的偏误进行分析，对母语负迁移、汉语副词语法现象的难易度以及其他相关偏误成因作了较全面的分析。此外，关注第二语言习得及双语教学中副词等状语成分语序相关问题的还有牙曼莎(2019)、赵民威(2019)等。

国内还有一些从事少数民族语言和外国语教学与研究的人员，主要专注于所教授和研究的语言中的副词语序的研究，对汉语的语序研究有具体参考意义，如林青(2008)关于汉维语语序的对比研究；曹凯(2011)关于普底亿佬语绝对程度副词的语序的研究；陈娥(2015)对布依语中副词语序的研究；李波(2011，2018)关于汉日语中语序的对比研究；孙佳音(2019)对于日语时间副词共现语序问题的研究等。

孙佳音(2019)在梳理日语副词语序研究成果的基础上，指出表示说话人主观态度的一类副词(语气副词)位于句首或最远离谓语的位置，但因其是针对整个句子或命题的，所以与修饰谓语的副词不处于同一个层级，在讨论语序问题时，应将二者分开考虑。若干个副词同时修饰谓语时，其语序为：时副词—体副词—方式副词(—谓语)。其中，时副词(temporal adverbs)表示"时意义"(过去、现在、将来等)，体副词(aspectual adverbs)表示"体意义"(持续、存续、反复等)。时副词各次类之间的语序为：表示时间轴上"大范围"的词在前，"小范围"的词在后。体副词各次类之间的语序为：表示"反复"或"频率"的词在最前(最远离谓语)，表示"渐变"或"持续"的词在最后(最靠近谓语)，与"发生"相关的类别(如突发、偶发、发生顺序等)和表示"结果"的词居中。该文进而以类型学中的语义靠近原则、可别度领先原则、镜像对称(轨层结构)原则解释和论证了该语序形成的动因。

以上这些研究中的现象观察和理论假设都对句法制图下副词的跨语言比较研究具有启发意义，关于语序和句法层级的某些结论对句法制图关于副词的研究也有相互印证的作用。

4.3.1.2 生成语法句法制图理论框架下的副词层级研究

如本章第二节所述，以Cinque(1999)为发轫，副词及相应功能中心语的句法层级成为句法制图的代表性研究论题。在此框架下，近年来也出现了一些关于汉语副词的句法制图研究成果，如孙阳雨(Sun 2018)、王雨晴(2019)、李富强(2020a)、刘星宇(2022)分别从与"把""就""很""可"相关的句式出发，对有关副词的句法层级进行了制图分析，吴菡(2016)则依照Cinque(1999)的思路对汉语中副词的层级进行了排序。这些研究都为汉语副词的研究提供了新的思考。其中王雨晴(2019)、李富强(2020a)和刘星宇(2022)都应用了功能中心语分裂的有关理念观察汉语中的副词，得出了值得关注的研究结论。如王雨晴(2019)区分了强调型"就"、时体型"就"、聚焦型"就"及参数型"就"

几种不同的类型，并且认为强调型"就"附加在能愿模态短语或T(past)P之上，时体型"就"附加在T(future)P之上，聚焦型"就"附加在拓展谓词投射上，参数型"就"附加在时制短语之上，且必须有关联对象在左缘充当对比话题。李富强（2020）则分析了两个不同的"很"：作为程度短语Deg(ree)P指示语的"很₁"和作为表述短语E(xpressive)P中心语的"很₂"。文章还重点讨论了"XP得很"中XP的生成机制和移位动因。刘星宇（2022）则将"可"分为"可₁""可₂""可₃"三种不同类型，并且认为这三个"可"分别对应于"可P"分裂后的三个不同结构层的指示语位置："可₁"表示反诘语气，处在CP层认知模态的指示语位置；"可₂"表达委婉询问语气，位于"ForceInt在IP层的标准位置"（刘星宇 2022：131），而"可₃"则用于表评价，结构上位于CP层高位态度短语的指示语位置。文章还从局域性原则出发，为"可+VP"提供了制图视角下的分析解释。

孙阳雨（Sun 2018）关于"把"及相关副词的研究较为系统，以下将作较为详细的评述。受Cinque（1999）的启发和影响，孙阳雨（Sun 2018）认为特定副词短语是在相应的特定功能中心语的指示语位置基础生成。这些副词短语出现在不同的功能投射中，并且与一定的功能中心语形成对应关系，以严格的顺序陈列，它们与对应的功能中心语一道组成了一种功能的层级。基于这一研究假设，Sun（2018）对意大利语和汉语进行了比较研究，将基于意大利语等提出的功能等级与汉语的实际情况结合起来对应分析，得出的结论如下：

表 4.2　孙阳雨（Sun 2018：142-143）关于意大利语和汉语功能等级的对照表

	功能投射	指示语 （意大利语/英语）	指示语 （汉语）	中心语 （意大利语/英语）	中心语 （汉语）
1	Mood speech act	*frankly*	老实说		
2	Mood evaluative	*fortunately*	幸运（地）		
3	Mood evidential	*allegedly*	显然		

（待续）

（续表）

	功能投射	指示语 （意大利语/英语）	指示语 （汉语）	中心语 （意大利语/英语）	中心语 （汉语）
4	Mood epistemic	*probably*	估计	*should*	应该
5	T(PAST)	*once*	曾经		
6	T(FUTURE)	*then*	那时		
7	Mood irrealis	*perhaps*	也许		
8	Mod necessity	*necessarily*	必然		*需要*
9	Mod possibility	*possibly*	可能		*可以*
10	Asp habitual	*usually*	通常	*solere* 'ues'	习惯
11	Asp delayed (for "finally")	*finally*		*finire* 'finish'	
12	Asp predispositional			*tendere* 'tend'	倾向？
13	Asp repetitive (I)	*again*	又	*tonare* 'go/come back'	*反复？*
14	Asp frequentative (I)	*often*	经常		
15	Mod volitional	*intentionally*	故意	*volere* 'want'	愿意
16	Asp celerative (I)	*quickly*	赶快		
17	T(ANTERIOR)	*already*	已经		
18	Asp terminative	*no longer*	不再？	*smettere* 'stop'	停止
19	Asp continuative	*still*	仍然	*continuare* 'continue'	继续
20	Asp perfect	*sempre* 'always'?	总是？		
21	Asp retrospective	*just*	刚刚		
22	Asp proximative	*soon*	即将		
23	Asp durative	*briefly*	短暂（地）		
24	Asp generic/progressive	*typically*	一向	*stare* 'be'	在
25	Asp prospective	*soon*	马上	*stare per* 'be going to'	要
26	Asp inceptive			*cominciare* 'start'	开始

（待续）

（续表）

功能投射	指示语 （意大利语/英语）	指示语 （汉语）	中心语 （意大利语/英语）	中心语 （汉语）
27	Mod obligation	*obligatorily*	强制（地）	*dovere* 'must'	不得不
28	Mod ability	*clumsily*		*potere* 'be able to'	能（够）
29	Asp frustrative/ success	*successfully*	成功（地）	*riuscire* 'manage'	成功
30	Mod permission			*potere* 'can'	可以
31	Asp conative			*provare* 'try'	尝试
32	Asp SgCompletive (I)	*completely*	完全	*finire* 'finish'	
33	Asp PlCompletive	*tutto* 'all'	都？		
34	Voice	*well*	好好		
35	Asp celerative (II)	*fast/early*	早		
36	Asp inceptive (II)			*iniziare* 'begin'	
37	Asp completive (II)	*completely*	完全		
38	Asp repetitive (II)	*again*	又	*tornare* 'go/come back'	反复？
39	Asp frequentative (II)	*often*	经常		

在此基础上，孙阳雨（Sun 2018）区分了无标记的基础生成语序（即符合功能结构层级的自然等级顺序）与派生而来的语序，对汉语"把"字句中"把"的位置呈现出来的规律进行了探讨，对相应的合语法/不合语法的现象进行了解释，将副词相对应的功能层级与"把"字呈现的合法性/不合法性的分布规律表示如下：

（34）$\text{Mod}_{\text{epstemic}} > \text{Mod}_{\text{possibility}} > \text{Asp}_{\text{repetitive(I)}} > \text{Mod}_{\text{volitional}} > \text{T(ANTERIOR)} > \text{Asp}_{\text{retrospective}} > \text{Asp}_{\text{prospective}} > \text{Asp}_{\text{frustrative/success}} > \text{Mod}_{\text{permission}} >$

$$*BA > Asp_{conative} > ?BA > Voice(Spec.) > BA > Asp_{completive(II)} > Asp_{repetitive\ (II)}$$

（Sun 2018：145）

这一研究将副词与功能中心语的层级对应关系同对汉语"把"字句的可接受性或合语法性问题的探讨结合在一起，对"把"字句的研究和汉语副词相关语序的研究都具有启发意义。

4.3.2　汉语成句问题的制图解读

4.3.2.1　汉语成句问题的非生成语法研究说略

"成句"（王艾录 1990）也称"完句"（贺阳 1994；胡明扬、劲松 1989）或"结句"（朱庆祥 2017），其对立统一面是"非完句效应"（incompleteness effects）（陆志军、温宾利 2018），以下对这类问题的研究统一称作"成句问题研究"。成句问题也是汉语句法研究受到持久关注的话题之一，关于汉语成名问题的更多研究可参见贺阳（1994），胡建华、石定栩（2005），黄南松（1995），侯学超（1987），竟成（1996），孔令达（1994），李富强（2020b），李泉（2006），李雪峰（2019），龙果夫（1958），陆俭明（1982），吕叔湘（1942/2002），吕文华（1983），沈家煊（1995），史有为（1997），邢福义（1995），金廷恩（1999）等。

从更广义的角度来思考，所谓"成句"本质上还是合语法性和可接受性的问题。因此，成句这一术语虽然是汉语里的热门术语，但它所指称的对象并不为汉语独有。只不过，决定一个句子"成与否"或"完与否"的成分从形态角度看因语言而异。比如，汉语是一种高度缺乏屈折形态的语言，许多在形态丰富的语言里通过屈折形态来表达的信息在汉语里则通过其他类型的功能性成分（如虚词"着""了""过"等）来完成。

与"成句"相关的句法观察点有很多，例如体标记词和句末语气词问题（如王艾录 2007；王珏、黄梦迪 2020；章婧 2007）、时间概念表达问题（如段雅丽 2016；罗耀华 2007；罗耀华、齐春红 2007；伍孟昭 2017）、名词谓语结构(如许立群 2015)、量级问题(如邓川林 2015)、话题自足问题(如尚英等 2014)、能愿词使用问题(如李伟伟 2014),以及其他类型的各种句式的成句问题,如独词句(如李雪峰 2019;陆俭明 1982)、"使"字句(如郭姝慧 2004)、"把"字句(如罗冉 2010;张谊生 1997)等,这些问题在汉语里已经有非常多的研究。

在这些林林总总的理论框架各异的成句研究文献中,有不少都关注到了一个重要的事实,即"虚词不仅是重要的成句因素,而且也可以是重要的句子成分"(王艾录 1990: 82)。这一观察与生成语法将功能性成分作为句法研究的中心语的看法精神一致。不过,具体到哪些属于句法中心语等问题,以往研究还有值得推进之处。例如,"骈对""问答"等这样一些语用相关的要素到底属于句法"内部因素"还是"外部因素","语用信息句法化"和句法一音系接口视角下的研究得出的结论可能会截然不同。不过,这些不同视角下的研究文献在所关注的语法现象以及将功能成分作为句法结构的重要组成部分的认识方面则存在一致的地方。

4.3.2.2 生成语法句法制图视角下的成句问题研究

近年来,开始有学者利用句法制图的理论与方法对成句问题进行思考,如陆志军、温宾利(2018),李富强(2020b)等。

4.3.2.2.1 陆志军、温宾利(2018):关于非完整体句式的制图分析

陆志军、温宾利(2018)认为以往汉语语法研究对完整体句子的成句问题作了较为全面的研究,对这些句子中影响非完句效应消解的因素也作了充分讨论,但对于汉语非完整体句子中的非完句效应则关注得还不够。因此陆志军、温宾利(2018)采用句法制图理论框架对非完整体句子中非完句效应的句法表现、消解机制及深层的时间锚定法则(temporality-anchoring generalization)进行了探讨,认为非完整体句式中的进行体标记"在"与普通非完整体标记"着"在非完句效应方面表现出截然相反的

句法特点: 1) 进行体标记 "在" 与活动动词、瞬间动词、完结动词等动态动词搭配时句式完整合法, 不产生任何非完句效应。2) 进行体标记 "在" 与动态持续体标记 "着" 以及静态持续体标记 "着" 在否定形式方面也有着截然不同的句法表现。

陆志军、温宾利 (2018) 对现有研究中存在的不足进行了批判性讨论, 认为它们虽然证实了汉语非完句没有提供充足的时间信息而无法独自成句, 但难以说明这种时间指称非自足性的根本原因所在, 而且操作机制也有欠精细完善之处。句法制图理论则可以为解决这些现有研究中存在的问题提供理论武器和方法。基于此, 两位作者认为英汉语非完整体中非完句效应的消解机制迥异, 英语往往只需要 T 的默认定位, 而汉语则因缺乏时态特征而难以体现时态锚定功能; 汉语中虽然存在 TP 投射, 但需要一系列其他的句法形式来消解其特有的非完句效应。沿用 Lin (2006) 关于时间解释方面的方法手段和 Tsai (2008) 关于事件论元拼读方式的有关观点, 陆志军、温宾利 (2018) 对从 VP 到 CP 的各个句法区域非完整句式的非完句效应的消解问题进行了分析, 对时间锚定法则作了探讨, 认为非完整句式的时间锚定就是依据断言时间 AST-T 对事件时间 EV-T 作出评价。陆志军、温宾利 (2018) 还借助最简方案语段理论的有关概念, 认为进行体标记 "在" 作为语段中心语, 本身能够自我实现完句功能, 而普通完整体标记 "着" 作为非语段中心语, 需要借用不同句法域中的完句成分来消解非完句效应, 并把非完句效应归因于语义的时间锚定法则。

4.3.2.2.2 李富强 (2020b): 关于汉语成句问题的思考

在句法制图研究方面, 关于汉语成句问题的另外一个新近之作是李富强 (2020b), 该文首先回顾了汉语成句研究的经典文献和典型论题, 而后引入句法制图的理论方法, 对 "成句的句法起始位置" 进行探讨。文章归纳了影响成句的主要功能性范畴, 并将它们与句法制图中相应的层级对应, 涉及的范畴和层级分别有: AspP、NegP、TP、ModP、ForceP 等。

文章特别参考上文所提到的Sun（2018）对汉语、意大利语和英语副词的比较研究，特别是借助Cinque（1999）的理论框架，对FP_{Adverb}和PP可能对应的句法位置和层级也作了思考，从而为"成句起始位置"问题的讨论奠定了理论基础。文章对28类副词是否可以作为成句成分进行观察，用"-"表示非成句成分，"+"表示副词性成句成分，以由小到大的序号对应由高到低的句法位置的呈现方法，总结出了汉语中从言者副词、评价副词、证据副词、知识副词等到义务副词、能力副词、沮丧/成功副词、语态副词、速度副词、完全副词、重复副词、频率副词等的一个较为完整序列的副词性成分的句法分布表，如表4.3所示。

表4.3　李富强（2020b：29）关于汉语副词性成分与成句关系的分析图表

序号	副词类型	成句成分	序号	副词类型	成句成分
1	言者副词	-	15	回顾副词	+
2	评价副词	-	16	临近副词	+
3	证据副词	-	17	持续副词	-
4	知识副词	+	18	类指副词 / 进行体副词	+
5	过去副词	+	19	预期副词	+
6	未来副词	-	20	起始副词	+
7	非现实副词	-	21	义务副词	+
8	必要副词	+/-	22	能力副词	+
9	可能副词	+	23	沮丧 / 成功副词	-
10	习惯副词	+	24	语态副词	+
11	意志副词	+	25	速度副词	-
12	已然副词	-	26	完全副词	+
13	终止副词	-	27	重复副词	-
14	继续副词	+	28	频率副词	+

在此分布序列规律的基础上，李富强（2020b）得出结论认为，汉语

中成句成分起始于IP之内的副词性功能投射，特别是起始于表示频率的副词短语投射。这一研究视角富有新意，是对汉语副词研究和成句研究的新探索。

4.3.3　分裂 proto-BEHAVE 假说

"IP分裂假说"启发下的汉语研究案例还可以以关于"是"和"有"的制图研究为例。司富珍（2005）关于"是"的同音删略及Si（2021b）关于BEHAVE分裂假说的讨论等关注的主要是与此相关的论题。在对于同音删略现象的考察过程中，我们发现，汉语中的"是"和"有"都可以出现在两个不同的句法层级，一种是出现在IP层级、作为助动词的"是"和"有"，另一种是出现在VP层级、作为实动词的"是"和"有"。作为助动词的"是"其否定形式是"不是"，而作为助动词的"有"其否定形式是"没有"。同样地，英语的be和have也可以出现在不同的句法层次。IP层的be和have与VP层的be和have有时还可以显性共现（如："Something *is being* changed." 即其中的is和being分别居于不同层次的一例。有时会由于经济性原则的制约而发生同音删略。比如在汉语里，可以"张三是上海人，李四也是"为例（具体分析讨论可参见：司富珍 2005），虽然听起来只有一个"是"或"有"，但在其底层结构中则存在两个分别占据不同句法位置的"是"或"有"。

Si（2021b）则进一步表明，BE和HAVE（这两个大写的BE和HAVE用来指在人类语言中普遍存在的抽象"是"/be与"有"/have的对应体）背后还有更多重要的理论议题可以探讨。比如，在许多语言里，BE和HAVE是相生相伴的语法现象，许多关于语法探讨的书和网站都将BE和HAVE联系在一起来讨论，而一般的外语学习者也会将二者联系在一起进行提问或思考。在语言习得的研究中，也有学者（如Theakston *et al.* 2005）发现BE和HAVE是在儿童语言习得中独有的两个可以省略且能被准确辨识的助动词（省略其他助动词常常会导致表意不清楚的现象）：习得者可以通过实动词所表现出的进行体标记来辨别省略掉的BE助动词，通过实动词的完成体情况辨识到省略掉的HAVE助动词。

Si(2021b)还表明，BE和HAVE在不同的语言中有交错的对应关系：A语言中的BE在B语言中对应的实现体是HAVE；或者反过来，A语言中的HAVE在B语言中对应的实现体可能是BE。例如英语句子"I *am* hungry."中的BE(am)在德语中对应的是HAVE(即haben：HAVE在德语中的实现体)："Ich *habe* Hunger."。理论上讲，BE和HAVE在两种不同的语言里可能的对应情况如表4.4所示。

表4.4 Si（2021b）关于BE与HAVE在不同语言里实现体的对照表

A 语言	B 语言
HAVE	HAVE
BE	BE
HAVE	BE
BE	HAVE

有时候，在同一种语言中，BE和HAVE也许可以相互替换。例如在汉语中表达领有关系时，有时二者至少在表面上看起来可以互换。

（35）a. 我们是一个儿子，一个女儿。

　　　b. 我们有一个儿子，一个女儿。

关于"是"和"有"在汉语里的复杂句法现象，黄正德(1988)为代表性研究，该研究尝试为"是"和"有"提供一种统一的研究方案，认为它们都有可以兼作不及物动词和及物动词使用的二重性特点(为形象起见，或许我们也可以把它叫作两面性)。"是"在表达相等关系等的句子里、"有"在表达领有关系的句子里都是二元的主动词；而"是"在分裂句中、"有"

在存现句和完成句中都是类似于助动词的一元谓词。这一结论与我们在关于"是"和"有"的同音删略讨论中得出的结论基本一致，即实际上存在出现在不同层级的(至少)两个BE和两个HAVE。

以上述研究为基础，Si(2021b)对表达等同、归类、特征或质料、存在、领有等的"是"与表达领有、存在、性质和数量、程度、时体范畴等的"有"进行了一系列句法语义的对比研究，同时将它们放在跨语言的背景下作比较分析。得出结论认为，从跨语言的角度看，存在一个抽象的proto-BEHAVE，当用句法制图的"思维缩放镜"拉近看时，BEHAVE发生分裂，即可以看到它在不同语言中的丰富变体。

跨语言比较的研究结果还表明，有的语言属于BE突显型语言(如俄语)，而另一些语言则属于HAVE突显型语言(如汉语)。

在BE突显型语言中，表达领有、存现、处所等关系时都倾向于使用BE而不是HAVE，下面是俄语中的例子：

（36）a. na stole   byla kniga

        on table.Loc was book.NOM.FEM

        'There was a book on the table.'

    b. kniga   byla na stole

        book.NOM.FEM was on table.Loc

        'The book was on the table.'

    c. u menja   byla sestra

        at 1SG.GEN was sister.NOM

        'I had a sister.'

（Freeze 1992: 553-554）

而在HAVE突显型语言中，相应的表达领有、存现、处所等关系时则常常倾向于使用HAVE，(37)至(39)是大家熟悉的汉语例子。

（37）有一本书在桌子上。

（38）水有多深？

（39）我有一个妹妹。

我们的这一研究假设还可以得到手势语等其他语言系统的证据支持。根据Deuchar（1984）的研究，英国手语（British Sign Language，简称BSL）表达存在和领有关系都使用HAVE，而不是像自然英语一样用（there）BE表达存现。

在以上观察的基础上，Si（2021b）提出了"分裂proto-BEHAVE假说"：

a. 当"缩小"（ZOOM-OUT）时，存在一个原型的proto-BEHAVE，它可以看作是所有语言BE和HAVE的并集；

b. 当"放大"（ZOOM-IN）时，看到的是BEHAVE的分裂：BE或HAVE在不同语言中交错复杂的句法表现都是分裂后的BEHAVE的具体实现体；

c. 进一步采用"放大"（ZOOM-IN）的策略细致考察，还可以观察到BE和HAVE的进一步分裂：BE进一步分裂为BE1，BE2，……，HAVE则进一步分裂为HAVE1，HAVE2，……

以上这些IP域内功能中心语研究的案例再次表明，句法制图提供的精细化描写方法及强式制图策略，可以帮助研究者发现更多的语言普遍性以及这些普遍性与差异性表象之间的关系。

第五章 名词性短语的结构层级

5.1 概述

生成语法关于名词短语内部结构的经典研究可以回溯到Lees（1960）和Chomsky（1970）关于派生式名物化结构的不同观点。Lees（1960）是尝试运用乔姆斯基转换生成语法理论讨论名物化问题的早期成果之一，意在证明形式化理论在研究具体语言现象时的强大解释力。在介绍了转换生成语法的核心理念后，该研究列举了49种不同类型的名词性复合结构，并为它们提供了转换描写的程序。其核心观点是，所有的名词性结构都是由核心句（kernel sentences）运用句法转换规则生成的结果。不过在这个问题上，乔姆斯基本人持不同看法。Chomsky（1970）讨论了三种类型的名词性结构，特别是对其中两个典型的结构（即高度能产的动名词式结构和能产性很有限的派生式名物化结构）进行了系统的比较，指出它们尽管基本语义内容相同，但在句法表现上却有着系统性的对立，从而提出了关于非能产的派生式名物化结构的"词汇主义假说"（lexicalist hypothesis）。这一研究假说不仅否定了将所有名词性短语结构都看作是转换规则操作的结果这一提议，而且否定了关于"生成语义"（generative semantics）的理论主张，对于结束关于到底是"解释语义"还是"生成语义"的所谓"十年论争"起到了关键性的作用。Chomsky（1970）引发了人们关于名物化问题的多方面思考，启发了众多关于名词性短语的后续研究。

在受到Chomsky（1970）的启发而开展的诸多研究中，关于名词性短语内部结构的层级及其与句子结构之间的平行性是备受关注的核心话题，这方面最有影响的早期代表作首推Abney（1987）。之后，又有很多学者（如Hirawa 2010；Laenzlinger 2007，2017；Larson 2019等）从跨语言对比的角度讨论过关于CP、DP/NP之间平行性的问题。学者们注意到，一方面，关于句子结构的句法语义研究可以为名词性短语内部结构及句法语义的研究提供启发；另一方面，关于名词性短语内部结构、层级及其句法语义接口的精细化描写也为句子结构的研究提供了新的材料和证据。

随着生成语法研究的不断深入，名词性短语的内部结构图谱也逐渐细致化，制图理论在这方面也作出了新的贡献。近年来制图理论关于名词性短语与句子结构平行性的研究倾向于将名词性短语和句子结构都分成三个区域。如前所述，句子结构的三个区域包括与语篇信息对接的上层CP区、与屈折形态相关的中层IP区和与论元信息相关的下层VP区，其中CP是整个句子结构的左缘结构区。在名词性短语中，也存在上层与语篇信息对接的DP区，中层与格形态等屈折变化有关的功能区，以及下层与词汇语义、论元信息相关的NP区。前面已经谈到，对于句子结构的CP、IP和VP三个区域，自20世纪80年代以来，已有若干代表性的研究从功能中心语分裂的角度对它们分别进行了精细化描写。而名词性短语内部结构的研究，也有大致相似的视角与思路。

5.2　DP 假说

5.2.1　理论基础

5.2.1.1　现象观察：两类不同的名词性结构

Chomsky（1970）的《论名物化》（"Remarks on nominalization"）是

生成语法论名物化问题的经典之作，也是批判生成语义学的代表性作品。根据Newmeyer（2005）和Alexiadou & Borer（2020）的评述，Chomsky的"论名物化"在1967年就已经在学界流传，正式发表则是在1970年。该文通过对比具有同义关系的两个不同类型的名物化结构在句法方面的一系列对立，成功演示了区分句法与语义何者为中心的解释方案，并提出了派生式名物化复杂词产生的"词汇主义"观点。基本的主张是，派生式名物化复杂词以名词的形式列在词库的清单里，而不是在句法层面上通过转换程序转化而来。

像之前的经典文献一样，Chomsky（1970）特别强调评价程序在理论建构和选择中的重要性，他认为评价程序是普遍语法的有机组成部分，同时也强调经验证据在理论评价中扮演的重要角色。他借以演示评价程序选择的经验证据是两类具有命题内容的名词性短语的生成方式：一类是动名词式的名词性短语结构（gerundive nominals），另一类是派生式的名词性短语结构（derived nominals）：

（1）　a. John's being eager to please　（动名词式）

　　　　b. John's eagerness to please　　（派生式）

（Chomsky 1970：187）

从语义上讲，这两个"名物化"（nominalization）的结构成分都与句子"John is eager to please."相对应，然而它们在句法上却有着系统性的差异与对立。为此，Chomsky（1970）从能产性、名物化结构与相应命题之间的概括性（generality）以及名词性短语内部结构等角度进行了比较分析。

动名词式名物化结构能产性极高，它们可以相当自由地直接通过相应的主谓式命题句转化而来，转化而来的动名词式名词性短语结构与相应的命题句的对应是规则的。同时，动名词式名物化结构并不具备名词性短语结构的一般特点，如前面不能加that、the等冠词性成分：既不能说"*The

John's being eager to please.",也不能在"动名词"前插入形容词成分。这是由于动名词式名物化结构是由相应的句子通过转换而生成的。其公式为：

（2） $[_S \text{NP nom (Aspect) VP}]_S$

（Chomsky 1970：187）

熟悉生成语法当时理论模式的读者知道，彼时尚未提出IP假说，句子的标类是由S完成的。从上面这个公式的意思不难看出，动名词式名物化结构与句子相当，是一个命题结构。但从语类上来讲，整个结构又具有名词性，这一语类地位是由名物化的标记成分（公式中用nom标示）所决定的。用现在的功能中心语术语来解释就是，nom是整个动名词式结构的功能中心语，它的性质决定了整个结构的名物化性质。

在这点上，派生式名物化结构截然不同，其能产性大受限制。从语义上看，派生式名物化结构与相应的命题之间的关系多变、特设（ad hoc）。从内部结构来看，派生式名物化结构具有名词短语一般具有的内部结构特点，比如可以带有冠词、可以被形容词修饰等。因此，按照"词汇主义"的观点，宜将它们视作词库的一部分，而非句法生成的产物。

在理论方面，这两类名词性结构的系统性差异至少带来如下问题：两种结构的生成机制是否相同？派生式名物化结构是转换而来还是由词库决定？相同的语义是否决定相同的句法结构？整个语言机制是句法生成还是语义生成，或者说，从语义学角度看，应该走解释语义学（interpretive semantics）的道路还是生成语义学（generative semantics）的道路？Chomsky（1970）在Chomsky（1965）所提出的句法特征（syntactic features）的基础上，提出了派生式名物化结构的词汇主义观（lexicalist position）。在这个框架下，词库中的项目被描述为包含一组固定特征的集合：如选择性特征（selectional features）和严格次范畴化特征（strict subcategorization features）等。整个思路有时被人称作是"大词库、小句法"。受此假说影响，转换程序在接下来的研究中受到很大的限制。而语境特征（contextual features）概念的提出和特征分析方法的引入使得很多难题得以解决。同时，特征分析的方法实际上也使得将一个词汇项目分解为不同的特征集合成为可能，从而为种种功能分裂假说的提出埋下伏笔。

5.2.1.2　Chomsky（1970）的理论贡献及其对其他理论分支的影响

Chomsky（1970）的理论贡献和理论影响是多方面的，而且是非常深远的。比如它对于词语特征描写的提议还进一步扩展到语类的描写上，提出了关于语法原子单位的特征描写法（Chomsky 1970: 208），认为所有的语法符号都可以看作是一个个特征[+N]，[+V]的集合。这一特征描写方法不仅像传统的语法描写一样可以区分不同的词类，而且还为不同词类之间的共性描写找到了方法（Chomsky 1970: 199）。描写的基础层次从词转向特征，有似于物理学对于物质结构的分析关注点不断向更基础的粒子推进，使理论的概括力和抽象力得到进一步提升。

Chomsky（1970）认为，名词性结构和动词性结构之间在句法上的平行性源自它们生成过程所共同遵循的抽象原则，而正是这一思想催生了X'理论的雏形，也为扩展投射理论（Grimshaw 1991）的提出奠定了基础。这一理论启发了很多研究，包括Vergnaud（1973）关于被动转换可能发生在词库的提议；Roeper & Siegel（1978）关于复合词中转换程序的研究；Lieber（1992）关于"拖延"机制的探讨以及Hale & Keyser（2002）关于致使结构的转换操作程序的研究等。

X'理论是生成语法诸多理论中影响最广泛的假设之一，也是管辖与约束理论（原则与参数框架）的重要组成部分。它为包括句法制图理论在内的诸多理论体系提供了重要的理论建构工具，为IP、CP、DP等一系列功能投射假说的提出提供了基础，也为回答"什么样的结构是可能的人类语言结构"这样的问题提供了重要的解释途径。尽管出于对语序在核心句法中的地位等问题的不同考虑，Chomsky（1995，2020a）对于X'理论有了新的认识，认为X'理论不再是最简方案的组成部分。但我们可以看到，X'理论的精髓在生成语法的诸多分支理论中一直以不同的形态存在。在句法制图理论中，它更是最重要的理论基础之一。

　　Chomsky（1970）还激发了关于论元结构和事件结构研究的新潮流，关系语法（relational grammar）（参见Johnson & Postal 1980；Perlmutter 1980等）、词汇功能语法（lexical functional grammar）（参见Bresnan 1982；Bresnan & Kanerva 1989；Kaplan & Bresnan 1982等）的出现在很大程度上都是这一影响的结果。从原生动词到派生名词之间在题元角色的指派，到论元结构及事件结构的构建方面的（非）平行性问题也成为新的焦点。论元结构不再是动词性成分（或形容词性成分）所在短语结构的专属特点，而成为名词性短语结构研究中的重要论题（参见Alexiadou 2001；Grimshaw 1990；Harley 2009；Higginbotham 1985；Kratzer 1995；Marantz 1997等）。

　　派生式名物化结构在规则运用方面的非能产性和不规律性使得对于词内结构与句子结构之间平行性或继承性的研究争议不断，其中也包括中心语与其最大投射在语类属性和论元结构之间的关系问题上的不同见解。分布式形态学等不同理论模式也在此类争鸣的基础上逐渐萌生。因此，Chomsky（1970）实质上是后来若干个生成语法分支理论的重要理论源头。它提出了X'理论的雏形，提供了关于语类的特征描写方法，提倡关于派生式名物化结构的非生成式的"词汇主义"研究思路，触及了名词性短语结构内部的论元结构和事件相关的论旨角色、动词短语结构与相应名物化结构之间的平行性等，这些都为包括句法制图理论功能中心语在内的后续研究提供了有益的理论武器。该文中启发和影响了分布式形态理论等分支理论的见解还包括：destroy、destruction等词在派生程序的起点处是没有语类标记的（category-less）、仅有固定的次范畴化框架（fixed subcategorization frame），当它们被插入X^0节点时才具备语类属性（V^0或N^0等）。只有在插入的语类环境中，它们的音系形式才成形，这些对之后的分布式形态研究具有重要的启发意义。尽管后来的理论模式在具体技术细节上与之多有不同，比如在分布式形态理论中，词汇项目（以destroy为例）并不是插入在N^0或V^0之下，而是在某种功能结构之下（如下图所示），但该功能结构决定了整个语类的"名词化或动词化"。

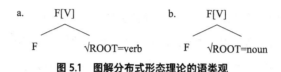

图 5.1　图解分布式形态理论的语类观

　　在关于名物化程序派生而来的名词性结构与相应动词性结构之间的关系问题上，后来发展出了若干不同观点，其中两种截然相反的极端观点如下：一种认为通过名物化程序而来的名词与相对应的动词之间严格平行（可参见Giorgi & Longobardi 1991），另一种则认为这两类结构并没有继承关系，名词性论元结构产生过程与动词性结构各自独立（Grimshaw 1990）。当然，也有一些比较折中的观点，认为在有些类型中存在继承关系，而在另外一些类型中情况则不同（Roeper 1987）；还有的学者认为它们之间存在部分继承关系或不完全继承关系（Anderson 1984；Pesetsky 1995；Randall 1982等）。

　　Chomsky（1970）之后半个世纪的时间里，名物化问题以及名词性短语与句子之间平行性的跨语言研究一直不断，产生了大量富有意义的研究成果。词汇主义的观点也衍生出两个不同的版本，一个是弱式词汇主义观，一个是强式词汇主义观。弱式词汇主义观认为，转换的生成模式不适用于派生式复杂词（Chomsky 1970），而强式词汇主义观则认为，转换的程序既不适用于派生式复杂词，也不适用于屈折构词。关于"词汇主义"和名物化问题不同观点的讨论文献还可参考Halle & Marantz（1993）、Ackema & Neeleman（2004）、Alexiadou（2010）、Barrie（2010）、Bruening（2018）等。

牛津大学出版社于2020年出版了由Alexiadou和Borer共同主编的《乔姆斯基<论名物化>发表50年以来名物化问题的研究进展》（*Nominalization: 50 Years on from Chomsky's Remarks*）一书，以此纪念Chomsky（1970）的《论名物化》发表50周年。在该论文集的总序部分，编者强调了"接口"（Interface）问题在关于语言与心智/大脑的理论建构和研究实践中的重要地位，同时也回顾了Chomsky（1970）关于派生式名物化复杂词的构造过程在生成语法研究中的核心地位和研究历程，呈现了代表着关于名物化研究"最高水准的"（state-of-the-art）的多个侧面的研究进展，其中包括Chomsky（2020a）本人关于Chomsky（1970）的写作背景以及对于X'理论的最新立场：比如在非能产性的名物化结构问题上保留词汇主义的立场，也包括不少研究者关于名物化本质上还是生成的的观点和立场，还有对X'理论在当年曾经起过的作用和当下理论想要削减它的理论上的考量。

5.2.2　名词短语分裂

5.2.2.1　基本假设

与Abney（1987）差不多同期，Szabolcsi（1983，1989）、Fukui & Speas（1986）也都曾提出过与DP假说有关的思想。不过，关于DP假说影响最大的首推Abney（1987）。

在X'理论的启发下，Abney（1987）对英语Poss-*ing*动名词结构进行了考察，认为这类结构同时具有句子和名词性短语结构两方面的特性。同时，他也从跨语言比较的事实出发讨论了名词性短语结构中基本实义名词（basic concrete nouns）与其领有者之间的一致关系，从名词性短语与句子结构平行性视角对名词性短语内部结构提出了新的分析：他认为，就像在句子结构中动词短语上层存在INFL的功能结构中心语一样，在名词性短语结构中也存在一个与INFL相似的功能要素，它们在句法结构中占据独立的节点位置，标记为D。这一分析就是著名的"DP分析法"

（DP-analysis）。DP假说主要涉及的内容包括：

第一，名词性短语结构中的冠词性成分（determiners）与形容词性短语（DegP）中表程度的成分（degree elements）之间具有平行性。它们都是各自所在整个短语（full phrases）的中心语。

第二，名词性短语结构和句子短语结构之间具有高度相似性和平行性：比如，冠词性成分的功能中心语地位与标句词（complementizer）和情态词（modals）等相似，其中冠词性成分是功能中心语D的词汇化实现，就像情态词是功能中心语INFL的词汇化实现一样。

第三，DP分析法符合X'理论的限制条件：DP分析法使得名词性短语内部结构中也有了指示语的落脚点，使得不同类型短语结构的基本构架进一步得到统一。

第四，存在若干二分的句法范畴特征：比如功能范畴和语义范畴的对立，分别用[+F][-F]表示；又如名词性成分和动词性成分的对立，分别用[+N][-N]表示。同时，他还讨论到了[+/-Adj][+/-Q][+/-C]等，分别对形容词性、量化范畴、内在格标记范畴等进行了特征描述。

第五，区分了C-投射和S-投射[与Pesetsky（1982）关于C-选择和S-选择的区分思路相近]，其中C代表语类范畴类，S代表具有描写内容的语义类。

在DP假说中，D和句子层面的C、I（INFL）一样，都是功能语类，且都充当各自所在结构的功能中心语，这一功能中心语选择一个唯一（不能是多个）的补足语成分与之结合，它与其补足语之间的关系不是论元性选择关系：就像C选择IP，而I选择VP，它们与自己的补足语都不存在论元关系。这些功能中心语没有描写意义，只承担语法功能。

5.2.2.2　事实观察

现象观察之一：Poss-*ing*动名词结构的二重性

在英语里，领有性动名词结构（Poss-*ing*）同时具有句子和名词性短语两方面的特性。

一方面，从其外部分布来看，领有性动名词结构可以占据特定的主语或宾语位置，而一般的句子则不可以，这表现出的是其名词性的特点，例如：

(3)　a. Did *John* upset you?

　　　b. Did *John's building a spaceship* upset you?

　　　c. *Did *that John built a spaceship* upset you?

（Abney 1987：13）

在上面三个句子中，(3a) 中的 John，与 (3b) 中的 John's building a spaceship 都处在倒装句的主语位置，且句子合乎语法；(3c) 中由标句词 that 引导的句子 John built a spaceship 是一个普通的句子，它同样也占据倒装句的主语位置，而句子不合语法。在这一点上，Poss-*ing* 在句法表现上与名词性短语相似。据此，提出可能的结构模型之一：

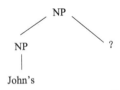

图 5.2　Abney（1987：15）关于 Poss-*ing* 的讨论模型片段之一

但另一方面，Poss-*ing* 由动词（V）和词缀（-*ing*）组成，其中 -*ing* 是一个具有完全能产性的动词词缀。正如 Chomsky（1970）所讲，在这一点上，这类动名词结构又与派生式动名词结构不同：在宾语的格指派、动词提升、例外格指派等方面，Poss-*ing* 表现出与一般句子一致的地方。据此，提出可能的结构模型之二：

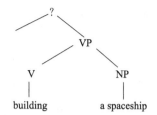

图 5.3　Abney（1987：16）关于 Poss-*ing* 的讨论模型片段之二

在原有框架内，这两个结构模型无法兼容。

现象观察之二：名词性短语结构中的一致关系

在有的语言（如匈牙利语）中，名词性短语结构中的主要名词与其领有者（possessor）之间存在人称、数等的一致关系[1]，比如：

（4）　a.　az　　　en　　　　kalap-om

　　　　　定冠词 我-主格 帽子-第一人称单数

　　　　　我的帽子

　　　b.　a　　　te　　　　kalap-od

　　　　　定冠词 我-主格 帽子-第二人称单数

　　　　　你的帽子

　　　c.　a　　　Peter　　　kalap-ja

　　　　　定冠词 Peter-主格 帽子-第三人称单数

　　　　　Peter 的帽子

（Abney 1987）

以上几个例子中，领有者在形态上使用的是主格，如同句子中的主语一样，主语的主格通过 AGR 的管辖而获得。同理，在上述匈牙利语的名

1　在维吾尔语、哈萨克语、土耳其语等语言中，名词短语内部也存在与句子结构中主谓之间相似的
　　人称一致关系，具体可参见司富珍、塔力哈提（2010）和司富珍（2012b）等。

词短语中，领有者的主格也由AGR通过管辖而赋予。句子结构与名词性短语结构的平行性展示为：

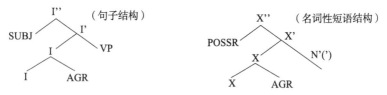

图5.4 Abney（1987：19）关于句子结构和名词性短语结构的平行性分析

其中名词性短语结构中的X具有名词性，是屈折性的语类成分。它与INFL既相似，又不同。据此，得出关于Poss-*ing*动名词结构初步的结构模型如下：

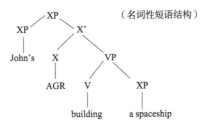

图5.5 Abney（1987：23）关于名词性短语结构的讨论模型

在此基础上，Abney（1987）进一步讨论，认为上图中的功能中心语X实际上就是D，它是一个之前未曾辨认出来的新语类，与句子层面的INFL对应。其唯一成员是看不见的AGR，其功能是赋属格。它是普遍语法的一个组成部分，并非通过学习而获得。因此，在名词性短语结构中也同样存在屈折性功能中心语，其最大投射为DP。据此，Abney（1987）提出了该结构短语的DP-分析法（DP-analysis），即DP假说。

现象观察之三：句子与名词性短语结构之间的平行性

DP假说最主要的特点就是赋予了名词性短语类似句子的结构。这一做法不仅有语言事实的支持(如二者都可以包含主语成分),可以解决类似Poss-ing动名词结构的二重性等实际的语言问题,同时也具有理论上的魅力:句子结构的基础是动词,而名词短语的基础是名词,名词和动词是语法中最为基本的两个对立的语类,将二者用统一的思路去解读,其重要性不言而喻。

在研究策略上,Abney(1987)也采用了生成语法对句子结构的X'理论分析法,认为所有短语结构都必须有中心语,思路与IP假说相仿。从句子层面来说,IP假说的目的之一就是解决将句子表示为S所导致的句子在最高一级的结构层次上没有中心语从而违反投射原则的问题。因此屈折变化的情态成分被标示为INFL,成为句子的中心语。这样一来,句子层面所有结构都具有向心性,并且,即使在没有显性情态成分的句子中,也认为存在INFL,从而对句子结构与短语结构的最大投射作出了逻辑上统一的解释。Abney(1987)沿用了同样的思路来为名词性短语的内部结构功能层级进行分析,按这一思路,所有名词性短语结构中都存在一个功能中心语D,这一研究打开了关于名词性短语功能中心语研究的新视野。

现象观察之四:词缀性成分的独立句法地位

Abney(1987)在对动名词结构一半似名词短语结构、一半似动词短语结构的二重属性进行分析后,又在Baker(1985)的基础上,进一步讨论了词缀性成分的句法地位。Abney(1987)认为词缀性成分虽然从音系层面来看是依附于其他成分的非独立成分,但从句法上来讲则可以看作是独立的词(independent words)。前面我们曾经讨论过,生成语法对于词缀性成分的独立句法地位的分析其实在Chomsky(1955/1975,1957)中已有体现。随着研究的推进,词缀性成分(包括一些空语类成分)的独立地位更加突显,在句法制图研究中更是扮演着非常重要的角色。

5.2.2.3 理论贡献与影响

DP假说实质上就是NP结构的分裂假说,是在Chomsky(1970,

1981）等基础上对名词性短语结构精细化观察描写的结果。这一研究假设跟IP假说以及Pollock（1989）随后提出的CP假说一样，其结果都是使得句法结构向心性的特点更加凸显，它们更好地解释了"可能的人类语言结构"这一奇妙现象，也使得关于句法结构运算的解释系统趋向更简。

在传统语言学框架中，句子结构、介词短语结构等被认为是所谓的"离心结构"（exocentric structures），然而，这一结论一方面带来一个无法解释的理论问题，那就是如何定义所谓"可能的"（possible）或"不可能的"（impossible）人类语言结构问题。人类语言是基于规则的系统，向心结构（endocentric structures）由于遵循一般的结构投射规律而清晰展示了自然语言简约性的基本属性。然而"S→NP，VP"的离心结构观因为缺少一个可以充当中心语的成分而与上述简约性本质属性相违背。另一方面也有很多具体的句法问题无法得到合理解释。IP假说的提出则突破了这一瓶颈，为句子结构与短语结构之间找到了统一的解释模型。DP假说也沿着同样的思路发展而来。它是X'理论发展的一种必然，也是自然语言投射原则的自然呈现。

顺便提一句，Abney是动词语壳理论的提出者Richard K. Larson教授指导的博士生，DP假说（Abney 1987）和动词壳理论（Larson 1988）以及IP分裂假说（Pollock 1989）的提出几乎同期，他们工作的短语结构区域虽然不同，但关注重点由词汇中心转向功能中心，对结构的认识由整块向分裂的共同走向却具有高度一致性。在这一点上，其走向实际上与句法制图精细化的描写路线完全一致。

5.3 DP 分裂假说

自Chomsky（1970）的《论名物化》发表以来，生成语法关于名词性短语内部结构的研究渐趋细化，特别是比照句子结构中信息结构的铺排而从接口角度进行的研究，引出了很多新颖的课题。在句法制图背景下，DP内部结构也得到"思维放大镜"式视角下的进一步精细化分析。以下选介几个关于DP分裂的研究案例。

5.3.1 DP 分裂假说

5.3.1.1 主要观点

Giusti（1996）等系列文献不仅观察了名词性短语结构和句子结构之间的相似之处，也比较了二者的差异点，认为其中最重要的差别之一是：在论元结构和功能结构的诸多方面，相较于句子结构，名词性短语结构有时显得发育不全（defective）。

学界在将名词性短语结构与句子结构进行平行比较时，选择的对比层级也常有不同，比如有的将DP与IP相比较（如Abney 1987），有的将DP与CP相比较（如Szabolcsi 1994）。还有的则对二者内部的功能层级进行系统比较，如Cinque（1990b，1995，1999，2006a）通过对形容词和副词各自层级的比较来对两个系统的平行性进行探讨。在比较中人们发现，有的方面的功能范畴在句子结构中很能产，在名词性短语结构层面则可能要么残缺不齐，要么能产性存在局限。比如，在形态屈折层面，有学者提议名词性短语结构层面也有Tense或Aspect的投射［如Lecarme（1996）关于索马里语中Tense的研究］，但另有学者则因很少看到有其他语言的证据支持而对这一假设抱有保留态度。显然，名词性短语结构层面的Tense范畴在能产性方面明显弱于句子结构层面。

Giusti（1996）对名词性短语结构和句子结构平行性的不完备性进行了多方面的讨论，关注点包括以下几个方面：

第一，移位着陆点。

与句子层面相对能产的论元移位和非论元移位相比，名词性短语结构可以移位的成分非常有限，移位着陆点也同样很有限。名词性短语结构不能在Spec-DP核查其Wh特征，就是说，Spec-DP只能作为Wh成分"逃脱的紧急舱口"（escape hatch）使用，但却不能核查其Wh特征。

第二，论元移位和格特征核查。

在句子层面，论元移位可以核查主语的主格特征，但在有的语言（如意大利语）中，DP内进行格特征核查的情况则极其少见。

第三，体现平行性的层级。

不同语言中名词性短语和句子结构之间体现平行性的层级是有差异的。譬如英语中DP与IP平行，而在V2型日耳曼语言中，V-to-C与N-to-D平行，即DP与CP平行。

出于对如上几个方面问题的考察，Giusti（1996）、Giusti & Iovino（2016）等对DP内部结构进行了系统研究，特别是以拉丁语、希腊语等语言为例，对其中的移位现象等进行了观察，对句法—语篇接口问题进行了分析，提出了DP分裂的相关假说：DP实际上还可以进一步分裂为更小的功能投射集合。该系列研究认为，与Rizzi（1997）关于句子结构层次的分析结果类似，在名词短语中也存在FocP和TopP的功能投射。

Giusti（1996）等所持观点属于弱式制图观。她认为，并非所有语言都具有完整的DP内部结构，而且在拥有名词短语内TopP和FocP的语言中，它们的层级排序也会因语言的不同而存在结构序列上的差异。譬如关于话题的句法位置，在意大利语里，名词性短语结构内的话题投射TopP紧邻DP，并居于其下；而在保加利亚语里，TopP也是与DP紧邻，但位居其上。结论是：TopP或FocP要么在紧邻并高于DP的位置，要么在紧邻但低于DP的位置，无论哪一种情况，它们一定是DP层的隔壁邻居。

5.3.1.2 事实证据

Giusti（1996）、Giusti & Iovino（2016）用于论证DP分裂假说的主要证据有阿尔巴尼亚语名词前的形容词和领有成分（用以支持FocP居于DP之下的制图观察）的形态句法表现、塞尔维亚—克罗迪亚语形容词的"无定形态"（indefinite morphology）（同样用于支持名词性短语中存在FocP

句法位置的有关假设)、意大利语的名前形容词的异常语序(用以支持意大利语中话题结构低于且紧邻DP的观察结论)、保加利亚语的前置领有者的句法表现(用于说明该语言的名词性短语结构中存在一个话题投射,它处于名词短语投射的最高层次的观察结论)等。

5.3.1.2.1　名词性短语中的焦点投射

Giusti(1996)比较了阿尔巴尼亚语和意大利语名词性短语的内部结构层级,发现阿尔巴尼亚语和意大利语一样:名词后多个形容词之间的相对顺序是固定的,如(5a)和(6a)所示;随意调换它们的顺序会导致不合语法,如(5b)和(6b)所示。这与Cinque(1995)的观察一致。试比较(5)和(6):

（5）　a. një **grua** 　tjetër　e　　bukur　　　　(阿尔巴尼亚语)

　　　　　a　woman other the　beautiful/nice

　　　b. *një **grua**　　　e　*bukur*　　　　tjetër

　　　　　a　woman　the beautiful/nice other

（6）　a. un'*altra* **donna** *bella*　　　　(意大利语)

　　　　another woman nice

　　　b. *una *bella*　　　　donna　*altra*

　　　　a　beautiful/nice woman other

(参见Giusti 1996：111‑114)

　　但是阿尔巴尼亚语中心名词(如下例中加粗的部分)的位置高于意大利语,却低于D。如(7)所示:

（7）　a. **gruaja**　　tjetër　e　bukur　　　(阿尔巴尼亚语)

　　　　woman-the other the nice

　　　b. l'*altra* **donna**　　bella　　　(意大利语)

the   other woman nice

（参见 Giusti 1996: 111-114）

在事件名词性结构中，意大利语和阿尔巴尼亚语中的论旨性形容词（thematic adjectives）都低于描写性形容词（descriptive adjectives），但阿尔巴尼亚语的名词居于两类形容词之前，而意大利语的名词则居于二者之间：即高于论旨性形容词，低于描写性形容词。如（8）所示：

（8）　a. pushtimi i *vetëm* italian i *Shqipërisë*

名词 > 描写类 > 论旨类（阿）

Invasion-the *terrible Italian* the of-Albania

'The terrible Italian invasion of Albania.'

b. la terribile invasion italiana dell' Albania

描写类 > 名词 > 论旨类（意）

the terrible **invasion** *Italian* of Albania

'The terrible Italian invasion of Albania.'

（Giusti 1996: 114）

在阿尔巴尼亚语中，当中心名词前出现形容词时，形容词是被强调的成分（但不一定是对比性的）；并且，不同类型和层级的形容词都可能出现在名词之前，如下例所示：

（9）　a. *tjetra*　　**grua**　 e　 *bukur*（*tjetër* 提升）

other-the woman the nice

b. *e*　 *bukura* **grua**　 *tjetër*　（*bukur* 提升）

the nice-the woman other

（Giusti 1996: 113-114）

形容词*tjetër*（意思是"另一个"）和描述性形容词短语成分*bukur*（"好"）都可以放置在中心名词*grua*（"女人"）之前，说明这个位置的形容词是经由形容词短语移位而来，属于非论元移位（A'移位）。那么，移位落脚点的句法层级和功能属性就成为研究的主要关注点。Giusti（1996）认为，该落脚点是DP内部的焦点（Foc）位置，占据Spec-DP位置。焦点化后的形容词短语AP不能出现在指示代词之前，否则结构不合法，如下例所示：

    （10）　a.　**kjo** (shumë) e *bukur(a)* **grua** tjetër

              this the (very) nice woman other

         b.　*e *bukur(a)* **kjo** grua

              the nice (-the) this woman

         c.　**tjetra/tjetër* **kjo** grua

              other(-the) this woman

（Giusti 1996：114）

当焦点化后的描述性形容词短语成分bukur（"好"）出现在名词grua前和指示代词kjo（"这"）之后［如（10a）所示］时，结构合语法；而当焦点化后的bukur［如（10b）所示］或论旨性形容词短语成分tjetër（"另一个，别的"）［如（10c）所示］出现在指示代词kjo之前时，结构则不合法。

此外，领属性DP也可以出现在名词短语内的焦点位置。不同属性的成分都可以出现在同一位置的事实表明这是一个非论元性的A'位置。基于此，Giusti（1996）提出了阿尔巴尼亚语中的名词短语内部层级如下：

    （11）$[_{DP} D [_{FocP} [_{Foc} N (+Art)_j] [\ldots t_j \ldots]]]$

（Giusti 1996：115）

5.3.1.2.2 名词性短语中的话题投射

Giusti（1996）还以塞尔维亚—克罗迪亚语为例，考察了名词性短语结构内部的话题功能投射。在塞尔维亚—克罗迪亚语里，有定形容词（definite adjectives）和无定形容词（indefinite adjectives）连用时可以呈现的相对语序有：

（12）序列一：无定形容词 > 无定形容词 > 名词

如：*siromasan, bolestan   djecak*

穷-无定 病-无定 男孩

序列二：有定形容词 > 有定形容词 > 名词

如：*siromasni bolesni   djecak*

穷-有定 病-有定 男孩

序列三：无定形容词 > 有定形容词 > 名词

如：*siromasan bolesni   djecak*

穷-无定 病-有定 男孩

但下列顺序则是不可能的：

（13）有定形容词 > 无定形容词 > 名词

如：**siromasni bolestan   djecak*

穷-有定 病-无定 男孩

这与形容词本身的语义没有关系，因为上述例子中"穷"和"病"这两个形容词颠倒顺序后，还是同样的规律，如下：

（14）序列一：无定形容词 > 无定形容词 > 名词

如：*bolestan, siromasan djecak*

病-无定 穷-无定 男孩

序列二：有定形容词 > 有定形容词 > 名词

如：*bolesni siromasni djecak*

病-有定 穷-有定 男孩

序列三：无定形容词 > 有定形容词 > 名词

如：*bolestan siromasni djecak*

病-无定 穷-有定 男孩

不可能的序列：有定形容词 > 无定形容词 > 名词

如：**bolesni siromasan djecak*

病-有定 穷-无定 男孩

上述合法的结构顺序前可以添加指示代词onaj（"这个"）。根据Leko（1988）的研究，其中无定形式的形容词具有谓词性质，出现在名词之后的位置，与名词短语的有定性解释不发生关系。Giusti（1996）认为这个无定性形容词出现的位置相当于话题的位置，所以它与名词的有定性不必一致，它是名词性短语结构中的功能结构层的成分。证明它是话题的另外两方面证据是，当它与另外一个无定性形容词同现时，会使用逗号、语调等标志，而在有定性屈折化的形容词之间则不必使用逗号与语调来标记，如上面诸例所示。

据此，Giusti（1996）得出塞尔维亚—克罗地亚语DP结构内部的层级如下：

（15）$[_{DP}$ (dem) D $[_{TopP}$ Top $[_{FocP}$ Foc $[_{AgrP}$ ...N$]]]]$

（Giusti 1996：118）

在结构层级上，话题化后的形容词性成分居于指示代词之下（后），颠倒二者的顺序会导致结构不合语法。这一情形在意大利语里也是一样。所不同的是，意大利语名词性短语结构中没有焦点装置，其内部层级如下：

（16）$[_{DP}$ Art $[_{TopP}$ AP$_j$ Top $[_{AgrP}$ Poss $[_{AgrP}$ … t$_j$ … $[_{AgrP}$ N$_i$ $[$ … t$_i$$]]]]]]$

（Giusti 1996：121）

在上述讨论基础上，Giusti（1996）还进一步讨论了保加利亚语、德语、西佛兰德语、挪威语和匈牙利语的情况，并据此得出了至少在某些语言中名词性短语结构内部存在话题和焦点投射的结论。这是关于DP分裂跨语言研究的代表性案例。

5.3.1.3　贡献与影响

Giusti（1996）的主要理论贡献是为句法制图提供了名词性短语结构内部左缘结构研究的新思路，为名词性短语与句子之间平行性的研究提供了新证据，也为后续DP分裂的进一步展开提供了借鉴。在继Giusti（1996，2010，2013）等系列文献之后，Giusti又与Rossella Iovino合作发表了关于拉丁语、希腊语等多个罗曼语言中DP分裂的考察报告，通过历时和共时两个方面的考察得出结论，认为语序上的这些变化并非依赖于语用学，而是句法参数作用的结果。这些研究对名词性短语结构和句子左缘结构层级进行了进一步的对比分析，得出了更加精细化的句法层级分析图谱。

5.3.2　关于 DP 内话题和焦点的研究

5.3.2.1　基本假设

Aboh（2004）通过对非洲贡语（Gungbe）等语言的考察，提出话题和焦点并不是独属于句子结构的成分，在名词性短语结构的左缘也存在话题和焦点投射，在这些投射的指示语位置上，包含前置而来的名词性话题和焦点成分。而在有的语言中，这些投射是可以找到形态上的证据的，比如

它们可能实现为冠词性成分（determiners）或小品词（articles）。在此基础上，Aboh（2004）同样讨论了DP分裂假说，认为在DP结构内部还存在话题、焦点、数量等功能性层级，分裂后的D-系统层级如下：

（17）$[_{DP} \cdots [_{D} \cdots \text{Topic Focus} [_{NumP} \cdots [_{Num} \cdots [_{FP} \cdots N \cdots]]]]]$

（Aboh 2004：4）

其中D是名词性短语结构中相当于Force的功能成分，而名词性短语结构中的Topic和Focus在与语篇的接口效应上与句子结构中的话题和焦点相似，并且还与句子结构中的话题域和焦点域发生互动。另外，在（17）所示的序列中，NumP表达数或有定性，与句子结构层面的Fin功能层相对应。在这个D-系统中，DP层级最高，是与语篇交流的部门；NumP层级最低，是与名词短语中的Infl系统（屈折系统）交流的部门。

5.3.2.2 经验证据

（一）关于话题

Aboh（2004）用专指性（specificity）或假定性熟悉内容（assumed familiarity）作为话题的衡量标准，以贡语为证据，对名词性短语层面和句子层面的话题结构进行了比较。以下两个例子分别演示的是贡语的名词性短语结构中的话题结构和句子结构中的话题结构：

（18）a. *Sétù* nɔ̀ xɔ̀ [*lésì Gúkɔ́mὲ* tɔ̀n lɔ́]

Setu ₕₐᵦ buy rice Gukome ₚₒₛₛ ᴅᴇᴛ [₊spec, +def]

'Setu habitually buys the aforementioned rice from Gukome.'

b. [*lésì Gúkɔ́mὲ* tɔ̀n] yà é nɔ̀ vívì gbáú

rice Gukome ₚₒₛₛ ᴛₒₚ 3 sg ₕₐᵦ sweet very

'As for the rice from Gukome, it is very sweet.'

（Aboh 2004：2）

其中（18a）中的专指（specific）名词成分必须出现在专指性标记lồ
之前，整个括号中的成分有定（definite）且有专指，它回指语篇中已经
提到过的或者听说双方都明白的某种特定的大米。（18b）中的话题由光
杆名词充当，根据语境的不同，可以解读为[+/-definite]（有定或无定），
[+/-generic]（通指或非通指）等。Aboh（2004）得出结论，名词性短语也
存在左缘结构，并且在名词性短语的左缘结构中同样存在话题和焦点成
分。同时，Aboh（2004）还认为，名词性短语中的话题与句子层面的话题
还具有互动关系，具体来说就是，名词性短语中的话题可以允准句子层面
的话题。

（二）关于焦点

Aboh（2004）在Bernstein（2001）的基础上进一步以西班牙语为例讨
论了名词性短语层面的焦点问题。举到的例子有：

（19）a.　este libro interesante

　　　　这　书　　有趣

　　　　这本有趣的书

　　b. el　　　libro interesante *este*

　　　　定冠词 书　　有趣　　　这

　　　　这本有趣的书

（Bernstein 2001：2，转引自 Aboh 2004）

对比上面两例可以看出，（19a）是一个拥有正常语序的常规名词性短
语，而（19b）则出现指示代词后置且附带有重音现象，是有标记的焦点
化结构。

像在话题结构中一样，在名词性短语层面焦点化的成分进入句子结构
后还会与句子层面的焦点域发生互动关系，被吸引到焦点域的位置上去。
以（20）所示的法语句子为例：

（20）a. C'est *ce livre* que Jean a   lu   qui le   rend triste

        it.is *the book* that John has read that him make sad

        'It is this book that John read, which makes him sad.'

   b. C'est *ce livre-ci*   que Jean a   lu   avant de   partir

        it.is *this book-here* that John has read before Prep leave

        'It is this book here that John read before he left.'

（Aboh 2004：3）

如（20b）所示，在名词性短语结构中已经焦点化的成分被理解为对比焦点，与（20a）分裂句中 *ce livre* 的解读随语音而变化的情况不同。

通过对贡语话题和焦点在名词性短语结构中形态句法表现的观察，Aboh（2004）进而得出结论认为像在句子层面一样，名词性短语结构中的话题和焦点也处于左缘结构位置，而且它们各自有独立的投射。在此基础上，他进一步将C-系统（句子结构系统）与D-系统（名词性短语结构系统）进行比较，并提出"分裂DP假说"，即在DP与位于N之上的最低功能层级NumP之间还存在Topic、Focus等中间功能层级。像在句子结构中一样，这些功能层级记录名词性短语结构和语篇结构之间的接口信息，它们将D-系统和名词性的屈折系统联接起来。NumP为一致性特征和某些指称性特征提供编码，与句子层面的一致关系层级功能相似。同时，沿着Campbell（1996）的思路，Aboh（2004）还进一步讨论认为在名词性短语结构中还存在隐性谓词功能现象，其中名词中心语承担着名词短语的指称物（referent）的谓词（predicate）功能。名词短语中的指示语位置是一种主语位置，它可以由领属结构中的领有者成分占据。

5.3.2.3　贡献与影响

Aboh关于贡语的研究在句法制图的生成类型学研究中有着代表性意义（参见Rizzi & Si 2021），它将名词性短语结构和句子结构的平行性研究再一次推向一个新的高点，将句子左缘结构（Rizzi 1997）的有关理论扩展至名词性短语结构，对DP结构内部的话题和焦点成分进行了制图式的分析，扩大了左缘结构研究的范围。它带动了关于左缘结构的跨语言比较研究思路，为语篇—句法的研究和"校准方法"（criterial approach）的推广提供了丰富的语料支撑。

5.3.3　古希腊语中的 DP 分裂证据

Kirk（2007）和Isac & Kirk（2008）也对DP分裂进行了探讨，这些研究从古希腊语入手，寻找DP分裂的证据。古希腊语中的形容词、量化词、指示代词、Wh-疑问成分等既可以出现在名词前，也可以出现在名词后，在它们与中心名词之间还可以插入其他的成分，其语序如下：

（21）a.　A/Q/Dem/WH-...N

　　　b.　N...A/Q/Dem

（Isac & Kirk 2008：137）

这一语序现象称作"非连续性DP"。Isac & Kirk（2008）通过观察发现，古希腊语虽然以语序相对自由而著称，但实际上这些看起来自由的语序是受到某种限制的。比如，尽管形容词与名词可以分离，但分离后的语序只能是：

（22）[D N...D A]

而不可能是：

（23）[D A...D N]

即使是在"连续性DP"结构中，DP内部成分的相对顺序也是受到限制的。比如可能的语序是：

（24）[D N D A] 或 [N D A] 或 [D A N]

但却没有发现过如下所示的结构类型：

（25）[D A D N] 或 [D N A] 或 [N A D]

根据诸如以上的观察，Isac & Kirk（2008）总结了古希腊语连续性DP与非连续性DP这两类名词性短语结构中名词与形容词、强式量化词、弱式量化词、指示代词及Wh词共现时可能的结构顺序，用表格表示如下：

表 5.1　古希腊语两种不同的名词性短语结构中的结构序列分析
（译介自 Isac & Kirk 2008：139）

	已检测到的语序种类				
	与形容词相关	与强式量化词相关	与弱式量化词相关	与指示代词相关	与 Wh- 相关
连续性	N(D)A (D)AN DNDA	QDN DNQ	QN NQ DNQ	(D)NDem Dem(D)N	Wh-N
非连续性	N...(D)A (D)A...N DN...DA	Q...D(A)N DN...Q N...DQ	Q...N N...Q	(D)N...Dem Dem...(D)N	Wh-...N
	未检测到的语序种类：除上述之外的所有其他语序				

Isac & Kirk（2008）主要聚焦于与形容词相关的成分之间的相对顺序，特别是对冠词分散分布的现象进行了讨论，分析了古希腊语中DP分裂的证据，得出的主要结论如下：

第一，关于存在两个DP层(或称DP语壳结构)的观点。

DP结构中也存在结构壳(nutshell)，即古希腊语名词短语中有两个DP层，它们各自与不同的语义内容相对应。

第二，关于存在两个DP语段的观点。

两个分裂的DP层都构成了Chomsky(2001，2005)所说的语段(phase)。

第三，关于DP内左缘结构中的话题与焦点成分之间位置关系的观点。

每个语段的边缘(periphery)都包含话题和焦点的位置。DP中包含两个信息块：一个是话题—述题，另一个是焦点—背景。而这两个信息块可以通过一个单一的语篇相关投射同时实现，具体就是：如果实现投射的是话题，那么移位到其Spec位置的成分就被解释为话题，留在Top的补足语位置的成分则被解释为述题(comment)，而述题又可以看作与述位(Rheme)或焦点(Focus)相当，结果就形成话题和焦点的分层。另一方面，如果实现投射的是焦点，那么吸引至其Spec位置的成分就被解读为对比焦点，而在焦点中心语的补足语位置的成分则被解释为预设(presupposition)或旧信息，因此是类似于话题的信息，这样结构就同样地分成焦点和话题两个部分。

第四，关于DP内部结构成分的特征分析的观点。

Isac & Kirk(2008)提议话题与焦点除带有[+top][+foc]特征之外，其中心语还带有[+EPP]特征，这些特征总是驱动名词性成分移位到这些功能中心语的指示语位置。

Isac & Kirk(2008)认为虽然这些提议有的并不算新鲜，之前已有不少文章探讨DP分裂以及DP中的话题和焦点投射问题，但将它们用之于解释连续性与非连续性的两类DP结构及它们的分布及限制条件则具有新意。同时，他们也认为，名词短语结构内部左缘的焦点化成分还可以移位到句子结构的焦点成分位置，同样地，名词短语结构中的话题化成分也可以移位到句子结构的话题位置。这一认识与Aboh（2004）等的结论相似。

在分裂的两个DP层中，上层的DP（外部DP）是语用信息的位置，表达诸如指称（referentiality）、指示（deixis）之类的内容，而下层的DP（内部DP）是表达有定或无定等信息的位置。移位的方向是由内向外，移位动因是核查语用特征信息。分裂后的DP的基本结构模型如下：

(26) $[\text{DP}_{\text{-ext}} \ \text{D}_{\text{ext}} \ [\text{DP}_{\text{-int}} \ \text{D}_{\text{int}} \ [_{\text{NP}} \ \text{N}]]]$

（Isac & Kirk 2008：140）

将DP内的话题与焦点加入后，得到一个包含更加丰富的DP结构层信息的图谱如下：

(27) $[\text{DP}_{\text{-ext}} \ \text{D}_{\text{ext}} \ [\text{FocP/TopP} \ [\text{DP}_{\text{-int}} \ \text{D}_{\text{int}} \ [\text{FocP/TopP} \ [\text{NumP} \ [\text{NP}]]]]]]$

（Isac & Kirk 2008：142）

这一结构与句子结构具有平行性，可参看和比较如下所示的句子结构图谱：

(28) $[\text{CP} \ [\text{FocP/TopP} \ [\text{TP} \ [\text{vP} \ [\text{FocP/TopP} \ [\text{vP} \ ...]]]]]]$

（Isac & Kirk 2008：141）

5.3.4　形容词的句法层级

Cinque（1999）主要通过对副词相关语序的分析考察功能中心语的层级，为IP域及周边区域功能层级描画了基本的结构图谱。该研究同时也为跨语言对比视角下的句法研究提供了强式制图的研究范例，具有十分重要的理论启示意义。

Cinque（2010）在Cinque（1999）对副词及其相应的功能中心语进行研究的基础上，继续讨论形容词及其相应功能中心语的层级，区分了直接修饰性的形容词短语和间接修饰性的形容词短语，即由简缩式关系子句（reduced relative clause）派生而来的形容词短语两种类型，并总结了两类形容词修饰成分在语义解读上的对立及它们的相对语序，认为间接修饰性形容词短语的表现类似于谓语，是由简缩式关系子句派生而来的。

Cinque（2010）对两类修饰成分（间接修饰成分／简缩式关系子句派生而来的修饰成分和直接修饰成分）的语义解读及其与冠词和名词短语语序分布的对比援引如下：

（29） 间接（简缩式关系子句）修饰　　　　直接修饰

[Det. [stage-level (individual-level)　[individual-level　　NP]]]

[Det. [restrictive　　　　　　　　　　[non-restrictive　　NP]]]

[Det. [implicit relative clause　　　　[modal　　　　NP]]]

[Det. [intersective　　　　　　　　　[nonintersective　　NP]]]

[Det. [relative (to a comparison class)　[absolute　　NP]]]

[Det. [comparative (with superlatives)　[absolute (with superlatives)　NP]]]

[Det. [specificity- or nonspecificity-inducing [specificity-inducing　　NP]]]

[Det. [epistemic 'unknown'　　　　　[evaluative 'unknown'　NP]]]

[Det. [discourse anaphoric 'different'　[NP dependent 'different'　NP]]]

[Det. [deictic　　　　　　　　　　　[generic　　　　NP]]]

[Det. [literal interpretation　　　　　[possible idiomatic interpretation NP]]]

远离N　　　　　　　　　　　　　　靠近N

语序不严格　　　　　　　　　　　　语序严格

可能出现在谓语位置　　　　　　　　不可能出现在谓语位置

（译介自 Cinque 2010：16-17）

如上结尾所示，两类形容词在与名词中心语的距离、语序的灵活性/严格性以及可否作谓语等方面表现出系统性的对立。Cinque（2010）还特别讨论了名词中心语移位分析法在形容词短语语序问题上存在的欠缺，认为该分析法无法解释形容词短语的一系列句法语义问题，特别是无法解释罗曼语和日耳曼语存在的一系列对立现象。

首先，在罗曼语中NP前的位置必然是恒常性的（individual-level）、非限制性的（nonrestrictive）、表情态的（modal）、非交互式的（nonintersective）、绝对的（absolute）（即非相对性或比较性的）、诱导有定性的（specificity-inducing）、评价性的（evaluative）新信息而非认识类的（epistemic）新信息，是依赖于NP的"不同"而非语篇回指相关的"不同"；但在日耳曼语中，NP后的形容词短语则通常表现出相反的特点：它们通常具有瞬时性（stage-level），是限制性的（restrictive）、交互性的（intersective）、跟比较级有关或具有比较的语义解读的，具有隐性的相对义解读，不具有诱导有定性的（non-specificity-inducing）功能，传达的是认识类的新信息而非评价类的新信息，是语篇回指相关而非依赖NP的。

其次，上述这些语义解释在罗曼语的NP后形容词和日耳曼语的NP前形容词之间存在系统性的歧解现象。

最后，日耳曼语NP前形容词的两种解读与罗曼语NP后形容词的两种解读在语序上呈镜像对立，即日耳曼语最左侧的AP与罗曼语最右侧的AP是由简缩式关系子句派生而来的。

针对这一问题，Cinque（2010）分别以英语和意大利语为例，对比分析了罗曼语和日耳曼语形容词短语的句法语义之间的诸多区别与联系，总结出了九个方面的规律和特点。我们将这九个方面的规律与特点根据其内部关系又进行了重新整理，归纳为五个方面：

第一，关于形容词短语的两个来源。

进入DP结构的形容词短语有两个来源，一个是名词短语的直接修饰语，以短语形式位于相应功能中心语的指示语（Spec）位置，另一个是名词短语的间接修饰语，作为简缩式关系子句的谓语进入DP结构。为方便称说起见，这里把前面一类称作AP_d[d为direct（直接）的简缩，代表直接修饰语类形容词]，把第二类称作AP_i[i为indirect（间接）的简缩，代表间接修饰语类形容词，这类形容词作为简缩式关系子句的谓语出现在底层结构中]。两种不同类型的形容词短语与不同的语义解读和句法特性相关联。

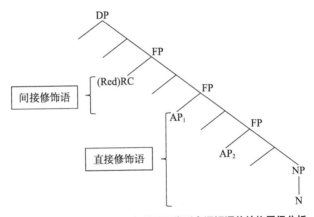

图 5.6 Cinque（2010：25）关于两类形容词短语的结构层级分析

第二，两类形容词短语的句法分布。

Cinque（2010）认为，在句法层级方面，AP_i（即简缩式关系子句谓语）居于AP_d（即直接合并于名词短语的指示语位置的形容词）之上。如果一个复杂名词短语包含两种类型的形容词短语成分，那么其内部层级如下：

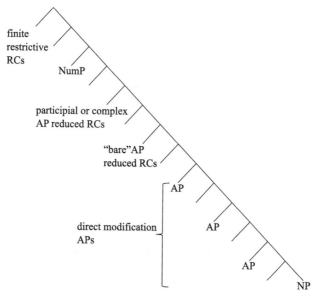

图 5.7 Cinque（2010：34）关于复杂名词短语中两类形容词短语的结构层级分析

从上图可以看出，作为直接修饰成分的AP_d（即图中的 direct modification APs）距离中心名词短语距离最近，而作为简缩式关系子句谓语成分的AP_i（即图中的"bare" AP reduced RCs 和 participial or complex AP reduced RCs）则居于AP_d之上。

第三，形容词短语语序的镜像对应。

在不同的语言中，形容词实际出现在NP前还是NP后可能因语言而异，也可能因语境而异。例如同为印欧语，罗曼语族的语言与日耳曼语族的语言就有不同的语序实现方式：在日耳曼语中，简缩式关系子句的谓语成分AP_i在NP前，并且位于直接修饰语的AP_d之前；而在罗曼语中则发现这两类形容词出现在NP之后，并且是直接修饰语AP_d在前而简缩式关系子句的谓语成分AP_i居后。就是说，二者之间呈现一种镜像对应状态，对比（30）和（31）：

（30）

	Indirect modification	Direct modification	Direct modification	
a. the		*American*	*musical*	comedy of the 1950 s
b. the only		*possible*	*Roman*	invasion of Thrace
c. She interviewed every	*possible*	*potential*		candidate

（ Cinque 2010： 92 ）

（31）

	Direct modification	Direct modification	Indirect modification	
a. la commedia	*musicale*	*americana*		degli Anni' 50
b. la sola invasione	romana	*possible*		della Tracia
c. Intervistt ogni candidato	*potenziale*		*possible*	alla presidenza

（ Cinque 2010： 92 ）

在上面两组例子中，（30）是日耳曼语族名词前形容词性成分的语序演示，间接形容词 [如 (30 c) 中的 possible] 位于直接形容词 [如 (30 c) 中的 potential] 之前；（31）演示的则是相对应的罗曼语族中居名词后的多个形容词之间构成的序列，不难看出，它与英语对应的形容词顺序呈镜像分布。

第四，形容词短语的歧义问题。

1）在罗曼语中，NP 前的直接修饰性形容词不存在歧义现象，因为它们只能作为直接修饰语成分存在，不存在其他可能（根据前面的分类法，如果不是直接修饰成分，那么只能是简缩式关系子句的谓语成分）；而在罗曼语中，所有类型的 (简缩式) 关系子句都必须最终落脚在 NP 后的位置上。2）NP 后的形容词短语是存在歧解的，因为它们有两个可能的来源：既可能来源于直接修饰语的形容词，也可能来源于间接修饰语（即简缩式关系子句中的谓语成分）。3）除由于直接修饰语和间接修饰语类型的不同而可能导致歧义外，同属于直接修饰语的形容词如果可以属于不同的子类，占据NP扩展投射的不同位置的话，也会带来进一步的歧义。颜色词在罗曼语中的表现即是如此：giallo（黄色）有时可能是强制性出现于NP后，作为居于低位的直接引语成分出现，如（32a）；而在另外一些情形下，则可能作为直接修饰语出现在NP前，如（32b）；还有的情况则强制出现在NP后，如（32c）。

（32）a.　un libro *giallo*　　（直接修饰语，NP后／强制性）

　　　　　　a novel yellow

　　　　　　"惊险小说"

　　　　b.　le *gialle* colline dell'Andalusia

　　　　　　（非限制性，直接修饰语，NP前／非强制）

　　　　　　the yellow hill of Andalusia

　　　　　　"黄色的安达卢西亚山"

　　　　c.　(Passami) la cravatta *gialla*

　　　　　　（限制性，直接修饰语，NP后／强制性）

　　　　　　Pass-me the tie yellow

　　　　　　"递给我那条黄色的领带"

（译介自 Cinque 2010：93）

（32）显示，颜色词giallo（黄色）在这些例子中有着不同的语义特点，占据不同的句法位置。这里谈到的这三类与歧义问题相关的现象，在Cinque（2010）中是作为三条不同的规律总结的，此处把它们归结在一起，主要是认为这三种现象实际上相互紧密关联，放在一起总结讨论便于对相关现象进行对比分析。

第五，与NP的相对位置。

Cinque（2010）还对造成形容词不同语序特点的原因进行了分析。他认为，在罗曼语中，某些类型的直接修饰性形容词只能出现在NP前，例如vecchio（意为"长时间"）和povero（意为"可怜的"），这是因为名词无法跨越这些形容词成分而发生移位。

在以上对比的基础上，Cinque（2010）认为在形容词短语相关的句法语义问题及语序表现方面，"中心名词移位（N-movement）分析法"存在比较大的问题，而包括短语成分的"名词短语移位（NP-movement）分析法"则可以更好地解释相关现象。

基于上述关于罗曼语和日耳曼语形容词短语句法的研究，Cinque（2010）又就斯拉夫语（主要语料来自波斯尼亚语、克罗迪亚语和塞尔维亚语，统称BCS）和日耳曼语进行了比较研究，考察了它们之间在形容词相关语序方面的区别与联系，认为波斯尼亚语、克罗迪亚语和塞尔维亚语为上述分类提供了形态方面的证据。在这三种语言中，形容词在不同的分布条件下呈现不同的形态特点，它们分别有"长式"（long form）和"短式"（short form）两种形式。Cinque（2010）认为，这两种不同的形式体现的正是两种不同的修饰关系（直接修饰和间接修饰）的区别。通过观察分析，他认为名词前短式形容词总是作为间接修饰成分出现，而长式形容词则可能有两种情况，需要辨别。

由此，Cinque（2010）提议表面上的语序差异是由NP移位等因素造成的，不同语言之间实际上存在一个统一的制图层级，如图5.8所示：

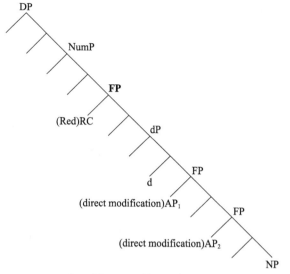

图 5.8　Cinque（2010：34）关于名词短语内结构层级的统一制图分析

　　在这一制图层级上，两种不同类型的 AP 分别占据功能中心语的 Spec 位置。其中，直接修饰性形容词短语离 NP 最近，而由简缩式关系子句派生而来的修饰性形容词短语则相对远离 NP，居于直接修饰性形容词之上，但它们的位置也都在 DP 和 NumP 之下。

　　不同语言之间的语序差异可能是由短语移位甚至可能是卷腹式（roll-up）移位操作的结果：

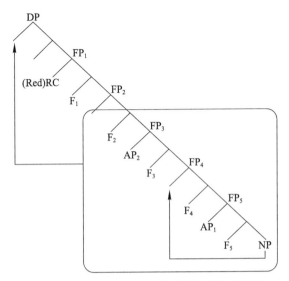

图 5.9 Cinque（2010：37）关于卷腹式移位的图示

Cinque（2010）认为，这一移位解释同时也优于原位生成说（base-generation analysis），而且其结论与 Greenberg（1963）对语序类型的观察结论一致，比如英语、汉语等语言中形容词的制图层级均为：

（33）a. 英语、汉语等语言

$A_{尺寸} > A_{颜色} > A_{国籍} > N$

b. 0（不可能存在的层级排序）

$*A_{国籍} > A_{颜色} > A_{尺寸} > N$

c. 威尔士语、爱尔兰语等语言

$N > A_{尺寸} > A_{颜色} > A_{国籍}$

d. 印尼语、约鲁巴语

$N > A_{国籍} > A_{颜色} > A_{尺寸}$

（Cinque 2010：38）

此外，Cinque（2020）对关系子句的层级也进行了系统研究，认为不同类型的关系子句皆由同一结构——一种双层的中心语结构（double-headed structure）——派生而来。基于这一假设，Cinque（2020）为"提升类"（raising）派生和"匹配类"（matching）派生提供了统一的解释方案，认为二者的区别仅在于删除的是外部的中心语还是内部的中心语。值得注意的是，Cinque（2020）还特别引述赵元任（Chao 1968）关于汉语"限制性"和"描写性（非限制性）"区分的观点，认为从表面上看汉语似乎非常独特，但如果采用比较的视角来看，其实汉语的关系从句并非那么与众不同、独一无二。

（34）a. 戴眼镜的那位先生是谁？（限制性）

　　　b. 那位戴眼镜的先生是谁？（描写性）

在这一方面，汉语表面上似乎有三个难解的问题：1) 指示代词后的关系从句（RC2）出现在数词和量词之下；2) 指示代词前的关系从句通常是限制性的，而不是非限制性的；3) 指示代词、数词、量词之后的位置可以有非限制性解读。Cinque（2020）认为，如果将汉语的关系从句分析为非限定性（non-finite）（类似分词形式），那么这三个问题就可以迎刃而解。他还援引Huang（1982）、Ming（2010）、Hsu（2017）等研究作为证据，提出指示代词前的位置是有标记的焦点位置，指示代词后的关系从句（RC2）在语料库中出现的频率远大于指示代词前的关系从句（RC1）。从而认为RC2更为基础，而RC1则是有标记的形式。最后，Cinque（2020）认为，仅就基本的RC2而言，汉语在以下三个方面与英语、德语以及日耳曼语中出现在数词之后的分词形式的关系从句有共同之处。

首先，汉语的RC2既可以解释成非限制性的，也可以解释为限制性的。这一点与英语数词后分词形式的RC相似。当它们作为非限制性关系从句来理解时，传达的是NP的一种内在属性，用来修饰某个仍然具有谓词性的成分。英语的例子如：

（35）I only met the *newly appointed* colleague, not the others.

其次，汉语中的关系从句会呈现出限制性关系从句中不会出现的语序形式。如：

（36）a. [$_{RC}$ 我昨天看见的] [$_{RC}$ 喜欢音乐的] 人
　　　b. *[$_{RC}$ 喜欢音乐的] [$_{RC}$ 我昨天看见的] 人

但如果观察分词形式的关系子句，那么汉语与意大利、英语并无区别：恒常性的关系子句比瞬时性的更接近名词短语。

最后，汉语的RC2可以比形容词更接近中心名词，这一点也与英语、德语等语言中分词形式的关系子句表现相同，而与英语限定性关系子句不同。

（37）那座 [破旧的] [人们早已遗弃的] 寺庙。

英语同样可以有如下顺序：

（38）That [beautiful] [recently arrived] letter.

（Kayne 2005，转引自 Cinque 2010：26）

在以上对比研究的基础上，Cinque（2020）得出了汉语关系从句与英语等语言中分词形式的关系从句相当的结论。这一结论对汉语关系从句的研究具有启发意义。

Cinque（2010，2020）关于形容词短语及关系子句的句法制图分析与其对副词的分析精神和思路一致，是对强式制图研究策略的很好的演示，对名词短语内部结构的研究具有重要的启发意义。

5.3.5 DP 语壳结构 [1]

5.3.5.1 主要观点和事实证据

Larson（1988）通过对双宾结构和与格结构的讨论提出了关于双宾结构研究的动词语壳结构理论。"语壳结构"有时也称作"拉尔森结构"（Larsonian Structure），因该理论的提出者而得名。拉尔森动词语壳结构的提出实质上是对 VP 域功能分裂"放大镜式"精细化观察的结果。之后，Larson（2014）又将这一语壳理论的假设推广至 DP 结构，认为尽管有很多文献讨论句子（CP 或 TP）与名词性短语（DP）之间的平行性（Abney 1987；Szabolcsi 1983），但实际上这一平行性从语义分析的角度来看并未得到足够的支持。相反，一些研究广义量化词理论（generalized quantifier theory）的学者（如 Barwise & Cooper 1981；Keenan & Stavi 1986）从量化研究角度认为 C/T 与 D 之间没有多少共同之处。在此基础上，Larson（2014）基于广义量化词理论提出自己的观点，认为平行性并非存在于 CP/TP 与 DP 之间，而是存在于 DP 和 VP 之间。

5.3.5.1.1 DP 与 VP 同为论元结构的投射结果

在 Abney（1987）的分析里，按照冠词（determiner）关系化理论，D 具有谓词性，它选择其姊妹节点的名词成分作为论元，如同动词选择其姊妹节点的宾语作为论元一样。D 是一个功能性中心语，其最大投射与句子层面的 IP 相似。但 Larson（2014）提出不同观点，认为这一提法还存在诸多理论上的问题。最主要的问题是，与 D 存在相似性的不是 I 这个层级，

---

1 Larson 本人并不认为自己是研究句法制图的，甚至在某些方面存在反制图的思想。但在我们看来，从使用"思维放大镜"精细化观察句法结构并且提出了句法功能分裂这一点上，其观点与制图研究的核心思想非常相似，因此这里一并讨论。

而是V。

基于Larson（1988）的分析，Larson（2014）为DP结构提供了新的结构投射理论。这一投射理论须遵循如下的原则。

首先是X'结构原则，即：

（39）a. XP → YP X'

　　　b. X' → X ZP

（Larson 2014：6）

其次是论元实现原则，即：

（40）如果 β 是 α 的一个论元，那么 β 必须要在 α 的投射范围中得以实现。

（Larson 2014：7）

最后是题元等级原则，即谓词所决定的题元角色必须按照题元角色等级进行投射，相关题元等级如下：

（41）$\Theta_{AGENT} > \Theta_{THEME} > \Theta_{GOAL} > \Theta_{OBLIQUE}$

（Larson 2014：7）

这意味着，如果题元角色X的等级高于题元角色Y，那么被赋予题元角色X的论元成分就应该能够C-统治（C-command）被赋予题元角色Y的论元成分。与此同时，Larson（2014）还比较了副词或状语成分作为VP补足语成分与关系子句作为DP补足语成分的相似性，为VP与DP的平行性假说提供了进一步证据。

5.3.5.1.2 轻谓词成分提升

Larson（1988）对当时学界提出的双宾结构中重名词成分右向移位说提出批评，他认为正确的操作应该是轻谓词成分左向移位，即轻谓词成分提升。再通过重新分析（reanalysis），实现表层的双宾结构形式，以"John put on the fish all the salt he had."为例，其结构推导形式以树形图演示如下：

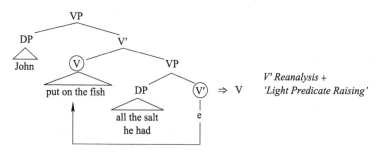

图 5.10　Larson（2014：450）关于双宾结构中重新分析的推导图

Larson（2004）将同样的程序用于DP结构派生中，认为D像V一样也可以从及物、不及物、双及物角度进行分类；在VP结构中，论元会被赋予施事（agent）、主题（theme）之类的题元角色，而在DP结构中，也有可以承担特定题元角色的结构成分，并且DP结构内部的题元角色也有自己的等级，其主要的题元层级如下：

$$(42)\ \Theta_{SCOPE} > \Theta_{RESTRICT} > \Theta_{NOBLIQUE} \qquad （Larson\ 2014：411）$$

同时，在结构派生程序上，DP结构也与VP层相似，以"Every woman who enjoys books WHO READS SHAKESPEARE."中的every who enjoys books为例，同样运用重新分析和轻谓词成分提升的程序，可以得到如下结构：

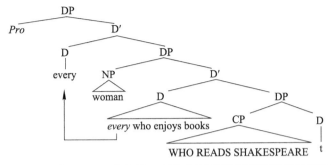

图 5.11　Larson（2014：452）关于 DP 结构中的重新分析和轻谓词提升的程序图

5.3.5.1.3　属格转换

　　名词性结构中的修饰语(如关系从句等) 有似于动词性结构中的状语成分。Larson(2014) 提到有关这一方面的一些重要论题实际上在 Chomsky(1970)已有涉及，比如名词前的属格成分与句子之间的相似性问题。Larson(2014)认为，名词前属格结构与双宾结构有着根本性的相似之处，其中同样存在一个类似于双宾结构中"与格转换"（dative shift）的转换程序，称作"属格转换"（genitive shift）。例如，居于名词之后的属格成分类似于介词性与格结构，派生方式相对简单。以the briefcase of John's (that Alice lost/on the desk/taken)为例，其派生方式可以用树图形式演示如下：

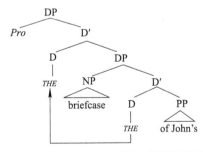

图 5.12　Larson（2014：460）关于 DP 结构中的名词后属格成分的派生图

居于名词之前的属格成分则类似于双宾结构，其派生形式相对复杂些，要经历一个类似双宾结构中"与格转换"的"属格转换"程序。以 John's briefcase 为例，其派生过程图示[1]如下：

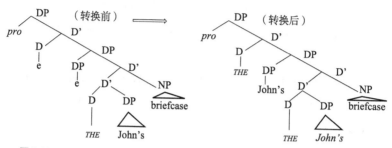

图 5.13　Larson（2014：461）关于 DP 结构中名词前属格成分的属格转换分析

5.3.5.1.4　DegP扩展投射假说

在上述讨论基础上，Larson（2014）进一步提出DP结构可以扩展至DegP结构层，如下图所示：

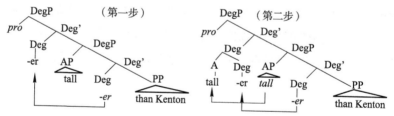

图 5.14　Larson（2014：471）关于 DP 结构的 DegP 扩展投射图

这一投射在句子层面也同样存在，并且DegP高于CP，如图5.15所示关于too和enough的案例分析。

1　图5.13右图中语迹THE和John's在Larson（2014）中标记为浅色，这里为印刷方便改用斜体。下面关于Larson（2014）的评述都沿用同样的标记法。

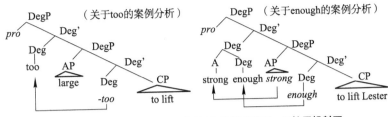

图 5.15　Larson（2014：471）关于 CP 结构的 DegP 扩展投射图

比较图5.14和图5.15，二者的相似之处一目了然。Larson（2014）认为，如果这一假设成立，那么关于DP和CP/TP平行性的很多方面都需要重新思考。

5.3.5.2　贡献和影响

Larson（2014）为名词短语内部结构层次提供了与动词短语内部结构类似的语壳结构方案，将二者统一起来，进一步证明了语壳结构理论的解释力。同时，它也从一个侧面提出了自己关于DP内部结构分裂的假设。尽管Larson的DP语壳结构在分裂后的具体层级与功能属性上与前面提到的几个DP分裂假说有较大差异，但是研究方法和路径却异曲同工。此外，该研究关于DP结构可以扩展至DegP的提议也有非常重要的参考价值。这方面还有很多有待继续深入之处，特别是从句法制图研究的角度继续深入。

5.3.6　CP 与 DP 平行性的句法制图视角

Laenzlinger（2005a，2005b，2007，2017）援引Scott（2002）的形容词序列，对形容词的层级进行了研究，对DP内部结构成分及移位类型进行了多角度的分析，并对CP与DP之间的相似之处和不同之处作了句法制图视角下的研究探讨。Scott（2002）对AP相关的功能层级排序如（43）所示。

（43）Determiner > Ordinal Number > Cardinal Number > Subjective Comment > ?Evidential > Size > Length > Height > Speed > ?Depth > Width > Weight > Temperature > ?Wetness > Age > Shape > Color > Nationality/ Origin > Material > Compound Element > NP

（Scott 2002：114）

Laenzlinger（2005a，2005b，2007）对形容词层级的排序结果如下：

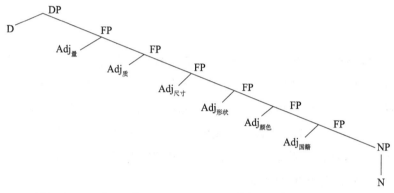

图 5.16　Laenzlinger（2005a，2005b，2007）关于形容词层级的排序图

同时，他引用 Grohmann（2003）的研究，将句子和名词短语结构的层级进行比较，认为二者都可以分为前区（Vorfeld）、中区（Mittelfeld）和后区（Nachfeld）三个层级区域，表示如下：

（44）句子　　　　名词短语结构

　　　CP　　　　DP　　　　　　　（前区）

　　　IP/TP　　　NumP　　　　　　（中区）

　　　*v*P/VP　　　*n*P/NP　　　　　　（后区）

其中名词短语的 NumP 层与句子的 TP 层一样都属于位于中区的屈折层，是形容词所在的区域，与句子中副词所在区域相对应，都属于性、数、格相关区域；而高位（前区）的 CP 与 DP 都是与话题、焦点相关的区域，低位（后区）的 nP 和 vP 都是题元角色相关区域。二者的层级对比如下：

（45）a.　[DP ... [DP　[TP [FP adj 1 ...　[FP adj 2 ...　[nP ... [NP ...]]]]]]]

b.　[CP ... [CP　[NumP [FP adv 1 ... [FP adv 2 ...　[vP ... [VP ...]]]]]]]

前区　　　　　　　中区　　　　　　　后区

Laenzlinger（2005a，2005b，2007）比较了句子中段和名词短语中段的句法层级，通过对 14 种语言的比较研究，得出结论认为：句子中段位置的副词具有固定的层级位置，而名词短语的中段作为定语的形容词也具有固定的层级位置。同时，他主要强调了不仅要看到二者之间的平行性，还应该注意到它们并非绝对平行，在中心语移位和短语移位方面，二者的诸多不同之处同样值得关注。

除上述文献外，关于名词性短语内部结构的制图研究或准制图研究还有很多。例如 Selkirk（1977）关于名词短语内部结构的讨论；Szabolcsi（1987）、Hudson（1989）、Ritter（1991）以不同语言为例对名词短语内部功能语类所作的考察；Valois（1991）关于 DP 内部结构的研究；Longobardi（1994，1996）关于所有论元性名词都需要限定词的研究发现；Koopman（1999）关于代词性 DP 的不同类型的分布特点的研究；Zamparelli（2000）关于 DP 内部层级以及不同语义解读的名词性表达与不同的 DP 投射之间关系的研究；Shlonsky（2004）关于闪语名词性成分形式的探讨；Ihsane（2008）以法语无定名词的形式与语义为例对 DP 内部层级及 DP 的左缘结构的研究等。这些研究大多支持如下观点：首先名词短语不仅具有 DP 的功能扩展投射，而且在 D 和 N 之间还有着需要更加精细化研究的内部功能层级，这些层级可以表现在不同类型的形容词、关系化结构及其与名词之间的相对语序上，也可能会与移位操作有关。在移位的具体类型上，有N移位和D移位的不同类型。像句子层面一样，DP层面也有左缘结构成分，其中也包含了ForceP、TopP、FocP甚至TenseP的投射层级。DP分裂的研究因其精细化、局部简约化而为名词性短语的内部结构研究提供了新的观察窗口。

5.4 汉语名词性短语的制图研究

关于汉语名词性短语内部结构的研究文献有很多。受朱德熙（1961）《说"的"》一文影响，围绕"的"和"的"字结构(如邓思颖 2006，2016；何元建、王玲玲 2007；李艳惠 2008；陆俭明 2003；潘海华、陆烁 2013；任鹰 2008；施关淦 1981，1988；石定栩 2008；司富珍 2000，2004，2006，2009；吴长安 2006；熊仲儒 2005，2006；杨彩梅 2003等)，向心结构理论(如程工 1999；施关淦 1988；项梦冰 1991；朱德熙 1984等)及名词化或名物化问题(如项梦冰 1991等)所产生的文章和论著就难以计数，其中既有传统结构主义理论框架下的研究，也有生成语法理论框架内的研究。本书重点关注国外句法制图理论的相关研究及其在汉语研究中的影响，因此，这里并不打算对有关汉语名词性短语研究的所有文献作全面综述，而仅围绕句法制图相关文献，特别是与"思维放大镜"视角观察结果(即由此而产生的各类分裂结构)有关的文献作以点带面式的介绍，从而为读者展现制图理论为汉语名词性短语结构研究带来的新思路。

前面关于国外研究的评介表明，不仅在句子左缘(即CP层)存在功能分裂，而且在句子的低层区域甚至名词性短语内部也存在可以从微观结构角度精细化地观察的分裂结构。这一思路将句法研究引向一个更为微观的层次。在这一视角下，CP、TP等过去被看作是单一投射的结构，都可以被看作是具有丰富内部结构的结构域。而以往认为是单一层次的功能中心语也可以分裂为不同的小类。例如，句子左缘的功能中心语C就可以分裂为Topic、Focus等不同层次，而Topic、Focus等各自又可以进一步分裂为话题域、焦点域等。沿着相似的思路，汉语研究者在精细化观察局部结构方面也作出了努力。限于篇幅，以下仅选介本书作者从制图视角观察名词短语内部功能中心语分裂的案例，以展示"思维放大镜"视角下的汉语名词性短语研究的可能路径，涉及的论题主要有：1）领属结构分裂，2）指示词分裂，3）"的"与汉语中的DP-CP平行性研究。

5.4.1　与领属结构相关的功能分裂

表达领属义的结构类型有很多，比如：1）以领属性动词为核心所构建的句子层面的领属结构（Larson & Cho 2003），如"John has a former car."和"John formerly had a car."；2）双宾结构中的领属结构（Harley 1995，2002；司富珍 2015），如"我给了他三个苹果"和"我吃了他三个苹果"；3）名词性短语中的领属结构，如"小兴的帽子"和John's former house，其中也包括以分词形式表达领属关系的名词性短语结构，如"We love the idea of their building a new house." 中的their building a new house。以下暂时只涉及名词性短语中的领属结构。

领属结构是观察DP内部结构的重要论题，Abney（1987）提出的"DP假说"，就是从Poss-ing类动名词形式的领属结构开始的。Larson（2003）则讨论了名词性短语中的时间形容词所在的领属结构和相应的句子结构的平行性。Barker（1991/1995）以英语为例，沿着Heim（1982）和Abney（1987）的路线，在"DP假说"框架内从句法语义结合的视角对领属结构作了综合性的讨论，其研究内容涉及领属性NP与句子真值条件的关系、有定（definite）领属和无定（indefinite）领属的区分、可让渡（alienable）领属和不可让渡（inalienable）领属的语义、量化领属（quantificational possessives）的逻辑形式及真值语义等；其研究重点是辖域限制（domain restriction）、驴子句照应（donkey anaphora）以及比例分配（proportion）等相关的问题。该研究提出，领属性短语结构既不同于限定词，也不同于具有描写内容的结构成分，它们与有定或无定的描写内容都有区别，有自己专门表达领属的描写内容（possessive description）。这一认识触及了一个重要事实，那就是在名词性短语结构中，除DP和NP层外，还存在独立的Possessive（简写为Poss）层。Barker（1991）特别讨论了领属结构中的歧义现象，并认为类似most people's rice的由量化词辖域造成的歧义从句法结构和逻辑语义上看都不能算作真正的歧义，而是一个分配问题：当一个量化词（如most）同时约束两个或两个以上的变元时，就会出现比例分配问题。他把这类现象称作是视角悖律（perspective paradox）。

不过，司富珍（2009）认为，Barker（1991）在为这些具有歧义的领属结构绘制结构图时存在一些问题。以most people's rice为例，Barker（1991）将其中[[most people]'s rice]的结构树绘制如下：

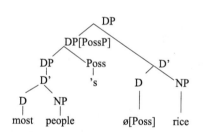

图 5.17　Barker（1991：6）关于领属结构的图解

这一图式最明显的问题之一是：DP和DP[PossP]之间关系含糊，Poss/'s与D'之间的关系也不符合一般X'结构投射的构成方式，主体结构中心语位置上的D的终端符号ø[Poss]与指示语位置上的终端节点Poss之间的关系也令人费解。另外，most所处位置无法通过C-command关系影响NP位置上的rice，也就无法令人满意地解释"比例分配"的问题。

为此，司富珍（2009）在对涉及时间定语、量化词定语和限定词定语的名词短语中的歧义结构进行考察的基础上，提出DP-PossP分离的DP分裂分析方案，认为在DP与NP之间存在一个独立投射的PossP层，它与DP分离，居于DP补足语位置。同时，在PossP与NP之间还有其他类型的修饰或限制成分，标记为MP（Modification Phrase的简称）。限制词（包括时间定语、量化词、限定词等）也是这一层级的成分，以M统称。M是中心语，也构成独立的功能投射。以most people's rice为例，DP与PossP分裂后的结构如下：

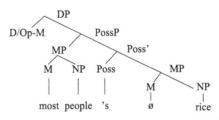

图5.18　司富珍（2009a：10）关于领属结构的图解

在DP指示语的位置存在一个算子成分，当它的特征为[+M]时，与之相应的限制性词语如时间定语、量化词和限定词等会发生隐性移位，其辖域涵盖整个领属结构；而如果算子特征为[-M]，则时间定语、量化词和限定词留在原位，这时它们的辖域只涵盖其后的名词性成分。时间定语、量化词和限定词三类定语成分所形成的歧义现象得到了新的统一解释。以John's former house为例，其两种语义解读的内部层次及辖域关系分别演示如图5.19和图5.20所示。

解读之一：

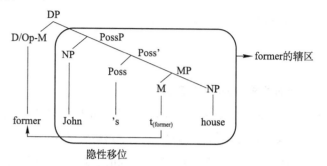

图5.19　司富珍（2009a：11）关于领属结构中的歧义解读图解之一

解读之二：

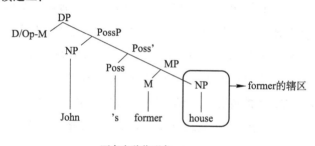

图5.20　司富珍（2009a：13）关于领属结构中的歧义解读图解之二

这一分析同制图研究的很多案例一样，采用了放大镜视角精细化观察DP内部层级，提出了DP与PossP分裂的理念，是DP分裂研究的个案研究。

这一分析进一步明确了领属标记成分's在名词性结构的主干骨架上的独立地位和层级，同时还认为DP指示语位置可能存在一个算子成分Op-M，并把这种算子叫作"限制算子"。不过，对于如何定义限制算子以及它在句法语义上的地位如何，这一分析并没有讲得很清楚。现在看来，这一位置正是DP内左缘结构所在的位置，而如图5.19所示的隐性移位，应该跟语篇信息（如焦点成分）相关。其中谈到的[+M]的算子特征有似于Rizzi（1997）所提议的校准特征。这一方面还有更进一步研究的空间。

5.4.2 可让渡的领属与不可让渡的领属

司富珍（2014a）、Si（2017b）、Samo & Si（2022a，2022b）以汉语为例讨论了两种类型的领属结构，即可让渡的领属结构和不可让渡的领属结构。他们认为PossP还可以进一步分裂为不同的子类，这些不同的子类占据不同的节点，共同构成一个表达领属的区域，这一观点可称为"PossP分裂假说"。

以"小兴的爸爸"和"小兴的牛肉"为例，二者表面看起来结构相似，然而却属于两种不同类型的领属，前者是不可让渡的领属，后者是可让渡的领属。上述研究表明，两类不同的领属在"的"的隐现、与双宾结构的转换、焦点化、代词属格的形态实现等方面都表现出系统性的对立。比如在无上下文语境的情况下，不可让渡的领属通常不需要"的"的标记（"他爸爸"），无法转化为双宾结构（如*"小兴给了小馕一个爸爸"），同时也无法将领属者（如上例中的"小兴"）焦点化；而可让渡的领属在无上下文语境的情况下通常都需要"的"作为标记（如不能说"他牛肉"，而要说"他的牛肉"），它一般可以转化为双宾结构（"小兴给了小馕一块牛肉"），领属者也可以焦点化（如"牛肉是小兴的"）等。司富珍（2014a）还考察了汉语普通话和晋语交城话中的"的"以及交城话标记人际间固有领属关系的标记成分"家"，以此为证据进一步探讨汉语在区分领属结构可让渡性方面表现出来的形态句法特点。

在系统考察了可让渡的领属结构和不可让渡的领属结构中"的"的隐现情况后，司富珍（2014a）提出了分裂PossP的研究假设，认为名词性短语结构内部允许出现两个领属结构层，居于低层的领属结构层传达的是词汇所固有的语义关系信息，因此称其为"词汇领属"（$Poss_l$）；居于高层的领属结构层传达的是语境所决定的临时构建的可改变的领属关系，因此称其为"语用领属"（$Poss_p$）。二者分别占据名词性结构中的词汇层和语用层。换言之，不可让渡的领属标记词汇层的属性，而可让渡的领属是语用决定的临时关系，因此标记的是语用领属。二者的分布情况制图如下：

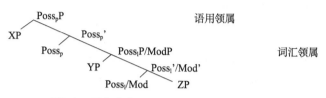

图 5.21　司富珍（2014a：47）的分裂 PossP 假设

在这一假设下，"的"在两类领属结构中都处于上层语用领属的中心语$Poss_p$的位置，但整个结构的制图有别：在不可让渡的领属关系中，由于词汇上已经定义了固有的领属关系，因此在没有其他语篇"校准"信息要求的情况下，"的"可以不出现；而在可让渡的领属关系中，由于底层词汇语义关系并不能定义其领属关系，因此中心语与其指示语之间只能是一个临时关联的弱修饰关系（标记为Mod）。要想建构二者之间的领属关系，领属者成分需要移位至标记语用领属的中心语"的"的指示语位置，核查相应的特征。因此，"小兴的爸爸"与"小兴的牛肉"表面形式相同，但其底层的构造则有别。不过，在上层语用领属关系层，二者又有相似之处，即都由"的"来承担标记语篇信息或语用信息的功能。

Samo & Si（2022b）又进一步在司富珍（2009，2014a）和Si（2017b）的基础上，运用计算语言学的方法，对上述关于领属结构分裂的假说进行了验证。该研究首先设计了三种模型，第一种模型预测句法结构特点、句法化的语用信息等，在允准"的"的出现与否方面起着重要的作用，这一模型标记为M_{syn}。另外两个模型则是控制组模型。第一控制组的预测是："的"高度依赖被领属成分的词汇语义特点。第二控制组的预测是："的"的出现与否随机性极强，没有明显规则。实验的材料来自BCC语料库，得到的数据如下：

表 5.2　关于两类领属结构中"的"的出现与否调查结果之一

（译介自 Samo & Si 2022b：43）

搜索项	搜索结果数	例子
我 +N	1 005 060	我爸说，……
我的 +N	609 509	我的朋友也这样想
你 +N	505 660	你大哥在行动
你的 +N	359 341	我从你的脸孔中认出了他
他 +N	608 629	他父亲叫他"小崽子"
他的 +N	566 763	他的世兄一定走了
她 +N	246 943	他拉住她手道
她的 +N	360 836	她的笑容为什么可以这么灿烂、温暖?
它 +N	87 564	它妈妈是白色长毛的波斯种
它的 +N	77 785	它的屏幕实在出色
我们 +N	207 211	今天一天都在我们家门口走来走去
我们的 +N	152 577	那又不是我们的错
你们 +N	42 117	你们老板他老这个样子吗
你们的 +N	27 912	你们的男朋友合格了吗
他们 +N	64 948	因为他们爹妈是 80 后!
他们的 +N	121 629	而他们的收入何尝不比社会平均收入水平高出许多
她们 +N	7946	她们公司超好
她们的 +N	10 984	她们的歌声还是如此美妙
它们 +N	3794	它们祖上是远亲
它们的 +N	13 343	它们的风味

对上述统计结果进行计量分析，结果如下：

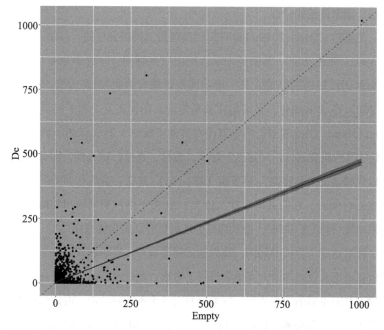

说明：数据点分布值（n = 14,139），不带"的"的结构（标记为 Empty，由 X 轴表示）和带"的"的结构（用 De 标记，由 y 轴表示）的原始频率数据，两条线分别是词汇模型 M_{lex} 的参考值，虚线代表的是随机的情况，实线是实际的回归情况。

图 5.22　关于两类领属结构中"的"的出现与否的量化分析（译介自 Samo & Si 2022b：46）

　　统计结果显示，在可让渡领属结构中，"的"的使用倾向是78％，而在不可让渡领属结构中，更倾向于不使用"的"。该研究还通过抽样对其中貌似反例的情况作了理论上的分析。通过对这些数据的随机抽查检验，发现可让渡领属结构中的使用倾向比例应该比统计结果更高，这是因为有一些数据是不符合条件的无效数据。而对于可让渡领属结构中不使用"的"的情况也可以在理论上找到缘由和解释。实验结果证实了"的"在两类领属结构中的表现差异，并且对与"的"相关的语用信息句法化现象也作了简要讨论。

5.4.3 指示词结构分裂

司富珍(2016，2019a)针对现代汉语指示词研究中的一些结论(房玉清 1992；郭锐 2002；孙德金 1996)提出三点疑问：1)关于分布和语序：作为名词性短语的修饰成分，指示词是否像有的研究(房玉清 1992；郭锐 2002)所说的那样，必须用在数量短语之前而不是之后？换言之，在 Dem 和 Num-Cl 的相对语序上有没有其他可能性？2)关于指示词的语类属性：有的研究认为，"'这么，那么，这样，那样，这么样，那么样'还可以代替动词或形容词"(房玉清 1992：76)。那么，当这些词用来代替动词或形容词时，它们又属于什么语类？3)关于指示词的语用功能：除了标识功能(孙德金 1996)，指示词是否还可以有别的功能或作用？

针对这三个方面的疑问，我们通过问卷调查、现场调查等多个途径对汉语普通话和汉语多个方言事实进行了考察，发现汉语的指示词在不同的语境下具有不同的形态表现，它们分别对应于不同的功能，由此我们认为这些不同形态和功能的指示词实际上分布在不同的句法结构层级。这一点可以通过指示词短语的连用及读音变化来得到验证。比如"这个这""那个那"一类结构出现在多个方言中，且两个"这"或两个"那"(有的方言中书面上记为"兀")读音和功能均不相同，以晋语交城话为例：

(46) a. 我看给一下你的这[tsə](一)个这[tsɛ]包包。

    b. 我看给一下你的这[tsə](一)个这[tsɛ]。

    c. 我看给一下你的兀[wə](一)个兀[wɛ]包包。

    d. 我看给一下你的兀[wə](一)个兀[wɛ]。

以上例句中的"这""兀"(相当于普通话的"那")，都可以同时出现在(数)量词"(一)个"的两端，并且发音和功能都不同，显然处于不同的句法层级，归属于不同的句法语类。这样的例子还有很多。

在对此类现象观察分析的基础上，得出了针对上述三个疑问的初步结论：其一，指示词并不是像一般教材所言必须出现在数量词之前，也可以出现在数量词之后。其二，关于指示词的语类范畴和语用功能，借鉴Diessel（1999）的做法，认为指示词的语类地位可以结合两个方面的因素来界定，一是句法分布，二是表现形式。如果两个指示词从分布到形式都不同，那么它们应该属于不同的语类范畴。在此基础上，司富珍（2016）提出了指示词分裂和"指示词域"（demonstrative field）的有关假说：

"指示词域"假说

从句法制图角度看，指示词并不是一个单一的语类，它不仅仅存在于一个单一的句法节点，而是按照一定等级分层分布的不同类型的指示词组成的"指示词域"的总称。

参照Diessel（1999）的研究，我们将汉语的指示词区分为五种不同类型：指示指别词、指示代词、指示形容词、指示副词、指示限定词。其中指示副词与动词域有关，本章主要讨论名词短语的内部结构，故而暂时不讨论指示副词用法，其余四种类型的名词域内指示词成分具有系统的联系与区别，如表5.3所示：

表5.3　司富珍（2016）关于指示词分裂的研究分析

	指示限定词 这（[tsɛ]）/ 兀 [wə] 4	指示指别词 这 [tsɛ]1/ 兀 [wə] 1	指示形容词 这（[tsɛ]）/ 兀 [wə] 2	指示代词 这（[tsɛ]）/ 兀 [wə] 3
类指与否	+	-	+	-
韵母变化	ɛ	ə	ɛ	ɛ
声调高低	低	低	高	高
疑问测试 用词	[sen] 甚	[lʌ] 哪	甚样样的 / 怎地的个	[sen] 甚

（待续）

（续表）

	指示限定词	指示指别词	指示形容词	指示代词
	这（[tsɛ]）/ 兀 [wɛ] 4	这 [tsɛ]1/ 兀 [wə] 1	这（[tsɛ]）/ 兀 [wɛ] 2	这（[tsɛ]）/ 兀 [wɛ] 3
可否作论元	-	-	-	+
居于数量短语后	+/-	-	+	+
指示性	+	+	+	+
有定性	+	+	+	+

同时，根据它们的句法语义及形态表现，得出四类不同指示词的分布层级如下：

（47）指示指别词（Dem-Identifier）> 指示限定词（Dem-Determiner）> 指示形容词（Dem-Adjective）> 指示代词（Dem-Pronoun）

5.4.4 名词性短语和句子的平行性研究

前面提到，生成语法关于名词性短语研究的一个重要话题是名词性短语和句子之间的平行性。司富珍（2009b）以汉语的功能中心语"的"为例，讨论了观察汉语名词性短语和句子平行性的一个可能的抓手。该文首先从一个事实观察开始，即汉语中的"的"既可以是标句词C（Ning 1993；司富珍 2002），也可以是限定词D（熊仲儒 2005）。按照X'理论，无论中心语是C还是D，其投射规律均符合X'结构规律。司富珍（2004，2006）将它们统一标记为*De*P，强调的是不同类型的功能中心语"的"在投射规律上的相似性。不过，*De*本身并非语类标记，而是一种将二者统一起来时的方便称法。司富珍（2009b）则进一步尝试回答这一问题：为什么"的"既可以作DP的中心语，也可以作CP的中心语，这是偶然的巧合还是有着深层次的原因？

　　司富珍(2009)同时比较了现代汉语、古代汉语、现代英语和日语等语言中的类似例子：

　　（48）英语标句词that和DP功能中心语that

　　　　a. John expected *that* he would be able to hate Mary.（*that*: C）

　　　　b. *That* George!（*that*: D）

　　（59）古代汉语标句词"之"和DP功能中心语"之"

　　　　a. 师道之不存也久矣！（"之"：C）

　　　　b. 之子于归，远送于野。（"之"：D）

　　（50）日语标句词no（の）和DP功能中心语no

　　　　a. John-*no* hon.（の：D）

　　　　　约翰-no 书

　　　　b. ［Kinoo John-ga/no kat-ta　hon］-wa omosiroi.（の：C）

　　　　　［昨天 约翰-主格/no买-过去 书］-Top有趣

　　　　　　　　　　　　　　　　　（司富珍2009：464-466）

　　文章同时还提到，在霍恩（≠Hoan[1]）语中同样有一个可以兼作标句词和DP功能中心语的 *Ki*。

　　在CP和DP的平行性方面，司富珍(2009)还讨论了名词性短语中的时态表达、约束关系、格分配，同时也根据并列结构中两个并列项可以分别是CP和DP，进一步分析了二者之间在语类和功能方面的相似性。举到的例子如：

　　（51）［［[DP]那几个孩子的吵闹声]和[[CP]他们的父母对他们行为的毫不过问]]，使得张三非常恼火。

　　　　　　　　　　　　　　　　　　（司富珍2009b：473）

---

1 非洲的一种濒危语言，应为科伊桑语系中的一支。目前尚无直接对应的汉语翻译名，暂译为"霍恩"。

这些跨语言比较的事实表明，CP和DP不仅像很多学者讨论的那样在句法的诸多方面平行，而且它们的中心语C和D在许多语言里可以共用同一个"词"。这实际上提出了关于语类需要思考的一个问题，即C和D从语类和功能角度看是否有更深层次的联系。司富珍（2009b）借鉴了Hiraiwa（2005）关于"广义语类理论"（supercategorial theory）的有关观点，经过讨论认为，CP和DP本质上属于同类结构，是同一结构经由不同的派生语段（derivational phase）产生的不同结果。其中C和D都具有名词性，是同一广义语类下的两个次类。CP和DP的两个投射形式如下：

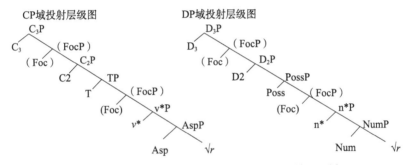

图 5.23　Hiraiwa（2005）关于 CP 域和 DP 域的投射层级分析

按照Hiraiwa（2005）的观点，上图中的*v**和n属于同一广义语类*C1*（用斜体来与其子类C1区分）的不同形式，是决定√r的语类地位的功能要素；C2和D2是同一语类*C2*（用斜体来与其子类C2区分）的不同实现形式，前者相当于限定性功能成分（finiteness），后者相当于定式限定词（definite determiner）；C3和D3属于同一广义语类*C3*（用斜体来与其子类C3区分），前者与Rizzi（1997）左缘结构中的语力（Force）相当，后者与指示限定词（demonstrative determiner）相当。它们的具体语类实现方式是在拼出传输（transfer）时由不同语类的插入所决定的，如果传输中插入的是[+N]，那么其实现方式就是D；如果传输中插入的是[-N]，那么输入的就是C。这一广义语类理论与传统词汇主义观的不同在于，它认为具体语言中的语类不是由词库所决定的。相反，从词库插入时r本身的语类是中性的，即并不区分是动还是名的问题，只有在句法运作过程中与相应功能中心语合并之后才会显现动词、名词等不同的语类特征。不难看出，Hiraiwa（2005）对CP域和DP域的层级分析实际上部分地融合了最简方案、句法制图、分布式形态学各自的一些理念，对于研究跨语类之间的关系具有一定启发意义。司富珍（2009）关于"的"的讨论部分借鉴了这一广义语类假说，并认为从"的"既可以作标句词，又可以作D的现象入手讨论，将它与其他语言中的类似现象进行比较，可以为CP和DP的平行性以及跨语类之间的相似性研究提供新的线索。

　　本节介绍的主要是本书作者关于汉语名词短语内部结构研究的几个案例，涉及的内容有领属结构中的歧义现象、领属结构的分裂、指示词分裂假说。同时，以汉语的"的"为例，评述了汉语为DP和CP平行性研究提供的一些证据。学界关于名词性短语结构有很多值得参考的研究成果，从句法制图的"思维放大镜"视角来观察，关于汉语名词性短语内部结构仍有许多未开垦之地，比如名词短语"左缘结构"及其接口研究、形容词的内部层级制图[关于形容词的最新研究可参考熊仲儒（2021）]等。这里所列举的领属结构、指示词结构分裂、DP与CP的平行性研究或许可以为这方面的研究提供一些参考。

复杂词的制图分析

6.1 概述

　　虽然生成语法的主要着力点在短语结构(包括句子结构)层，但作为句法计算程序的起点，词内结构成分及其层级自然也会影响和牵动整个计算程序。因此，自生成语法早期开始，就一直有学者在关注词内结构及其与音系、句法等的接口。关于句法结构，生成语法学家思考的核心问题之一是：什么样的结构是可能的或不可能的人类语言结构？围绕这一核心问题，还有一系列值得思考的相关问题，诸如接口条件问题、经济性原则等。而同样的问题也适用于构词层，即：什么样的结构是可能的词内结构？或反过来说，什么样的结构是不可能的词内结构？词在组织结构方面的合法性受到哪些条件制约？构词层面是否也像句法层面一样，存在由人类遗传基因所决定的具有跨语言普遍性的规律？是否也遵循Merge的基本操作程序？是否也有与语用信息相关的接口效应？词汇系统是否也遵循经济性原则？词内构造的程序是否也具有生成性(Allen 1978; Di Sciullo *et al.* 1987)？是否也可以通过神经科学的实验手段来验证(Rumelhart & McClelland 1986)？对这些问题的思考可以跟词内结构与短语结构或句子结构之间的平行性问题结合在一起探讨。

　　关于词内结构的构造程序与句法结构之间的关系，学界有若干不同的观点。其中一种观点认为复杂词的构造程序独立于句法，词虽然是句法的单位，但它本身又会形成一种照应孤岛（Postal 1969）。另一种则认为词的构成方式是（广义）句法的一个模块和有机组成部分，换言之，句法中应该有一个专门的部门[Ackema & Neeleman（2004）称之为"词语句法"（word syntax）]生成同样具有层级结构的词。按照后一种观点，构词法与造句法既是各自独立的模块，又可以在一个更大的广义句法中统一解释。Miyagawa（2009）在讨论名物化结构时强调，因为构词程序本身既可能发生在词库，也可能参与在句法过程中，所以对构词程序的研究不应该仅仅局限于语法的某一个组成部分，而应该视具体情况来决定是在词库还是句法中来进行研究。

生成语法学者对这一话题的探讨至少可以追溯至Chomsky（1957，1981）对于屈折词缀作为独立的句法单位描写的创造性工作以及Lees（1960）、Chomsky（1970）及Halle（1973）等关于派生式复杂词内部结构的讨论。这里说的复杂词（complex words）指的是由两个或两个以上词内成分组成的词，它包括复合词（compounds），但不等同于复合词。派生式复杂词则是指以派生方式（derivational procedure）构造而来的复杂词（如destruction）。Chomsky（1970）关于派生式名物化结构的研究为复杂词内部结构的研究提供了词汇主义思路（lexicalist position）。Halle（1973）则进一步讨论了复杂词的性质（比如在音系操作方面的不可预测性，范式的不完整性和贫乏性），从而为派生名物化结构的词汇主义观点提供了音系学和形态学的支持。在Chomsky（1970）关于词汇主义观点以及X'理论模式强大的应用能产性和理论启发力的影响下，一大批关于复杂词的研究相继产生。Siegel（1974）基于层次的形态学模型（level-based morphological model）的研究、Jackendoff（1975）关于形态操作的羡余原则（redundancy rules）的讨论、Aronoff（1976）的《生成语法中的构词法》（*Word Formation in Generative Grammar*）作为第一本生成形态学专著的问世，这些都是在Chomsky（1970）影响下的重要成果。关于复杂词研究的重要启示是，句法计算的原子单位未必只能到词为止，语素甚至特征也可以获得独立参与句法运算的资格，词法和句法的界限开始松动，甚至出现了取消词库的激进观点。

词汇与句法、形态与音系等接口问题成为这一研究传统下关注的重要内容，很多通过复杂词所显现出来的接口问题至今仍是研究的热点和难点。词汇完整性假说（lexical integrity hypothesis）（Lapointe 1980）、原子论假说（atomicity thesis）（Di Sciullo *et al.* 1987）、分布式形态学（Halle & Marantz 1993）、纳米句法（Caha 2009；Starke 2009）的相继提出，在很大程度上是这些接口问题驱动的结果。复杂词内部结构与其他语言部门的各种接口效应，加上词语内部可能存在的空语类成分，使得关于复杂词内部程序研究的丰富性不亚于句法计算系统。这些为句法制图理论留下了发展的空间。

本书前面介绍了句法制图的理论背景、主要原则和方法策略，讨论了学界对于句子内部结构层级特别是句子左缘结构（分裂后的CP层）、形态屈折层（分裂后的IP层）和论元结构及其扩展层（分裂后的vP层）的研究现状、主要论题及若干代表性成果，从句子骨架的三个层级展示了句法制图理论所揭示的显隐两个方面丰富的结构资源和巨大的研究潜能。同时，还根据句子结构与名词性短语结构的平行性原理，对名词性短语内部的结构层级的经典研究及制图视角下的DP分裂、形容词的层级排序、PossP分裂、指示词结构分裂等国内外研究成果作了简要评述。本章则主要结合与制图研究相关的纳米句法理论以及本书作者关于句法复杂词XW投射的研究案例，说明句法制图的原理与方法也同样可以扩展到构词层面上来，从而说明句法制图理论在不同结构层级中的普适性，也再次说明"有限手段的无限使用"是自然语言创造性特点的重要基础。

在内部安排上，本章主要分两部分来进行讨论，其中第二节主要评介国外学者在词内构造方面的研究探索，第三节简介与汉语复杂词有关的中心语研究。作为理论背景，首先简要说明中心语概念在构词层的运用，然后通过Kennedy（1994）、Julien（2002）和Booij（2005）等研究案例来展示学界在中心语概念启发下对词内构造进行的尝试性研究，而后转向制图视角下的构词研究，简要评述纳米句法的主要理念。关于制图视角下汉语复杂词的研究案例，主要报告本书作者在XW投射模型下对复杂词内部结构所作的初步探索与思考，主要观点是：一方面词库与句法作为两个独立的系统各有各自运行的规律，另一方面二者又有一定的平行性，并且在实际的句法操作中，二者还可能存在互动关系。

6.2　中心语问题的国外研究

6.2.1　"中心语"理论在构词层的运用

6.2.1.1　中心语研究的范围

生成语法以着力探索人类语言的普遍语法机制而著称。按照Chomsky（2001，2022a，2022b）等的观点，人类语言就其结构本质而言是统一的，差异只在于言语表达的某些可观察的变异方面。投射原则制约下的中心语理论为论证语言之间的普遍性或统一性提供了理论工具，也为揭示语言的递归性特征和解释"可能的"或"不可能的"语言结构（Moro 2016）提供了证据。

在句法学中，中心语（head）通常被定义为可以决定所在结构语类属性的句法成分。离散的句法成分由于中心语的核心领导地位而严格有序地组织起来。由于不同的中心语在各自所在结构中的独特地位（例如，按照制图理论，一个结构投射中只有一个中心语，不同的特征会由不同的中心语及其投射实现），加上句法构造"合并"（merge）所定义的二分计算机制，句法结构的秩序必然以层级的（hierarchical）形式呈现，因此，句法现象虽有万千种，但对其构造的解释却难以离开中心语概念的参与。

"中心语"的提法并非自生成语法始，然而生成语法框架下的中心语理论与传统结构主义语法的中心语理论有着很大差异：首先，受乔姆斯基启发，在生成语法框架下，中心语的概念由结构主义语言学框架下单纯对于实词语类（lexical categories）的关注扩展到功能语类（Chomsky 1981）。其次，中心语的概念不仅适用于短语和句子的研究，也适用于构词、音系等层面的结构程序。

在句法制图理论模式下，功能中心语更是成为理论体系（Cinque 1999；Rizzi 1997）的核心概念之一，可以充当功能中心语的也不囿于功能性的"词"，还可以是语素级别的成分（Chomsky 1955/1975，1957）及空语类成分（Chomsky 1981），甚至是一些特征（Caha 2009；Starke 2009）。

6.2.1.2 构词层面的"中心语"理论

中心语理论视角下的词内结构研究有若干不同的理论模型，比如早期在依存语法模型或管辖与约束理论模型之下进行的研究。而作为新兴的理论模式，在句法制图理论和分布式形态理论共同影响下发展而来的纳米句法近年来也开始受到关注。句法制图旨在为句法结构提供精细化的层级描写，它以局部简约性为指导原则，以强式制图理论为研究策略，在功能中心语(特别是与接口相关的功能中心语)的研究方面进行了大量跨语言的比较研究，这一理论对纳米句法的产生具有重要的影响。分布式形态理论（Halle & Marantz 1993）[1]则尝试为构词层和短语结构层提供统一的生成系统，它宣称所有语法复杂体的派生实质上都属于句法派生（Embick & Noyer 2005），纳米句法词库与句法关系的重新解读受此影响。受制图理论和分布式形态理论共同影响而提出的纳米句法（Caha 2009；Rocquet 2013；Starke 2009，2011a，2011b，2018等）旨在对词内构造进行精细化描写。该理论主张句法运算的原子单位可以是比词和语素还要小的特征，而词则并非是进入句法运算系统前已经准备好的句法原生单位，而是

---

1 关于国内外分布式形态学研究的系统评介可参看刘馨茜（2021）。

由句法程序派生而来的成分。

关于中心语概念在构词层的运用，Bauer(1990)曾评述：尽管中心语和修饰语(modifier)这两个概念在句法学中的使用历史已经很久，但将它们运用到形态学则是相对新近的事情。Bauer(1990)认为，推动中心语这一概念进入形态学领域的重要因素有二：一是依存语法学家们关于将他们的研究方法推而广之到形态学方面的初步想法(如Anderson 1980)，二是生成语法词汇主义观的多个不同分支理论运用X'模型分析词内结构的研究进展。他认为，后者的作用尤其重要。这些研究的共同之处是为不同类型的复杂词提供一种简单、统一的辨别中心语的理论体系，代表性成果如Lieber(1981)、Williams(1981)、Selkirk(1982, 1983)、Kiparsky(1982)、Zwicky(1985)等。譬如在Selkirk(1982)为形态结构系统提供的表达模型中，形态结构系统与短语结构系统一样，可以用一套上下文无关语法(context-free grammar)来进行分析。在这套语法系统中，词内结构组织像短语结构层一样依靠X'投射规则运行，只不过其层次实现为X^0-X^{-1}-X^{-2}，有别于短语结构层次X^0-X'-X"。二者实际上有点像山与其在水中的倒影，是一种宏观上的镜像关系。

6.2.1.3 词内中心语的鉴别

对于如何鉴别构词层中心语，一般认为，中心语是那个可以决定其所在结构语类属性的成分，这与句法层的中心语鉴别标准大致相同。不过，有的结构中可以出现两个或两个以上"疑似中心语"的手段或成分，这时就需要结合更多的条件来进行鉴定。Williams(1981)提出了"中心语居右规则"(Right-hand Head Rule，简称RHR)，如下：

中心语居右规则

在形态学中，我们把一个形态复杂词中居于最右端的成员定义为该词的中心语。

（Williams 1981：248）

中心语居右规则用来解释派生构词和复合构词中的中心语线性位置，但应该注意的是这一规则只能概括倾向性，而并不具有普遍性。诚然多数语言(如英语、汉语等)中的复杂词其中心语从线性上讲都倾向于占据右手位置，如英语的复合词bottle factory，汉语的"酒厂"等都是中心语居右的复合词(这里的中心语是语义中心语或词汇性中心语)；派生构词中心语也倾向于居右，如改变语类地位的词缀性功能中心语多居右侧位置。但例外也有很多，因此它并不是一个普适性的原则。例如德语的前缀ge-，以dichten为例，它本是动词，意思为"作诗"，而添加了前缀ge-后的Gedicht变成名词，因此根据中心语的定义，ge-在这里是一个具有转类功能的词内功能中心语，但从线性上看它不是在右手位置，而是在左手位置。再如汉语的前缀"小–"，以"偷"为例，它本是动词，而添加了前缀"小"后的"小偷"变成名词，因此根据中心语的定义，"小"在这里是一个具有转类功能的词内功能中心语，同样，它也并不处在右手位置。可见中心语居右规则的局限性。Chomsky(2001，2020a)强调语序并非句法的核心组成部分，它与遗传而来的内在语言机制其实没有太大关系，只是外化过程的产物。如果用这一观点来看中心语在复杂词中的线性位置，那么上述关于中心语并非普遍地居右的现象就可以得到解释。

6.2.1.4 强式句法制图理论关于功能中心语的强普遍性假设

按照Kayne(2005)、Cinque(2006a)、Cinque & Rizzi(2008)等的观点，强式制图观为功能中心语提供的是一种强普遍性的研究思路，即如果有证据表明在某种语言里存在一种特定的功能中心语(及其投射)，那么这一中心语(及其投射)也一定会出现在其他任何语言中，只不过在其他语言的形态上或隐或显。本研究则主张，作为一种研究的方法和策略，这种强式制图观可以启发和引导研究者从不同角度开放性地观察语言，从而发现从单一语言看该语言所无法看到的现象和规律。本章的研究案例则说明这一研究策略也同样可以用于构词程序的研究。

6.2.2　词内结构中心语研究的几个经典案例

6.2.2.1　Aronoff（1976）：生成语法中的构词研究

　　Aronoff（1976）的《生成语法中的构词法》是第一本在生成语法框架下撰写的构词法研究专著。在其前言部分，作者清楚地表明了运用Chomsky（1965，1972）和Chomsky & Halle（1968）中的有关思想，将形态结构与生成语法一般理论整合在一起的研究宗旨，并且说明尽管在必要处也会涉及屈折形态，但本书关注的主要对象是派生形态。

6.2.2.1.1　派生形态与屈折形态的句法制图

　　对于派生形态和屈折形态及其与中心语之间的关系，Aronoff（1976）作了如下区分，屈折语素可能被一个X节点统领（dominated），也可能被更高的X'或X"所统领；而派生语素则是被X节点统领。说得通俗一点，其意思大致上就是屈折语素是参与句法计算过程的，因此统领它的上方节点可能是一个词，也可能是一个比词高一级的单位；而派生语素则不然，能够统领它的最高节点就只有词，也就是，派生语素是词内部的成分，而屈折语素是词外部的成分。

　　派生形态和屈折形态之间的制图层级[1]如下：屈折形态在外，派生形态在内。用方括号来表示如下：

　　（1）　[[派生形态]屈折形态]

　　以compartmentalized为例，Aronoff（1976）为其提供的描写为：

　　（2）　a. 可能的结构：

　　　　　　compart + ment + al # ize # d

---

[1]　这里是用制图理论的概念来解读Aronoff（1976）的理论，并不是其本人曾用的术语。

b. 不可能的结构：

*compart + ment + al # ize # d + ation # s

（Aronoff 1976：2）

Aronoff（1976）沿用了Chomsky（1957）的描写符号系统，"+"表示词内成分之间的关系，"#"表示词的外部成分之间的关系。(2a)是"可能的结构"，再换用今天的制图概念来观察，不难发现它的制图区域划界十分清晰：

图 6.1　图解 Aronoff（1976）的形态结构分析

不难看出，词汇域与形态功能域之间构成的层级跟句子层面词汇层和功能层之间的分布非常相似。我们可以把词内构造的区域叫作词汇域[Aronoff称之为词汇语类（lexical category）]，而把屈折形态的部分称作形态功能域。(2b)是"不可能的结构"，因为它将分属两个不同制图区域的成分混搭在了一起。

Aronoff（1976）认为，类似复数和过去时这样的一些形态成分是词外成分或句法成分，属于形态功能域，而非词内语素。同时，该书还以古希伯来语（Classic Hebrew）、古叙利亚语（Syriac）和纳瓦荷语（Navaho）为例，讨论了派生形态和屈折形态以外的其他一些形态程序，包括代词宾语以附着语形式融入动词的程序、代词拷贝后融入动词的形式以及把副词融入动词的形式，认为虽然这种情形并不能算作派生或屈折类中的任何一种，而且传统上也没有给它们命名，但从功能上讲属于句法层面的操作，因此它们与屈折形态实质上属于同类，而与派生形态则性质不同。这让我们想起阿尔泰语系的多个语言中人称一致的情况，比如在维吾尔语中，第一人称和第二人称的人称一致就是拷贝相应的代词后与动词融合在一起。从句法功能的角度看，这些拷贝后融入动词的缀加形式与屈折性的词缀本质上一致，可以同样的形式来做句法处理（司富珍 2012b）：

（3） a. Män gezit oqu-y-*män*.

我　报纸　看-非过去时-第一人称

我看报。

b. Sän gezit oqu-y-*sän*.

你　报纸　看-非过去时-第二人称

你看报。

在词内结构的基本构成单位方面，Aronoff（1976）也有不少富有启发的讨论。比如，他以cranberry为例，说明了结构主义语言学给语素（morpheme）所下定义中存在的问题，因为并非所有词内结构单位都是有意义的（譬如cranberry中的cran），词语构造并不总是以意义为基础的。

6.2.2.1.2　构词规则和调节规则

Aronoff（1976）还区分了构词规则（word formation rules）和调节规则（adjustment rules）。

构词规则是词库的内部规则，决定词语结构基础的部分，它与句法规则分离，音系和形态部门都会为之施加限制条件。音系条件的结果是绝对的，或有（+）或无（-），不存在中间状态：只有能够满足音系条件的那些成分才有可能获得作为构词规则的基础这样的身份。而形态条件则有所不同，它决定的是构词规则的能产性，与词的基础结构的特定次类的不同形态实现形式有关。换句话说，词的基础形式的不同类别会有不同的形态实现，它们的能产性各不相同。而能产性与条理性成正比，一个规则的能产性越高，它在语义上的内在条理性就越强。

实际上，Aronoff（1976）设专门章节讨论了能产性问题，并强调了能产性的概念在派生形态研究中的重要地位。他认为，尽管在派生构词层面上，形态的实现方式有各种不同的可能性，但"有一些东西比另外一些更有可能"（Aronoff 1976）。

除了基础部分的构词规则，还有一个部门专门负责调节规则。因为并不是所有通过基础部分的规则输入的形式都适用于音系部门，这里就需要一个调节规则来根据直接相邻的语素环境对基础部分输出的形式作一些改变和调整，这些调节的规则也属于形态规则，但与基础部分的规则有所不同。

关于调节规则，Aronoff（1976）讨论到的主要有截缩规则（truncation rules）和语素变体规则（allomorphy rules）两种形式。

截缩规则就是将一个词缀内部的成分删除的规则：

（4）　$[[\text{词根}+A]_X+B]_Y$

　　　1　　2　　3 → 1 ø 3

　　　其中，X和Y是主要的词汇语类，ø是删除的部分。

（Aronoff 1976）

在截缩规则之下，Aronoff（1976）对形容词和副词的比较级作了统一的解释。以往研究发现，形容词和副词的比较级都可以用-er或more标记，规则如下所示。

形容词比较级一般规则 —— 当形容词是单音节或以-y结尾的双音节时，可以用-er，部分以-ly结尾的双音节形容词两可，其他情况则用more，例如：

（5） big → bigger/*more big

happy → happier/?more happy

lovely → lovelier/more lovely

flagrant → *flagranter/more flagrant

副词比较级一般规则 —— 当副词是单音节时，使用-er，其余大部分双音节或多音节的副词使用more，例如：

（6） a. He ran fast/faster/*more fast today.

b. He ran slow/slower/*more slow yesterday.

c. He did it skillfully/*skillfullier/more skillfully.

但有的副词则似乎两种情形都可以，比如：

（7） a. He spoke *soft/softly.

b. He spoke more softly.

c. He spoke softer.

d. He spoke *softlier.

（7a）意在说明，基础结构的副词形式是softly，不是soft，这与fast情况不同，因为fast本身可以单独作为副词使用，那么由fast派生出faster的副词比较级就在情理之中。但soft不同，这为（7c）的讨论埋下一个伏笔，因为我们需要解释既然副词的基础形式是softly，而不是soft，那么为什么其比较级是softer，而不是softlier。Aronoff（1976）为此提出了副词+er的截缩调节公式：

（8） $C_0 VC_0 + ly + er_{Adv}$

      1   2   3

      1   ø   3

（Aronoff 1976：93）

　　Aronoff（1976）认为这一处理方法统一了形容词和副词的比较级派生形态，表面上的差异实际上是由于副词增加了一个调节的规则。而我们也可以把其中的ø看作是词内空语类（司富珍 2019b）。Aronoff（1976）还援引Alan Prince（转引自Aronoff 1976：93）提出的一个有趣的现象：

（9）　a. *more deeply* philosophical

　　　　b. **deeper* philosophical

（10）a. *more frankly* phony

　　　　b. **franker* phony

　　当比较级副词出现在形容词前时，只能是more+Adj的形式，而不能是Adj+er的形式，作者并未讨论这类现象，但它应该可以给跨语言视角下的研究观察带来启发，所以在此一并提及。比如，汉语的副词"更"与英语的more有一定的相似处，那么它们是否也有同样的句法表现？这个问题的答案无论是与否，应该都是很有趣的。

　　除截缩规则外，Aronoff（1976）还讨论了语素变体规则。语素变体规则与截缩规则一样，是外在于音系的规则，尽管它会影响音系变化，但这种变化仅适用于一定的语素环境。比如英语的+Ation有多个不同的变体（Aronoff 1976：100），如+ation、+ition、+ution、+ion、+tion等，但是它们都受一定的形态规则制约，并且这种形态层面的调节规则会在音系规则启动之前执行完成。

6.2.2.1.3　可能的词和实际的词

Aronoff（1976）认为，正如句法的最小目标是说明什么样的句子是可能的句子（possible sentences），构词法的最小目标也是说明什么样的词是可能的词（possible words）。同时他还认为，句法和词法最大的不同在于，派生构词法中还存在可能的词和实际的词（actual words）的区分。Chomsky（2022c）引用 Halle & Marantz（1993）的研究，重申了区分可能的词、实际的词和不可能的词的重要性。不过有关这一区分的最早讨论也可以在 Aronoff（1976）中找到。

Aronoff（1976）还启发人们这样的思考：一个好的形态学理论应该能够告诉人们，为什么人们在碰到从来没有听到过的新词时，十有八九能够从直觉上大致明白它的意思和结构。有时候可能并不明白它是什么意思，但是却至少能够辨认得出它是这种语言中的一个词。

这种构造和理解从未听到过的新词的能力，与构造和理解从未听到过的句子是一样的道理，它是人类独有的一种语言生成能力的表现，应该也是"伽利略谜题"的一个组成部分。

6.2.2.2　Selkirk（1983）：X' 理论在词内结构分析中的运用

Selkirk（1983）持强式词汇主义观，不同于 Chomsky（1970）及 Dell（1970，1979）、Halle（1973）、Jackendoff（1974）、Siegel（1974）、Aronoff（1976）等只将派生式复杂词放入词库处理的方案，Selkirk（1983）认为屈折式形态、派生式形态以及复合词的内部程序全部属于形态部门管理，并将它们的操作规则称作"词的句法"（syntax of words），在讨论中也常常是用"W-句法""W-句法的"而不是"形态""形态的"来称谓相关问题。同时，也清楚地说明了，此处的"句法"实际上指的就是结构系统。本书作者（司富珍 2022a）在讨论句法复杂词时实际上也是在强调词内结构规则与句子和短语的结构规则系统有着相似或平行的地方（比如系统性、层级性、投射性等）。也就是说，这里的"句法"并非专指"句子的法"。不过，除非在特别需要强调的情况下，否则为理解和阅读的方便，本书还是会尽量采用"词法""词内构造""构词法"的表述方式。

关于"词的句法"，Selkirk（1983）强调了看似有点矛盾的两个方面。首先，虽然"句法"一词在构词法层面的使用极易让人联想到词内结构与句子结构的同质性，但Selkirk（1983）声明实际上二者之间还是有着本质性的区别，因此应该将词内结构当作是一个独立自治的系统（autonomous system）来看待。其次（也是该书最主要的观点之一），词内结构与句子结构之间又有共同的形式特点，是由大致相似的规则系统生成的。

关于句法和词法的平行性问题，Selkirk（1983）强调，首先是二者的结构生成装置都符合上下文无关语法，这一装置决定了哪些是"可能的词的结构"（possible word structure of L）。其次，X'理论的某些基本概念可以扩展运用到词的结构（W-结构）层。至于是否也存在转换程序，Selkirk（1983）对此未作评论。最后，尽管其研究是以英语为例展开的，但应该是普遍语法允许的若干变体之一，因此受到普遍语法制约。

据此，Selkirk（1983）提出了分析词内结构的X'理论，并讨论了W-结构（词内结构）和S-结构（短语和句子结构）在X'理论方面存在的差异。Selkirk（1983）提出，可以认为存在两套X'系统，一套专管S-结构，另一套专管W-结构。

在S-结构层面，词是结构树上的最低一层，其类别标为X^0。如前所述，X可能实现为N、V、A等具体的词类，而由它出发投射而来的高级别的投射层标记为X^1、X^2，它们是短语层级的语类单位。

在W-结构层面，词是其中的最大投射。其规则如下：

（11）$X^n \rightarrow \varphi Y^m \Psi$，其中 $0 \geqslant n \geqslant m$

（Selkirk 1983：8）

这个规则的意思是，在W-结构的X'投射层次中，作为最大投射的词标记为X^0，而词内成分的上标都小于0，标记为X^{-1}、X^{-2}等，但是投射规律则与S-结构层相似。

这一研究假设进一步为讨论"可能的词"提供了形式化的论证手段。

6.2.2.3　Di Sciullo *et al.*（1987）：为词定义

6.2.2.3.1　三种不同的概念

Di Sciullo *et al.*（1987）的《词 的 界 定》（*The Definition of Words*）与Aronoff（1976）的《生 成 语 法 中 的 构 词 法》（*Word Formation in Generative Grammar*）、Jackendoff（1977）的《X'-句法：短语结构研究》（*X'-Syntax: A Study of Phrase Structure*）、Selkirk（1983）的《关于词的句法》（*The Syntax of Words*）都属于Samuel Jay Keyser主编的"语言学研究单行本"系列丛书（Linguistic Inquiry Monographs）中的组成部分。正如其书名《词的界定》所示，Di Sciullo *et al.*（1987）的主要任务之一是厘清词的概念。她首先区分了关于"词"的三种不同概念或理论。第一种是从形态上观察得到的概念，是一组由语素级的形态原子单位组成的集合的概念。第二种是从句法角度观察得到的概念，这类"词"是句法的原子单位（atoms），是在句子结构树上插入X^0位置的句法原子成分，它们可能只有句法功能，但却没有一般词的形态形式。还有第三个概念，Di Sciullo *et al.*（1987）将之命名为"词表条目"（listeme），它既不同于从形态角度观察到的对象，也不同于从句法角度看到的原子单位，是一种不能通过递归性来定义的词。

6.2.2.3.2　"无法无天"的词库

Di Sciullo *et al.*（1987）首先特别讨论了被称作"词表条目"的词的概念，认为如果一个语言单位不能被递归地定义，那就只能单纯通过记忆来存储它。也就是说，这类不具备递归性的词，像一个个"词表条目"一样单独地罗列在心理词库中。从认知角度看，这样的集合显然是特别无聊的，它们不符合"有趣的法则"（interesting law）。这样的词典就像一座监狱，里面的成员都是"无法无天的"（lawless），这些成员之间除了"无法无天"外，毫无共性。Di Sciullo *et al.*（1987）指出，Jackendoff（1975）所提倡的就是这样一种对人的认知不友好的词库观，该观点认为语言里所有的词都是以词表条目的方式罗列在词库之中。Di Sciullo *et al.*（1987）说明，虽然她自己给这种词的概念取名为"词表条目"，但实际上她本人的观点是，列表性并非真是词的特性，或许心理学家对这样的词还会有点儿兴趣，但语法学家是不会感兴趣的。Di Sciullo *et al.*（1987）认为，虽然的确会有一些词只能靠记忆存储，没有规则，如同一些短语事实上也是这样，只能像清单一样罗列、记忆，但更多的、数量无限的词或短语则并非如此，它们受到一定规则的制约，是由它们的原子单位和一定的规则结合在一起可以生成的单位。

Di Sciullo *et al.*（1987）同时批驳了关于句法装置具有能产性，而形态装置非能产的观点。她认为，形态层面的所谓非能产性与句法的能产性只是一种现象式的差别，而非系统之间的本质差异。将形态层简单地说成是非能产的部门，从解释性角度看是无趣的。

简而言之，把词库界定为"无法无天"的"清单"列表的做法，对形态学和句法学都没有什么贡献，语法学家对此不会有任何兴趣，因而也就不可能有关于它的直接理论。

6.2.2.3.3　句法词的句法原子性

Di Sciullo *et al.*（1987）重点讨论了句法词，认为它们与成语性质的短语成分不同，句法词是X^0级的单位，即它们是句法运算的原子单位或起点单位，是可以插入中心语位置的成分，因此具有"原子性"（atomicity）。而成语性质的短语成分则是X^{max}级的单位，也就是，它们本质上也还是短语，是最大投射层级的句法单位。

句法原子性的概念具有重要的启示意义，具有句法原子性的成分可能从形态上看是一个短语，但却是作为一个整体插入 X^0 的位置。因此，这类词是有标记的词，需要一个重新分析的程序将它们从短语重新分析为词。从这个角度思考汉语学界所讨论的"字本位"（徐通锵 1997），至少应该可以找到思考或评判的形式依据。对"字本位"理论有兴趣的读者，无论是赞同者还是反对者，关注和思考这一句法词的重新分析说，或许会有新的启发意义，此处顺带提及。

6.2.2.3.4 句法和词法的平行性

Di Sciullo *et al.*（1987）的关注点虽然是词的概念和地位，但目标则是整个语法理论。她认为，一个完整的句法理论应该包括从语素到单词直至句子的所有层次。同时，单词具有不透明性（opacity），因此本质上词也会形成一种孤岛（island）。关于词可能构成孤岛的理论具有多方面意义，这方面还有很多需要深入挖掘的材料和值得进一步思考的问题。

同时，词法和句法是既相互独立，又平行互动的两个系统。比如，在中心语问题上，词法和句法两个系统中的中心语都会承担特征渗透或传递的功能。词法和句法之间的互动关系也非常丰富，所以虽然词会构成从形态到句法传递的一个"瓶颈"，但这个"瓶颈"又足够宽敞。

6.2.2.4 Kennedy（1994）关于达科他语词内中心语的研究

Kennedy（1994）在优选论（Optimality Theory）框架下研究词内结构，将 Selkirk（1983）关于形态层面中心语及其投射的理念运用到达科他语（Dakota）中增音（epenthesis）和不规则重音（irregular stress）现象的派生音系（derivational phonology）研究中，为中心语理论在音系和形态接口层面的运用增加了新的证据。其主要观点是增音装置依赖于形态排列（morphological alignment），并且认为形态排列的效应具有跨语言的普遍性，应该在更多语言中展开研究。同时，文章还认为达科他语中重音指派的例外现象其实并非真的例外，而是中心语投射（head projection）的结果。这里说的中心语投射表达的是形态结构和韵律结构之间的一种关系，它要求每一个词汇性的中心语都投射到一个韵律中心语上，并进一步提出了一个广义排列的规则，即 $LX \approx PR$。这相当于每一个词汇词都约等于一个韵律词，而韵律机制并非独立于句法的部分，而是句法的有机组成部分。

像在任何其他科学领域一样，自然组织结构简单且有规律的工作机制常常伴随着多样化的因素，因而使情况看起来比较复杂。比如各种语言的语法里都包含种种所谓的不规则现象。那么，既然存在很多不规则现象，是否所有的复杂词都可以用中心语理论来诠释呢？如果答案是"是"，那么又如何用统一的规则去解释中心语在不同类型的复杂词中的表现呢？

Kennedy（1994）重点关注了达科他语的不规则现象。这一研究沿用 Shaw（1976，1985）的观点，将复合词区分为词汇性复合词（lexical compounds）和句法性复合词（syntactic compounds）。词汇性复合词在语义上具有非组合性（non-compositionality），也就是我们无法从词汇性复合词的构成成分计算出该复合词的语义来；同时，在音系上，词汇性复合词也具有模糊不透明性（phonological opacity）。而句法复合词则与之不同，在语义上它们是组合性的（compositional），在音系上也是透明易解析的（transparent）。那么，中心语理论在这两种类型的复合词构造中是否都可以得到运用，这就需要加以分辨。

为方便读者更好地理解词汇性复合词与句法性复合词之间的区别，我们可以先借用这对概念来看看汉语的例子。以"龙头"为例，当它用来指水管的阀门时，其字面意义所体现的语义结构"龙的头"只揭示该词所指对象形状似龙头，并且像龙一样容易引起关于"水"的联想，与"水"发生语义关联，这反映的是该词产生的造词理据[1]。但从语义计算的角度看，从"龙""头"这两个语素及其组合形式(偏正式结构)，我们并不能计算出"水管的阀门"这样的理性意义。因此，"龙头"在指"水管的阀门"时语义上是非组合性的，音系上也有标记，比如"头"会弱化为轻声，故"龙头"在指阀门时是词汇性复合词。它与表示龙这种动物的头部的"龙头"不同，后者的"头"要读作阳平，不能读轻声。因此，当指"龙的头"时，"龙头"是句法复合词。

Kennedy(1994)援引Shaw(1976，1985)的概念，讨论了这两种类型的复合词在达科他语里的具体表现：

词汇性复合词：

(12) 原文：　[hą]　　　-[wakʰą]

字面义：night　　　holy

　　　　夜晚　　　神圣的

复合为：hąwákʰą(重音在第二部分)

理性义："北极光"(Northern lights)

句法性复合词：

(13) 原文：　[hą]　　　[wakʰą]

字面义：night　　　holy

　　　　夜晚　　　神圣的

复合为：hą́wakʰą́(重音在第一部分、首音节)

理性义："圣夜"(holy night)

(Kennedy 1994：59)

---

1 我们曾在洪堡特关于"内部形式"的概念的基础上讨论内部结构产生的理据及其与词的理性意义之间复杂关系的步骤之一是将复合词内部形式构造的"语义结构"与词义区分开来。所谓复合词的"语义结构"是词形中借以表现词所赖以产生的理据的概念组合，这个语义结构解读的是该词的造词理据，而非实际的词义或词的理性意义。详情可参见王艾录、司富珍(2002)。

　　上面这组达科他语的例子除语义上存在是否具有组合性的区别（从词汇性复合词用法来看，读者无法从"神圣的＋夜晚"计算出"北极光"的语义，但从句法性复合词用法来看，"神圣的＋夜晚"则可以计算出"圣夜"的理性意义），在重音的表现上也存在对立（词汇性复合词重音的实现位置是规则的，而句法性复合词的重音实现则呈现不规则性，或者说是有标记的）。达科他语重音指派的一般规则是，多音节词语中的重音由第二个音节承担。但在如上例所示的句法性复合词中，重音则呈现不规则现象，即重音由第一个音节来承担。这一违反"非起始音节"（noninitiality）限制条件的例外现象需要得到解释。

　　Kennedy（1994）给出的解释是，这种重音的调整是为了满足更高一层的限制条件而作出的。换句话说，它是构词层面上形态音系中心语成分的一种体现方式。因此，"所谓的重音例外根本不是什么例外，而是中心语投射的结果"（Kennedy 1994）。具体来说就是，在达科他语中，每个词汇中心语（lexical head）都必须投射到一个韵律中心语上。

　　除重音问题外，Kennedy（1994）还讨论了增音现象，并得出结论认为增音的韵律形态实现规律与重音相同。以下是关于增音的一组例子：

词汇性复合词：

（14）原文：　[čʰex]　[zi]

　　　　字面义：kettle　　yellow

　　　　　　　　壶　　　黄色

　　　　复合为：čʰexzí（直接复合，无增音）

　　　　理性义：黄铜壶（brass kettle）

句法性复合词：

（15）原文：　[čʰex]　[zi]

　　　　字面义：kettle　　yellow

　　　　　　　　壶　　　黄色

复合为：čʰéɣAzì（有增音，"A"为增音）

理性义：黄色的壶（yellow kettle）

（Kennedy 1994：54）

与上面关于重音的表现类似，在增音问题上也存在词汇性复合词与句法性复合词的不对称，其中词汇性复合词不具有组合性，整个词的语义（黄铜壶）无法从其构成要素"黄色的（zi）+壶（čʰex）"直接计算出来；句法性复合词则具有组合性特点，并且还出现了增音（增音由A表示）。这再一次证明，在达科他语中，所有句法性复合词都具有两层投射，一层是形态词投射层，另一层则是韵律层（增音的目的是满足韵律方面的要求）。这一定律也被称作广义排列装置（generalized alignment device），标记为：LX≈PR。这一装置在语法系统中并不是孤立存在的，而是有规律地运作的整个语法系统中的有机组成部分。

Kennedy（1994）的研究是在优选论框架下开展的，但在中心语的层级结构上得出的结论与关于词内结构的制图层级相似。我们可以为其结构绘制如下图谱：

PWd（韵律投射层）

MWd（词汇投射层）

图 6.2　图解 Kennedy（1994）关于词内结构的广义排列装置

这一词内结构的制图传达的意思是，达科他语中所有词都（至少）具有两个投射层次，居于底层的是词汇投射层，居于上层的则是功能层，即韵律层（形态上实现为重音或增音等）。

6.2.2.5　Booij（2005）关于词内中心语的研究

Booij（2005）在讨论转类问题时也简要总结了中心语在构词层面的运用，以加缀法为例，他认为"后缀在决定所在词语语类地位方面的作用促使一些语言学家将中心语这一重要的句法概念扩展到了形态学的层面。中心语理论在构词层面的运用在基于语素的形态学研究中作用显著"（Booij 2005：53）。Booij（2005）讨论了荷兰语中依靠加缀的方法转类的例子：第一类是非名词向名词转类（见表6.1），第二类是非形容词向形容词转类（见表6.2），第三类是非动词向动词转类（见表6.3）。

表 6.1　非名词向名词转类例释（选介自 Booij 2005：52）

转类方向	加缀形式	转类前	转类后
A → N	后缀	schoon "beautiful"	schoon-heid "beauty"
V → N	后缀	spreek "to speak"	sprek-er "speaker"
	前缀	praat "to talk"	ge-praat "talking"
N → N	后缀	moeder "mother"	moeder-schap "motherhood"
	前缀	zin "sense"	on-zin "nonsense"

表 6.2　非形容词向形容词转类例释（选介自 Booij 2005：52）

转类方向	加缀形式	转类前	转类后
N → A	后缀	meester "master"	meester-lijk "masterly"
V → A	后缀	lees "to read"	lees-baar "readable"
A → A	后缀	blauw "blue"	blauw-ig "blueish"
	前缀	gewoon "common"	on-gewoon "uncommon"

表 6.3　非动词向动词转类例释（选介自 Booij 2005：52）

转类方向	加缀形式	转类前	转类后
N → V	后缀	analyse "analysis"	analys-eer "to analyse"
	前缀	slaaf "slave"	ver-slaaf "to enslave"

（待续）

（续表）

转类方向	加缀形式	转类前	转类后
A→V	后缀	kalm "calm"	kalm-eer "to calm down"
	前缀	bleek "pale"	ver-bleek "to turn pale"
V→V	后缀	krab "to scratch"	krabb-el "to scratch lightly"
	前缀	rijd "to ride"	be-rijd "to ride on"

以上三组例子有一个共同之处，即无论转类前是名词、形容词还是动词，当添加相应的词缀后，输出的结果都是与该词缀相关的特定的类，即第一类输出的都是名词，这一程序传统上被称为"名词化"或"名物化"；第二类输出的都是形容词，相应地，可称之为"形容词化"；第三类输出的都是动词，相应地，可称之为"动词化"。虽然发生在词汇层，但与短语和句子层的句法中心语决定的推导程序非常相似。可以联想和比较汉语：汉语的名词性后缀"子"可以出现在名词、动词、形容词三类不同的环境下，比如"桌子"中"桌"为名词性成分，"铲子"中"铲"为动词性成分，"尖子"中"尖"是形容词性成分，但三者在与"子"结合后输出的都是名词性成分。司富珍（2004，2006）曾讨论过汉语"的"前可以出现名词、动词、形容词的不同语类，但输出结果都具有名词性语类特征的汉语例子（比如："开车"是动词，"开车的"是名词性的；"轻便"是形容词，"轻便的"可以是名词性的；"木头"是名词，"木头的"也是名词性的）。这里"子"类词语的派生过程与"的"字结构的派生过程道理相同，只不过一个发生在词汇层，一个发生在短语结构层。与Booij（2005）所讨论的上述荷兰语里的转类现象同理。

Booij（2005）将上述荷兰语例子中的词缀性成分看作是词内中心语，因为它们的存在决定了所在词语的语类地位，所以符合中心语的定义属性。比如他为blondje这个词内中心语及其投射提供的树形图如图6.3：

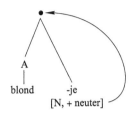

图 6.3　Booij（2005：53）关于 blondje 的词内中心语投射图

图6.3显示，该词作为名词的语类特征及其[＋中性/neuter]的性范畴特征是由其名词性的词缀-je所决定的，因此-je是当之无愧的词内中心语。Booij（2005）没有用投射来概括词内中心语和整个词之间的关系，而是引用Lieber（1980，1989）的术语，认为从词内中心语-je到整个词的特征关系是一种"渗透"（percolation）关系。Booij（2005）还进一步从-je对于复数标记的选择限制来论证了其作为中心语的属性和地位。

除加缀法外，Booij（2005）还对重叠法、零形态的中心语、混合式派生等其他一些词内功能中心语的情况分别进行了详细的考察，限于篇幅这里不再一一举例。

Aronoff（1976）、Selkirk（1983）、Di Sciullo（1987）、Kennedy（1994）及Booij（2005）的研究案例清楚地显示，受到Chomsky（1955/1975，1957）的启发和影响，词内结构的研究也成为生成语法研究的重要领域，包括词缀在内的语素类成分获得了独立的句法地位，词法与句法之间的关系也得到深入的思考。尽管在二者是合一还是分立等问题上还有不同观点，但将短语结构的中心语理论与构词层面的中心语形态[1]结合起来观察是很多生成语法研究者的一种倾向性选择，这方面的文献还有很多。

那么，从制图角度看，又有哪些理论尝试呢？下面将介绍的纳米句法

1　"形态"一词在汉语语言学界存在极大争议，对该词的理解有广义和狭义之分。在汉语语法讨论中，人们通常会把"形态"等同于屈折形态（inflectional morphology）来理解和使用，这是一种非常狭义的解读。我们这里所说的"形态"是一种广义的形态概念，即具体的实现样貌。

正是受制图理论影响，同时也吸纳了分布式形态学理论的一个新的研究思路。

6.2.3　纳米句法

6.2.3.1　"纳米句法"概念解读

纳米（nanometer）作为术语源自自然科学，是计量微米的千分之一倍的长度单位。其前缀nano-在希腊语中的原意为"侏儒"，引申为"极微小"义。句法学上使用的"纳米"是比喻的说法，是指句法分析的基本单位可以探测到极其微小的层次。"纳米句法"这一术语进入语言学归功于Caha（2009）、Starke（2009，2011a，2011b，2018）等的贡献。按照Caha（2009）的观点，将纳米句法理论与其他理论区分开来的标志性特点如下：1）句法的原子单位是纳米级的微粒单位，即单个的特征；2）音系和概念的插入是在句法之后，即后插入性（late insertion）；3）词汇插入发生在短语节点。

在纳米句法理论体系中，句法构造的原子单位（atoms）不再"唯词是瞻"，而是进入甚至比语素还要微小的"纳米"单位——特征（features）。在这一框架下，"词"不是从词库取出插入句法结构的最小原子单位，而是由更小的"纳米"单位经由特定的程序派生而来的复杂结构。这同时也意味着纳米句法与传统句法相比，其语类分析（categorial analysis）进入了更为微观的层面，句法结构"原子单位"的"纳米化"是句法制图研究的一种必然。可以说，句法制图研究及其影响之下产生的纳米句法理论不仅将句法结构的研究推进到了一个新的层次，而且为解构词内结构层级打开了新的视野。

6.2.3.2　纳米句法的理论基础

像句法制图、最简方案等生成语法的现行理论模型一样，纳米句法的理论源头也是原则与参数框架，"它整合了原则与参数框架以及发展中的关于语义结构化方面的三十年的成果"（Makovska *et al.* 2013：1）。此外，这一理论又同时受到句法制图以及分布式形态理论的影响，其中句法制图对其产生的影响尤为深刻。如前所说，句法制图理论的目标之一就是运用一种我们称之为"思维放大镜"的研究方法与策略，尽可能从结构的微米层考察人类语言共有的句法层级。其思路有似于物理学研究物质结构时对粒子层的探究：物理学采用不断对物质的内部结构放大观察的研究路线，对粒子的认识因此由分子、原子层进入目前被认为是最小粒子的夸克层，"原子"因此不再是物质结构的"原子"单位。在对人类语言句法结构的探究过程中，也经历着同样的深化过程，原来句法结构的"原子"层——词——不再是句法结构的"原子单位"。在这一观察之下，"词"实际上是由更为基本的微粒成分（纳米成分当然是一种比喻的称法）派生而来的复杂体。当然，作为语言的使用者，人们在"组词造句"时直接感知到的基本单位肯定是"词"，就像人们对物质世界的感知也不会是夸克一样。这是科学研究思维与日常生活认知的重要区别。语言学家应该像理论物理学家一样，在理论建构工作需要时有能力把自己从日常的生活中拔出来，这是科学理论建构工作的必备素质。

目前我们所看到的最早直接运用"纳米句法"这一术语的文献主要有Starke（2009，2011a，2011b，2018）及受其影响产生的博士学位论文［如Caha（2009）关于格的纳米句法研究，Muriungi（2008）关于班图动词句法的研究等］。虽然纳米句法作为术语提出是相对晚近的事情，但其理论根基却可以追溯到生成句法早期经典文献（Chomsky 1955/1975，1957等）。本书第二章关于句法制图的理论基础部分已经提到，早在Chomsky（1955/1975，1957）等经典文献中，将句法结构的原子单位聚焦到小于词的单位（如-s，-ed等）这一先河已经开启，而这一理论在当代的思想源头则可以追溯至Hale & Keyser（1993）关于l-句法（1-syntax）及Chomsky（2004）关于人类语言普遍的特征集合的相关理念（Makovska *et al.* 2013）。Chomsky（2004）在《超越解释的充分性》（"Beyond explanatory adequacy"）一文中明确讨论了由初始状态 S^0 决定的人类语言共同的特征集 {F} 及每种语言从中选择所得的子集 [F] 及其与词库 [LEX] 之间的关系。其思想与句法制图思想精神一致：人类语言存在一个共同的库存清单，而不同的语言选择其中的项目并按照共同的句法制图层级建构句法系统。Rizzi（1997）和 Cinque（1999）所引领的句法制图理论则进一步为之提供了具有启发力的框架，使得所谓语义特征（如与人称、数、性等相关的特征）以及语用特征（如语用否定等）的句法化程序得以形式化地呈现。作为在句法制图理论和分布式形态学理论影响下产生的理论，"纳米句法"将特征的概念推广到一个新的极致。

句法制图的理念一旦产生，就像一部十分能产的机器，将狭义的句法与语义、语用等模块完美地连通在了形式化的制图框架下。这一连通不仅不会削弱句法的中心地位，反而用"语义信息句法化"和"语用信息句法化"的实例，图解了人类语言无论是编码语义还是语用内容都离不开句法的"如来神掌"，都必须遵循句法的基本框架，从而更加彰显了句法的中心地位。

6.2.3.3　纳米句法的语法体系及操作程序

6.2.3.3.1　纳米句法的语法体系

纳米句法的语法体系与最简方案以来的框架大体相似，比如句法程序都是自下而上（bottom-up）通过合并（merger）（或内部合并和外部合并）来完成。纳米句法的突出特点是：词或语素都不再是句法构造的原子单位，而是由更为"原子"的纳米级句法微粒单位派生而来的复杂体。这意味着，同一个词和同一个语素可能会分散在不同的句法终端节点。因此，我们熟悉的词和语素其构造程序就像短语一样，遵守句法的规程。句法机制不仅创造短语和句子结构，也创造词汇项目。词库与句法之间形成一种互动关系（如虚线所示），其主要的理论结构如图 6.4 所示：

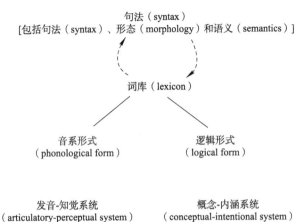

句法（syntax）
[包括句法（syntax）、形态（morphology）和语义（semantics）]

词库（lexicon）

音系形式
（phonological form）

逻辑形式
（logical form）

发音-知觉系统
（articulatory-perceptual system）

概念-内涵系统
（conceptual-intentional system）

图 6.4　纳米句法的语法体系图解

纳米句法为 LEX 与 {F} 及 [F] 提供的公式为：

（16）{F}=[F]=LEX

意思是，"每种语言用来构造词汇结构（LEX）的原子单位的集合对应于由普遍语法所提供的特征集（{F}）"（Caha 2021：3）。Caha（2021：3）还进一步解读了上面公式中前后两段等式的理论内涵：前半段（即 {F}=[F]）意思是说，所有语言都有一个共同的特征库存清单，这一普适性的库存清单由普遍语法所决定；后半段（即 [F]=LEX）意思是说，LEX 只包含唯一的特征，而非一组特征或一个特征集。这充分体现了句法制图理论"一个中心语，一个特征，一个投射"的核心计算理念对纳米句法的影响。

纳米句法与绝大多数生成语法分支理论的不同之处在于，一般的生成语法理论都默认特定的语言其句法的输入项（input to syntax）是个别语言独属的一些清单，它们被称作"先于句法的词库"（presyntactic lexicon），因语言而异。而纳米句法则认为，不存在独属于个别语言的"先于句法的词库清单"，相反，"所有的语言都从相同的句法特征开始"。当然，纳米句法也需要解释我们通常所说的语言之间的词汇差异，其解决方案是设置"句法后词库"（postsyntactic lexicon），这也是纳米句法与标准的生成语法理论之间的一个截然不同之处，同时也是纳米句法与分布式形态理论的不同之处：它并不取消词库，而是将词库放置在与句法动态互动的层面之上，如图6.4所示。

Starke（2014a，2014b）解释了为什么纳米句法主张句法操作程序应该始于单个的特征，而不是一组特征丛。其中一个重要的原因是，以特征丛起始的结构树是一种n分叉（n-ary）的扁平式结构，其中n>2。这意味着，一个由特征丛起始搭建的句法结构树中包含了两种类型的结构树，一种是大家已经熟悉的二分叉层级结构，表现在短语和句子结构层；一种是n分叉的扁平结构，表现在"词汇层"，如图6.5：

图6.5 特征丛的 n 分叉扁平结构图

同一自然语言的结构系统出现两种不同的机制，这与"简约性"的理论标准及人类语言计算的经济性原则是相违背的。纳米句法理论在理论精髓上跟句法制图相契合，它吸纳了Kayne（2005）关于词汇唯一可解释性特征的有关假说，认为"普遍语法要求每个词汇项目最多只有一个可解释特征"，这与Cinque & Rizzi（2008，2010）所提倡的"一个（形态句法）特点——一个特征——一个中心语"的计算方案高度一致。

在技术上，纳米句法不使用[+/-PLURAL]或是[NUMBER:PL]之类的标注法，因为这些标注法都不够"纳米"，也就是说其中还可以继续分化出更小的特征和值来，如图6.6：

图 6.6　纳米句法关于词汇复杂体的特征—值图解

在研究的方法策略上，纳米句法支持强式句法制图观："如果某种语言可以提供存在某一特定的功能中心语(及其投射)的证据，那么这一中心语及其投射也一定存在于别的语言中，只不过在别的语言中其存在的样貌或隐或显。"(参见 Cinque & Rizzi 2008：46)

简而言之，纳米句法认为不仅狭义句法的基本操作是具有跨语言普遍性的，而且句法的原子单位也是所有语言相同的(参见 Caha 2021；Starke 2014a，2014b)。

6.2.3.3.2　后插入操作程序

纳米句法的操作对象不再是具象性的"词"或"语素"，而是一个个抽象的"特征"，这些抽象的特征并不具有音系特征和具体的概念信息。而语言之间展现巨大差异的部分则是由"后插入"规则所决定的：决定语言差异的音系特征和概念信息是在"拼出"(spell-out)阶段，即在狭义句法之后被激活。其程序图如下：

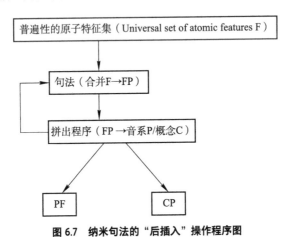

图 6.7　纳米句法的"后插入"操作程序图

6.2.3.3.3　典型案例

纳米句法的典型研究案例有：1）关于不规则名词复数形式和不规则动词形式的句法派生程序研究（如Ramchand 2008；Starke 2009）；2）关于名词类的跨语言研究（如Taraldsen 2010）；3）关于格的形态句法地位的研究（如Caha 2009）；4）介词系统及其与空间语义学之间关系的研究（如Svenonius 2004）；5）关于前置介词的研究（如Pantcheva 2011）。以下列举其中几个研究案例进行评述。

案例之一：关于不规则形式的派生程序研究（Ramchand 2008；Starke 2009）

所有科学研究都要面对的一个事实是"不规则"现象或者所谓"例外"现象的存在，语言学也不例外。生成语法发动了所谓"星号"的革命，就是因为它与传统语法不同，不仅要解读构建"合乎语法"的句子的具体规则或一般原则，同时还要解释"不合语法"的句子或短语结构背后的原因或理据。同样地，在构词法层面，纳米句法和制图视角下的构词法研究也致力于探讨包括表面看来"不规则"的构词现象背后的统一法则。甚至有学者认为，纳米句法就是专门填补别的理论所解释不了的理论空洞的。

以英语的goose为例，其复数形式geese的派生程序应该如何解读，不同的理论框架解释方案不同。传统语法将其归类为不规则形式，对于学习者而言，不规则形式只需要单独记忆。而幼儿在语言习得时常常会自己运用规则类推得出gooses的形式，直到家长和周围的成年人反复纠正后才能通过记忆学会geese的复数形式用法。第二语言学习者与本族语儿童实际上会经历类似的学习过程。然而这些第二语言学习者和儿童语言习得者在被"纠错"之前所启动的对于这些不规则词语处理的认知程序本身并没有"错"，它恰好揭示了构词程序中最自然的一个部分：即X的复数形式为X+Y，其中X是词汇中心语，而Y为标记复数的功能中心语。问题的复杂性主要在于Y在"外化"（externalization）时可以实现为不同的形式，这正是所谓"伽利略谜题"所要揭示的主要问题。

6.2.3.3.4 关于"词汇完整性假说"

纳米句法像句法制图一样，视语类（categories）为抽象的概念。在这一理论视阈下，对句法结构单位的认识不能仅凭借"眼见为实"的视听观感，而要处处遵循句法制图的原则框架提供的普遍的句法骨架，既重视看得见的语类，更要深挖隐藏的语言结构"暗物质"（dark matter），并以此来为"伽利略谜题"提供新的解读。

由于纳米句法用句法结构原则解读词内结构层次，因此它也对如何理解"词汇完整性假说"（lexical integrity hypothesis）提出了挑战。按照"词汇完整性假说"，词内成分对于句法程序是不可及的。关于这一点，情况比较复杂，难以一言以蔽之，此处暂略。这里只想说明，在本研究所建构的体系中并未放弃"词汇完整性假说"，同时我们也认为，词内成分也有不同的层级，词内的边缘成分与句法成分之间存在信息交流，甚至词内的"论元结构"成分（如果有的话）也可能会与句内成分之间形成互动，相互制约。

6.3 复杂词制图分析的国内研究案例

6.3.1 汉语词内结构的生成语法研究

将生成语法有关理论运用到词内结构及相关接口研究的典范之作是冯胜利（1996）及其后续研究，以及受其影响而出版和发表的一大批韵律构词的研究成果。此外，顾阳、沈阳（2001），何元建（2004，2011），何元建、王玲玲（2005）等也都曾借助生成语法的理论视角对汉语的词内构造进行过理论探讨。

6.3.1.1 冯胜利（1996）：汉语的韵律词

冯胜利（1996）借鉴McCarthy & Prince（1993）韵律构词理论中有关音步定义韵律词的做法，对汉语的构词规律进行了深入细致的研究和探讨。根据韵律形态学的理论，韵律层级以如下的秩序来组织：韵律词←音步←音节←韵素。本书前面曾经讨论到，根据Kennedy（1994）的研究，每一个词汇词都会投射至一个韵律词。其中音步的概念严格遵守二分叉原则，他认为二分叉决定的音步"其实就是韵律节奏中的'轻重抑扬'的反映，没有'轻重'就没有节奏，没有节奏就无所谓韵律"（冯胜利 1996：162）。冯胜利（1996）以此为出发点，对汉语构词及文体学进行了系统的研究，同时也对韵律与句法的互动进行了深入探讨。

冯胜利（1996）关于汉语音步的基本观点如下：汉语的标准音步是双音节，单音节和三音节是在特定条件下才允许的音步变体，单音节音步是蜕化音步（degenerate foot），三音节音步是超音步（super foot）。标准音步具有优先实现权。

基于这一音步分类，冯胜利（1996）对韵律词的基本类型作了详细讨论，这里将其讨论的类型列表举例如下：

表 6.4　冯胜利（1996）关于韵律词基本类型的分析例释

类型	用例
重叠式	天天；年年
延长式	寻→寻么；眨→眨么；孔→窟窿
感叹语	天哪！
凑补式	有夏；老虎
略语	航空学院→航院
复合式	井→水井

冯胜利（1996）认为，韵律词和复合词的关系不平等，存在主次、从属关系。韵律词不必是复合词，但原始复合词必须是一个韵律词。这一结

论与Kennedy（1994）有关每个词汇词都要投射到一个韵律词的发现有相似之处。

在此基础上，冯胜利（1996：175-176）对主谓结构、偏正结构、动宾结构、动补结构等复合词进行了分析，得出了以下几个方面的结论：

第一，汉语之所以缺乏主谓宾结构的复合词，原因是从韵律角度看，主谓宾结构很难构成一个韵律词；复合词首先必须是一个韵律词，如果某种句法格式不能产生韵律词，那么这种格式就不能产生复合词。

第二，很难发现汉语有双音节动词加上单音节宾语或补语的情况，例如可以说"站稳"，但不能说"站立稳"。原因在于原始复合词必须是韵律词。

第三，汉语里也没有单音动词加上双音宾语或补语的复合词，例如可以说"放松"，但不能是"放宽松"。原因同样是复合词必须是韵律词。

第四，对大于三音节的"一衣带水"之类的语言单位，人们的语感是它们不像"词"，因为这些"词"从韵律上看大于一个韵律词。

第五，三音节的复合词多半是偏正关系，例如"电影院"。并且，这种偏正结构只能是[2+1]，不能是[1+2]，例如"皮鞋厂"可以接受，"皮工厂"或"鞋工厂"不可接受。

关于韵律对复合词的"控制"作用，冯胜利（1996）提出了两点：一是汉语的复合词内部各成分之间的关系是通过句法结构来实现的，二是汉语的音步主要是在短语结构中实现的。冯胜利（1996）运用X'结构模式对音步的边界进行了说明，如下：

$$\begin{array}{ccc} & XP & \\ Y & & X \\ [& &]foot（音步） \end{array}$$

图 6.8　冯胜利（1996：168）关于音步相关结构的演示图

在关于音步的树形图中，X与Y"谁是中心词没关系，因为音步实现的方式是从右向左，中心词在左还是在右，与音步的实现无关"（冯胜利1996：169）。

在此理论基础上，冯胜利（1996）分析了双音化的韵律学理据。他认为，因为韵律词要求其中的两个成分必须同时出现，同时出现的次数多了，便成了熟语，熟语用久了就导致凝固，凝固的结果就是词化，所以韵律是双音短语固化或词化的来源。

同时，冯胜利（1996）还分析了动宾组合排斥［2＋1］格式的原因："实足双音词"携带"实足单音词"宾语或补语违反SVO型语言重音居后的普遍原则。

在冯胜利（1996）的启发与影响下，汉语研究中产生了一大批以韵律构词为研究主题的文献，如王洪君（1999）、裴雨来等（2010）、王丽娟（2015）等。

6.3.1.2　Duanmu（1998）：汉语的"词"和"短语"

端木三（Duanmu 1998）讨论了汉语中"词"和"短语"的概念，从形态和音系等方面对它们的区别进行了讨论。文章回顾了"词"在现代汉语语法中引入的时间——1907年由章士钊引入，20世纪50年代随着文字拼音化的运动而逐渐成为现代汉语语法中高频使用的术语。同时，他也引述了赵元任（Chao 1968）和吕叔湘（1980）关于汉语里未必存在或需要"词"这个概念的论述。针对此，Duanmu（1998）认为，从形态学和音系学的角度来讲，区分词和短语是非常重要的。说不清什么是词，就无法很好地说清楚构词法，也就没办法说清楚类似重音指派等在不同层面的表现规律。

Duanmu（1998）与Selkirk（1983）等一样，运用X'理论分析词内结构和短语结构，将词标记为X^0，而短语（包括句子）结构则标记为XP。文章沿用Jackendoff（1972）、Selkirk（1984）和Huang（1984）的观点，将

"词汇完整性假说"定义如下：

> **词汇完整性假说**
>
> 短语层面的规则不会影响到词特有的组成部分（No phrase-level rule may affect a proper subpart of a word）。

（Duanmu 1998：137）

同时，文章也指出，在实际的研究中，情况要复杂得多，不同的测试标准可能会推出不同的结果。这些不同的测试标准包括Huang（1984）的并列缩略标准、赵元任（Chao 1968）的构成成分自由度标准（如果内部存在不自由的直接成分，那么它就是词）和语义分解标准（如果语义不能分解，那么它应该是词）、吕叔湘（1979）的词长标准（一般说话人心目中的词不会太长，如双音节的名词性成分为词，四音节或更长的则是短语等）、王力（1944）的插入性标准（能插入别的成分的是短语，否则是词）、范继淹（1958）的副词修饰性标准（能被副词修饰的是短语，不能被修饰的则是词）和XP替换标准、朱德熙（1980）的能产性标准、吕叔湘（1979）的直觉判断标准等。以[M的N]与[M N]为例，前者毫无疑问是短语，但后者是词还是短语则由不同标准得出的结论可能不同。

Duanmu（1998）认为词长标准、插入性标准和直觉判断标准应该被放弃。并列缩减法、自由度测试法、语义分解法及离心结构法应该被有条件地接受使用，状语修饰、XP替换和能产性的方法则应该保留。同时，他还从音系学角度以韵律和声调的证据为上述测试法的选择提供论证，为词和短语之间的区分提供了清晰的论证范例。

6.3.1.3　Packard（2000）：汉语的构词法（Chinese Morphology）

Packard（2000）也是用中心语理论构建汉语构词法的一个代表性研究案例。

端木三（Duanmu 2015）在为 Packard（2000）所写的书评中曾这样总结与汉语构词法相关的理论问题及代表性观点。首先是汉语的语素与作为书写单位的字大体上对应，从形态上很难区分词根词缀。因此，要定义"词"就成了一件难事。对此，有一种观点认为，"词"这个术语是 20 世纪才翻译来的舶来品，汉语里的语法原子单位不是"词"，而是"字"。如果是这样，那么派生、屈折这些概念也就要被问"皮之不存，毛将焉附"了。按照这个思路，语言之间在形态学或者说构词法的系统方面可以有比较大的差异：有的语言有形态，比如英语；而有的语言则没有形态，比如汉语。另外一种观点则与此不同，按照第二种观点，所有语言都是相似的，都有"词"这个范畴，因此也就都有形态或构词法。我们知道，徐通锵（1997）等一系列文献主张"字本位"的汉语语法观，是第一类观点的代表，而 Packard（2000）则是第二类观点的代表。

Packard（2000）认为，汉语像英语等语言一样，也具有独立于句法的形态部门。他从句法角度出发，将词定义为最小的自由的句法形式，并且用 [+/-自由]、[+/-功能性] 来作为区分语素的特征组合单位，比如虚词的特征描写为 [+自由，+功能性]；实词的特征描写为 [+自由，-功能性]；不自由语素形式的词根描写为 [-自由，-功能性]；词缀成分描写为 [-自由，+功能性]。他还将词缀进一步区分为构词词缀（word-forming affixes，即 X^W）和语法词缀（grammatical affixes，即 X^G）。以此为基础，Packard（2000：197）将汉语原生构词基本单位分为四个类型：X^{-0}，X^{-1}，X^W 和 G。同时，他还总结出两条基本的构词规则：

规则（一）：$X^{-0} \rightarrow X^{-0,-1(w)}$，$X^{-0,-1(w)}$

规则（二）：$X^{-0} \rightarrow X^{-0}$，G

运用四个原生构词单位和两条构词规则可能构造出的汉语词型如下（Packard 2000：170）：

表 6.5　Packard（2000：170）的汉语复杂词内部构造类型

		word form	made from	word type
		X^{-0}, X^{-0}	two words	compound word
		X^{-1}, X^{-1}	two bound roots	bound root word
		X^{-0}, X^{-1}	word + bound root	bound root word
		X^{-1}, X^{-0}	bound root + word	bound root word
X^{-0}	$\rightarrow$	X^{-0}, X^{W}	word + word-forming affix	derived word
		X^{-1}, X^{W}	bound root + word-forming affix	derived word
		X^{W}, X^{-0}	word-forming affix + word	derived word
		X^{W}, X^{-1}	word-forming affix + bound root	derived word
		X^{-0}, G	word + grammatical affix	grammatical word

借鉴 Selkirk（1983）的词内 X'投射图式，则汉语复杂词内部结构可以分析为如下所示的构词类型：

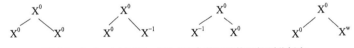

图 6.9　Packard（2000：175-177）的汉语构词规则分析之一

图 6.10　Packard（2000：177）的汉语构词规则分析之二

对以上这两类规则的分析表明，Packard（2000）所讨论的构词词缀相当于派生词缀，而语法词缀则有似于屈折词缀。在此基础上，Packard（2000）讨论了复杂词的中心语问题，认为每一个复杂词都有一个中心语，并且提出了复杂词中心语位置的"中心语原则"：名词的中心语居右，动词的中心语居左。同时，Packard（2000）还讨论了由短语变成词的词汇化过程和由词变为词缀的语法化过程。

Packard（2000）对于词的认识与Selkirk（1983）相似，他们都把"词"定义为占据一个句法品位（syntactic form class slot）的成分。

尽管在具体的语料分析方面还有值得商榷之处，但在将X'理论运用于汉语构词法的研究方面，Packard（2000）同样提供了值得借鉴的分析思路。

6.3.2　分布式形态学视角下的汉语构词研究

近期从生成语法角度分析汉语构词规律的研究还有邓盾（2018）、王焕池（2014）、杨炎华（2021）等。以邓盾（2018）关于构词中的语段研究为例，该文采用分布式形态学理论假设，认为语法里唯一的生成部门是句法，句法以没有词类的词根和各种功能性语类为基本操作对象。在这一理论模型下，词不是句法操作的初始单位，换用上文的说法就是，词不是句法操作的原子单位。所有词，包括只含有一个语素的单纯词，都是由词根和功能性范畴通过句法规则生成的一种派生单位。具体到汉语的"–子"，他认为"–子"是名词类提供者（n^0）这一功能范畴在汉语中的一个实现形式。与"–子"结合的是没有词类的词根，"–子"赋予与之结合的无类词根以名词类，生成一个名词，这个名词是一个语段。这一语段的地位带来一系列语音、语义及句法方面的特点。

杨炎华（2021）的《句法何以构词》也是采用分布式形态学的框架，该文介绍了Harley（2009，2014）对分布式形态学的讨论，认为句法加工后的结果到底是词还是短语，取决于个体语言的词项表的实际库存情况和具体音系特点。如前所述，按照该理论体系，词不是由词库生成，而是由句法生成，在音系层完成形态操作和赋音，在逻辑式中获得语义解读。词的构造分别在句法和音系及逻辑式中完成，故名分布式形态学。

采用该理论研究构词的还有程工、周光磊（2015），Cheng & Liu（2020）等。

6.3.3 词内结构投射的 XW 模型

本书作者在词内构造方面也有一些尝试性探索，包括对词内主宾不对称现象的观察（司富珍 2004）、英汉构词的形态学比较（司富珍 2012a）、汉语的语法音变（司富珍 2019b）及汉语复杂词的制图分析（司富珍 2022a）等。以下主要简单介绍运用X'理论对于复杂词内部层级的制图分析的一些思路。

在词法与句法的相互关系上，本研究支持二者既相互独立又平行互动的观点。在具体的分析技术上，同样采用X'投射的思路，但在标记方法上有所调整，主张用XP和XW来分别标记短语结构和词内结构的投射层级。

词内结构X'投射图　　　　短语结构X'投射图

图 6.11　词内结构与短语结构规则的对比之一

XW代表的是核心语类为X的词内结构层次上的最大投射，以此与短语结构层次上的最大投射XP中的P（phrase）相区别。这一设想意味着，每一个词本身也都是一个最大投射。从投射方式来看，词内结构与短语结构（以及句子结构）遵循同样的基础投射原则（尽管同时存在不同于句子层面投射的制约条件和调节参数）。

与短语投射相似，词内结构层也分词汇语类投射层和功能语类投射层。当二者共现时，功能语类层是词汇语类层的扩展，功能语类层居于相应的词汇语类层之上。如图6.12：

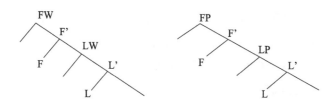

包含功能投射层的词内结构图　　包含功能投射层的短语结构图

图 6.12　词内结构与短语结构规则的对比之二

以此为结构基础探索词内结构的制图规律，我们主张复杂词内部的结构投射原理与短语和句子的投射原理相似，本质上由句法原则所控制和决定。但是，我们不同意将构词法和短语句法完全融合在一起的做法，因为这种做法掩盖了词作为独立自治的部门所表现出来的独有的特点，这方面 Chomsky（1970）已经有过非常清楚的讨论。词法与句法既平行、互动，又相对独立自治的做法可以更好地解释二者的相似性与区别。当然，从人类语言遗传所获得的计算机制角度看，二者是同一机制下的产物，这一点毫无疑问。

如图 6.12 所示，像句子结构一样，词内结构成分中的词汇性成分与功能性成分分层分布的规律是词汇性成分沉于下，功能性成分浮于上；词汇性成分主要决定意义的核心内容，功能性成分主要定义整个结构的语类地位、语法功能等功能性特征。

以上述思路为背景，司富珍（2022a）观察了汉语中八种不同形式的复杂词。注意这里所谓的复杂词并非是从语言使用者的认知难易度出发来定义的，而是根据内部结构的构成要素数目之多寡来定义的，其定义如下：

（17）设 W 是词，E 是构成 W 的具有词汇 — 语法意义的词内结构要素的集合，W 是句法复杂词当且仅当 $|E| \geq 2$。

（司富珍 2022a：2）

所谓句法复杂词的内部构成要素既包括有语音形式的要素，也包括没有语音形式的词内空语类。也就是说，表面上看起来是由单一形态要素构成的词，深层次上却可能包含两个或两个以上的词汇—句法要素。可能涉及的概念对照如下：

表 6.6　词内构造的形态与句法分类对照表（司富珍 2022a：3）

分类	类型 1	类型 2	类型 3	类型 4
狭义形态分类	（狭义）形态简单词（Ⅰ）	（狭义）形态简单词（Ⅱ）	（狭义）形态复杂词（Ⅰ）	（狭义）形态复杂词（Ⅱ）
广义形态分类（形态句法分类）	句法简单词（广义形态简单词）	句法复杂词（Ⅰ）（广义形态复杂词）（隐性复杂词）	句法复杂词（Ⅱ）（广义形态复杂词）（显性复杂词）	句法复杂词（Ⅲ）（广义形态复杂词）（显性复杂词）
是否包含词内空语类	否	是	否	是
举例说明	牛（n.）铁（n.）email (n.)talk (v.)	牛（a./v.）铁（a./v.）email (v.)talk (n.)	剪子盼头teacherlocalize	皮革制造厂母语习得者Shoe-maker

在上述假设基础上，通过对经由加缀、重叠、轻重音调节、变调、元音标记、辅音标记、双音法、空语类这八种类型的语法音变转类派生而来的复杂词的分析，展示了汉语在构造复杂词方面不同的形态手段，从形态与句法的接口层面来观察它们的内部结构层级，尝试为它们提供一种统一的研究方案，如图6.13所示：

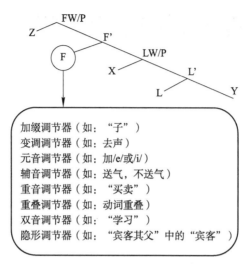

图 6.13　司富珍（2019b：23）关于汉语语法音变的八种"调节器"分析图

结论是：从制图角度看，在不同类型的转类构造的复杂词中，都有词汇层和功能层的不同层级，这些层级都符合词汇层居下、功能层居上的制图特点，与句子层面的结构制图分层相似。功能层的核心携带强特征，它所携带的语类特征决定了整个词的语类特点。Luo（2021）关于潮州方言的研究也支持这一词内结构的制图观。

采取这一分析思路的好处在于一方面可以为词内结构的研究提供一种形式化的解决方案，另一方面又可以扩展制图理论的研究和应用范围，增加制图理论的解释力。

在复杂词内部结构的制图研究方面目前还处于探索初期，有很多课题值得深入挖掘。比如，以往经典的句法制图研究在句子结构和名词短语结构层的考察重点之一是句法与语篇信息的接口，特别是在左缘结构层，话题、焦点、说话人的态度、言语行为等语用信息在这些区域实现了句法化。那么，在将词内结构也进行了词汇语类和功能语类的分层制图后，接下来需要思考的问题是：词内是否也有与语用信息接口的层级？如果有，其丰富程度如何？层级如何绘制？特别是在词汇与修辞、文体学之间的接口处，有着很多有趣的话题可以探索，关于这一点，我们的研究才刚刚起步。

第七章

重要论题和未来展望

7.1 概述

作为"研究之研究",本书主要对句法制图赖以产生和发展的理论背景、发展路径、主要研究思路和核心主张以及研究策略与方法进行了梳理,并在此基础上集中评述了四个方面的代表性研究成果和案例,这四个方面分别是:1)句子层面的左缘区域;2)IP区域及νP左缘区域/IP低层区域;3)名词短语内部功能层级的分裂及其与CP的平行性;4)构词层面的层级制图等。

在理论背景方面,主要评述了X'理论模式的重要影响。在X'理论模式下发展起来的功能中心语理论以及二分叉理论是句法制图最重要的理论背景,而与此相关的语序问题也是生成类型学关心的核心话题。本书简要介绍了Kayne(1994,2022)和Chomsky(1995,2020a,2022a)在语序问题上所持的不同观点,同时也介绍了Cinque(2005)对Greenberg 20相关现象所作的评论。关于二分叉结构,本书特别提到了这一结构模式可能的生物学基础,并认为记录着"东方智慧"(eastern wisdom)(Capra 1975)的传统民俗哲学经典中或许还深藏着揭示自然本质密码的大智慧。句法制图赖以发展的另外一个重要基础是生成语法在语类范畴和句法原子单位问题上不同于以往传统语法的一些观察和思考。在Chomsky

（1955/1975，1957，1970）等的启发下，学者们首先对参与句法结构计算中的原子单位有了新的认识，以往只在形态学层面讨论的词缀等成分，如今获得了独立参与句法计算的原子单位的身份。而随着研究的发展，不仅词缀、附着成分，而且空语类成分甚至特征也都获得了相似的身份认证。其次，在中心语的认定方面，不同于传统语法只关注实词类中心语的做法，功能中心语在句法系统中获得了重要的地位。功能中心语的概念与X'结构形式以及二分叉的结构模型的相互配合，再加上成分统治、成分统领（dominance）等成分间组织关系原则的制约，以及人类语言结构依存性（Chomsky 2022a，2022b）的计算特质，共同造就了自然语言具有普遍性的严整结构样貌。句法制图的目标和宗旨就是为这种结构样貌提供尽可能详细、准确的描写。可以说，对于不同层级的功能中心语的研究在一定程度上推动了句法制图理论的发展。

关于句法制图的核心理念与方法，本书主要强调了句法制图从生成语法理论遗传而来的简约性"奇迹信条（Miracle Creed）"的理论基因，并对最简方案的宏观简约性和句法制图的局部简约性进行了比较，提出关于理论评价的"思维缩放镜"策略，认为从"思维缩放镜"的视角来看，最简方案与句法制图不过是"放大以观局部"和"缩小以观整体"的两个不同的工作思路，而不是本质性的矛盾和差异。简约性原则与爱因斯坦（Einstein 1950）所称的"奇迹信条"完全吻合，是语言演化发展到第二个重要阶段时所独具的标志性特点（Chomsky 2022b）。同时，沿袭生成语法理论一贯的主张，句法制图也同样追求理论的解释性和启发力。过去二三十年的大量跨语言研究成果表明，句法制图在理论启发力以及在观察普遍性与多样性的辩证关系方面的贡献有似于原则与参数框架的理论模型。

从研究策略和方法来看，本书介绍了强式制图观和弱式制图观两种策略，主要评介了以Cinque（1999）、Cinque & Rizzi（2008）等为代表的研究所主张的强式制图研究策略，讨论了这一研究策略在方法论上的优势，并强调虽然这两种观点到底哪一种更符合语言实际还需要语言事实的验证，但作为研究策略与方法，强式制图观有其明显的启发性优势，因为它可以启发人们尝试探寻表面上没有明显证据的一些隐性规律。基于此，本书还对"印欧语眼光"这一备受批评的概念进行了重新思考，认为我们一方面应该旗帜鲜明地反对生搬硬套、削足适履式的"印欧语眼光"，另一方面又要防止"印欧语眼光"成为一种标签和帽子。同时，本书通过运用语言学史和科学哲学两方面的证据讨论认为从人类语言普遍性的基本假设出发，如果方法得当，完全可以通过A语言的眼光观察B语言中隐藏的一些规律，从而解决单纯从A语言看A语言无法解决的一些问题。

本书主体部分首先围绕Rizzi（1997）关于左缘结构的研究、Cinque（1999）关于副词相关功能层级的研究以及名词短语结构中的一些经典研究组织材料展开讨论，同时也对构词层面的中心语问题研究作了简要评述。在具体案例方面，着重选取了功能中心语分裂的若干经典研究（如CP分裂、TopicP分裂、FocusP分裂、IP分裂、AgrP分裂、VP分裂、vP分裂、NP分裂、DP分裂、PossP分裂等）以及后续在这些经典案例启发下进行的跨语言研究，主要演示了研究者们在一种本书作者称之为"思维放大镜"的研究思路启发下对句子结构不同区域进行的精细化观察和描写，展示了"精细化"这一具有倾向性的句法制图研究风格与取向。同时也从"简约性"这一"奇迹信条"（Chomsky 2022a，2022b）出发讨论了生成语法理论建构原则与精细化的结构制图之间的辩证关系，突出了句法制图"局部简约性"的理论主张和技术追求。通过对这些经典研究案例的评介，意在说明实质上的简约性与表面上的复杂性之间常常会表现出错综复杂的关系，但研究的目标朝向则是寻找复杂性表象背后的简单规律。

通过对这些案例的分析不难看出，生成语法自原则与参数框架以来存在一个重要的发展趋势，那就是，随着对短语结构认识的不断深入，结构的功能分裂不仅在动词短语结构域[如Larson（1988）关于动词短语结构分裂的语壳结构理论]、句子的屈折结构域[如Pollock（1989）关于IP分裂的假说]、句子的左缘结构层[如Rizzi(1997)的CP分裂假说]分别展开，而且在名词短语层面也朝着类似的方向探究，即逐渐向精细化方向发展[如Abney(1987)的DP假说及制图研究中进一步提出的DP分裂假说]。这一点也再次反映出名词性结构与句法结构之间的平行性。同时，对于复杂词内部的功能层级制图工作也在不同的视角下展开[如Starke(2009，2011a，2011b，2014a，2014b，2018)关于纳米句法的研究方案以及司富珍(2012a，2017a，2019b，2022a)关于复杂词内部结构最大投射的XW假说等]。这些关于句子不同区域结构分裂的假说都脱胎于原则与参数框架的母体，它们各自专注于某一特定区域(VP、IP、CP、NP乃至复杂词的内部结构)。如果把单个的研究都比作盲人摸象，那么你深入分析句法结构这头大象的耳朵，我仔细观察它的牙齿，大家的关注点虽有不同，但方向却是惊人一致：都是向着精细化地观察结构的方向在努力，因而得出了不同区域的功能分裂的相似结论。它们汇聚在一起就构成了对整个句法结构由粗犷向精细化发展的研究图谱，从而也逐渐形成了句法制图研究的主要风格：用"思维放大镜"视角为句法构造提供尽可能明晰和详尽的地图。本书第四章开头所示的图式(图4.1，为方便读者查看，这里重复为图7.1)是对句子结构的不同区域进行"放大镜"式的精细化观察从而提出的关于不同功能中心语分裂假说的分布图，虽然由于空间所限，还有不少信息缺失，但相信读者仍然可以通过这张图了解句法学工作者们不约而同地对句子结构的各个部分进行精细化观察描写的一种分工协作的努力趋向和成果。

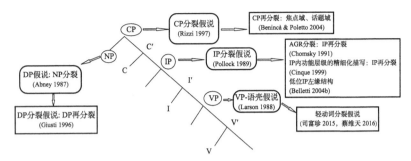

图 7.1　图解生成语法工程的精细化制图走向

精细化描写的结果是整个句子结构图谱比之前看起来要丰富得多，然而正像Chomsky（1970：185）所讲的那样："通常来说，如果一个语法的部门变得复杂起来，那另外一个或一些部门就可以变得简单起来。"Chomsky（1970）在讨论关于派生式名物化结构的"词汇主义观"时曾提到两种可能的方向，一是让词库变得内容丰富起来，那么上下文无关（context-free）的语类范畴部分就可以变得简单；另一种则是反过来，让词库简化，那么语类范畴部分和句法部门就会变得丰富起来。这两种方向之间的平衡或选择"完全是一个经验性的问题"（entirely an empirical issue）。只有基于经验的基础自然得出的"评价程序"（evaluation procedure）才是真正好的理论评价程序，离开了经验证据的支持，纯粹抽象地讨论语法的某一部分是否应该简化是一种教条主义的行为。这一评论用来审视句法制图与最简方案之间的关系应该也是适宜的。宏观上看，二者分别选用了"放大"（zoom-in）或"缩小"（zoom-out）的不同观察策略，二者又都基于各自的研究目标及相关语言事实提供的经验证据，这并不影响它们殊途同归地对句法结构的本质得出同样接近事实真相的结论。

应该注意到，目前学界还有不少人对制图研究的思路，特别是其在功能分裂的倾向性研究风格方面的结构描写有着不同的看法，这一点在7.2节会简要评介。在强式制图观与弱式制图观之间，制图研究者也有不同的认识。这些都为后继研究提供了新的论题。毫无疑问，制图研究的成果丰富、启发力强、能产性较高。它开启了一扇观察句法微观世界的新大门，为句法与其他部门接口问题的研究提供了新的切入点。

7.2 挑战与思考

科学研究是一个动态系统，推动科学发展的动力往往来自理论的不完备性。从牛顿的经典力学到爱因斯坦的相对论，显然没有哪一种科学理论是完美无缺的，作为生成语法分支之一的句法制图理论也是如此。作为一种前进在探索之路上的研究尝试，在理论系统和技术细节方面自然都还有很多需要思考和完善之处。Craenenbroeck（2009）等曾讨论了句法制图理论存在的局限，并讨论了针对句法制图理论可能的修正方案（alternative to cartography，简称ATC）。Larson（2021）则从解释性、丰富性和严谨性三个方面对现有句制图方案的局限提出批评。

对于本书作者而言，关于现在通行的句法制图理论，可能需要思考和回答的问题主要与如下几个方面的内容有关：

一、关于功能中心语的数量

不断有学者批评有的句法制图文献为句子和名词短语所提供的功能中心语的数量过于庞大，超出了人们能够接受或想象的范围，因此希望通过减少功能中心语的数量来达到理论的优化，这是批评的声音中最为集中的方面之一。鉴于此，句法制图研究者需要思考的问题可能首先是：应该如何把握功能中心语的数量才能既反映语言结构的客观事实，又尽可能地做到理论上的简约性。如果功能中心语的数量大到无法体现理论简约性原则的程度，就可能会受到人们的质疑。比如，有的研究（如Cinque & Rizzi 2008）认为自然语言功能中心语投射的数量可能会多达400个。这几百个之多的功能投射是出现在所有时期的所有人类语言中的功能中心语的集合。而如此众多的功能中心语的存在，主要是因为句法制图理论有一个原则：有一个特征就有一个中心语（One Feature One Head，常简写为 OFOH）。因此，反对者首先希望做的就是减少功能中心语的数量，而要做到这点，就需要放弃或者至少减弱OFOH的力量。

二、关于语序

跨语言之间在语序上的一致性和差异性是句法制图研究的重要对象之一。句子的语序是普遍存在的基本顺序加上移位操作共同作用的结果，对于这一观点，学界有不同的看法。Larson（2021）对句法制图关于语序问题的研究提出了三方面的批评意见，分别是"解释性问题"（the problem of explanation）、"丰富性问题"（the problem of plenitude）和"严谨性问题"（the problem of rigidity）。Larson（2021）认为，句法制图在讨论各种功能层级以及与之相对应的语序排列时未能提供足够的解释，因而存在解释性问题。而关于句法层级的实现问题，Larson（2021）则认为，目前句法制图研究的思路意味着，两个在层级上并不相邻的功能成分一旦出现，它们之间的其他功能层级也必须同现，因为局部性条件所决定的功能选择的不可传递性使然。如下例中的large和board，它们之间的层级还间隔了其他四个不同的功能层级，当使用large和board的组合时，其他四个不同功能层级是否也需要同现？ Larson（2021）称之为"功能层级和成分在实现方面的丰富性问题"。

（1）　[$_{DP}$ the [$_{sizeP}$ *large* [$_{lengthP}$ [$_{speedP}$ [$_{DepthP}$ [$_{WidthP}$ [$_{NP}$ *board*]]]]]]]

（Larson 2021：249）

另外，关于句法制图所排列出的序列是否过于严格的问题，尽管有的语序看起来确实具有普遍性，符合一般语言使用者的直觉，但也有一些例子似乎不同，如相对顺序具有跨语言相似性的big red barn中的big和red符合语感，red big barn则是人们不接受的组织形式。但是，circular red patch和red circular patch都是合乎语感的合格形式。因此，制图排列出的层级存在过于严格的问题，Larson（2021）称之为"严谨性问题"。这些问题是否对句法制图理论构成根本性挑战还有待讨论，但从理论的严谨性角度出发，探讨有关上述现象的限制性条件的确是有趣的话题。

对于乔姆斯基（Chomsky 2020a，2022a）来说，语序是在语言外化过程中才产生的现象，并非语言内在的本质属性，而Kayne（1994，2022）等则强调语序的重要性和普遍性。不管语序是否是内在语言的一个本质属性，作为语言的外化形式，它是反映语言之间句法差异的重要方面，这一点毫无疑问。那么，或许我们需要思考的是，句法制图所呈现的是外化的顺序和层级，还是内在的层级，这一点需要进一步澄清。

三、关于理论体系

关于句法制图理论，人们关心的另外一个问题是它作为一种理论方案与最简方案之间的关系。尽管有不少文章都提到过二者之间的关系，本书作者也从"思维缩放镜"（Si 2021a；司富珍 2019a）角度观察了二者在"简约性"方面表现出的表面上的差异，但是从理论建构和实证角度系统论证两个理论模式之间关系的研究还很不充分。

国内有个别文章其批评的矛头并未专门指向句法制图理论，而似乎是针对生成语法研究的整个体系，其中提及的很多研究又与制图研究的精细化走向有关。遗憾的是，这些文章缺乏论证程序，因此对这类研究不加评述。

7.3 句法制图理论的新视野

尽管句法制图作为理论本身还面对来自理论内部和技术操作两方面的质疑和挑战，但作为一个基于大量跨语言比较的实证研究发展而来的理论，它拥有丰富的研究成果以及极富启发力和能产性的理论特点，更重要的是，它还为很多接口问题的研究提供了新思路、新范式，为探索语言研究中的"伽利略谜题"提供了新课题、新视野。

如前所述，制图理论为人们从不同层次精细化地观察自然语言的结构层级提供了一种全新的思路和方向。在这一框架下，许多原来认为是单一结构的成分现在被发现其内部有着更为丰富的信息，并且这些丰富的信息不仅可以用形式化手段进行描写，还有着跨语言之间的普遍性。比如，向上（或向外）来观察，有关句子结构和语篇、语用、文体风格等之间的关系就是如此；向下（或向内）来观察，句子和短语结构与复杂词内部结构之间的相似与平行性也有更多的思考空间。这方面的研究有的已经比较深入（如关于话题、焦点、疑问短语等左缘结构成分及相关层级和语序的研究），有的则刚刚开始，还有大量空白地带（如句法学与修辞学、文体学等之间的内在联系）待开发，特别是与语用相关的超越左缘的区域（Si 2017a）和有关词内构造（司富珍 2022a）的微观方面。另外，句法制图理论在语言习得与语言认知领域也有大量未开垦的处女地。以下简要谈谈本书作者比较感兴趣的三个接口领域。

7.3.1　句法与语用的接口研究

在形式化地表达句法化了的语用信息方面，Rizzi（1997）关于左缘结构的研究提供了范例，它启发了人们关于话题、焦点、说话人态度、传信标记、句末语气词等的句法研究，为句法与语用接口研究打开了新思路。

2020年在韩国首尔举办的第22届生成语法会议（The 22nd Seoul International Conference on Generative Grammar）上，句法与语用的接口成为会议的主题，提交的会议论文内容涉及言语行为在句法制图投射中的地位、表达说话人态度的功能层级在句法中的表达、问答对话中的话题和焦点、传信标记的句法层级、修辞性表达的句法特点等诸多与语用直接相关的论题。这反映出生成语法学者们对句法语用接口问题的共同关切。

作为语言的重要组成部门，句法和语用都包含着极其丰富的内容，因此，关于语用信息句法化的很多论题尚未触及，有的即使有所触及，也还缺乏系统和深入的研究。比如，乔姆斯基在讨论语言研究中的"伽利略谜题"（Chomsky 2017）时曾谈到，语言外化的形式有多种，有声言语是我们最常用、最熟悉的一种，此外还有很多其他的形式，如手势、接触等都可能作为语言外化的形式出现。那么，我们注意到，即使是听说正常的普通说话人，也会在有声言语中掺杂其他的形式，形成一种本书作者称作是"拼盘式的外化结构"。另外，除了人们经常讨论到的常规空语类外，还存在一种尚未得到系统研究的"语用空语类"。这些结构和语类的研究对于揭示I-语言与E-语言之间的关系具有非常重要的理论意义。这些可以是未来研究的有趣话题，而且对它们的研究还会涉及修辞学的一些核心话题（司富珍2017b）。

7.3.2　句法与词法的平行性研究

前面已经谈到，受Lees（1960）、Chomsky（1970，1981）、Halle（1973）等的促动和启发，学者们已经在句法与词法的平行性问题上作了大量深入的研究，这些研究不仅深化了对两个部门各自的研究，还催生了一些新的理论，比如分布式形态学理论和纳米句法。

不过，在句法制图理论视角下，还有很多新的课题可以探索。比如，前面已经讨论到在句子和名词性短语的左缘结构层都记录着丰富的句法化了的语用信息。那么，在词法层面是否也存在类似的左缘结构？是否也有语用信息的"句法化"或"词法化"？比如以往汉语研究已经表明，汉语普通话或方言中都存在大量通过重叠或"老–""小–""–子""–儿"等词缀传达说话人的态度或情感的例子，英语中也有通过元音变化等手段表达一定情感态度的例子，那个只为证明/证伪乔姆斯基的"语言天赋论"而实施的长达27年的著名实验中的Nim Chimpsky的名字就通过元音变化记录了丰富的语用信息。还有大量褒义词和贬义词的存在，其中显然也有可以通过XW-结构功能分解的有趣现象。类似这样的例子在我们接触到的语言中都大量存在，这方面的研究还有待系统地展开，句法制图XW图解方案可以为之提供实用的工具。

7.3.3 句法制图的脑科学研究

句法制图作为生成语法的重要分支，同样强调语言所具有的生物学属性。人类语言是在进化的长河中由于生物突变而产生的物种属性，我们从先祖那里继承了这笔自然赋予的神奇遗产，它作为一种密码记录在人脑中。语言学家对于破解这个密码有着天然的责任。现代科技的发展为人们探测语言基因提供了新的工具和新的可能，句法制图对具体的句法结构所进行的精细化描写当有助于这一工程的展开。目前语言学家关于语言与人脑之间关系的研究工作主要是通过观察儿童语言习得、言语障碍、老年语言认知退化等现象进行。特别是在儿童语言习得方面，过去几十年里已经积累了很多经验，针对言语障碍人士开展的研究也提出了很多新的课题，而老年语言认知退化研究的重要性也于近些年受到越来越多的关注，阿尔茨海默病更是脑科学关心的核心话题之一。不过，从整个科学界来看，语言与脑科学的"牵手"实际上还处于尝试和规划阶段，由于学科背景之间的差异和研究训练传统的限制，这方面的工作难度还比较大，这与语言生活实际对二者的跨学科协作提出的急迫需求形成较大的反差。

在"牛津理论语言学研究系列丛书"（Oxford Studies in Theoretical Linguistics）的总序部分，David Adger 和 Hagit Borer 特别强调了句法与语义、形态、音系及语音等接口的研究对于加深对人类语言及思维/大脑理解的重要性。Belletti（2019）也在接受采访时讨论了句法制图理论对于关联第一语言习得和成人二语习得的理论价值和实践意义。Friedmann *et al.* （2021）关于功能层级句法树生长的实验研究正是句法制图研究者在这方面探索的一个例子。我们相信，当越来越多的人认识到这一工作的重要性时，语言与脑科学的交叉也就会真正起步，而旨在对自然语言的结构层级进行清晰而详尽描写的句法制图理论为之提供的形式化的结构图谱，必将会在未来的研究中得到越来越多的关注和应用。

参考文献

Abney, S. 1987. The English Noun Phrase in Its Sentential Aspect. Ph.D. Dissertation. Cambridge: Massachusetts Institute of Technology.

Aboh, E. O. 2004. Topic and focus within D. *Linguistics in the Netherlands 21* (1): 1-12.

Aboh, E. O. 2014. Information structure: A cartographic perspective. In C. Féry & S. Ishihara (eds.). *The Oxford Handbook of Information Structure.* Oxford: Oxford University Press. 147-164.

Ackema, P. & A. Neeleman. 2004. *Beyond Morphology: Interface Conditions on Word Formation.* Oxford: Oxford University Press.

Alexiadou, A. 2001. Adjective syntax and noun raising: Word order asymmetries in the DP as the result of adjective distribution. *Studia Linguistica 55* (3): 217-248.

Alexiadou, A. 2010. On the morpho-syntax of (anti-) causative verbs. In M. R. Hovav, E. Doron & I. Sichel (eds.). *Lexical Semantics, Syntax, and Event Structure.* Oxford: Oxford University Press. 177-203.

Alexiadou, A. & H. Borer (eds.). 2020. *Nominalization: 50 Years on from Chomsky's Remarks.* Oxford: Oxford University Press.

Allen, M. 1978. The morphology of negative prefixes in English. *North East Linguistics Society 8* (1).

Anderson, J. M. 1984. Noun incorporation in Southern Tiwa. *International Journal of American Linguistics 50* (3): 292-311.

Anderson, J. 1980. Towards dependency morphology: The structure of the Basque verb. In J. Anderson & C. J. Ewen (eds.). *Studies in Dependency Phonology.* Ludwigsburg: R.O.U. Strauch. 227-271.

Aronoff, M. 1976. *Word Formation in Generative Grammar.* Cambridge, MA: The MIT Press.

Badan, L. 2007. High and Low Periphery: A Comparison Between Italian and Chinese. Ph.D. Dissertation. Padova: Università di Padova.

Badan, L. & F. del Gobbo. 2010. On the syntax of topic and focus in Chinese. In P. Benincà & N. Munaro (eds.). *Mapping the Left Periphery: The Cartography of Syntactic Structures* (vol. 5). New York & Oxford: Oxford University Press. 63-90.

Baker, M. 1985. The mirror principle and morphosyntactic explanation. *Linguistic Inquiry 16* (3): 373-415.

Barker, C. 1991/1995. *Possessive Descriptions.* Santa Cruz: University of California/ Stanford, CA: CSLI Publications.

Barrie, M. 2010. Noun incorporation as symmetry breaking. *The Canadian Journal of Linguistics 55* (3): 273-301.

Barwise, J. & R. Cooper. 1981. Generalized quantifiers and natural language. *Linguistics and Philosophy 4* (2): 159-219.

Bassong, P. R. 2010. The structure of the left periphery in Basaa. Unpublished manuscript. University of Yaounde I, Cameroon.

Bauer, L. 1990. Be-heading the word. *Journal of Linguistics 26* (1): 1-31.

Bellert, I. 1977. On semantic and distributional properties of sentential adverbs. *Linguistic Inquiry 8* (2): 337-351.

Belletti, A. 1990. *Generalized Verb Movement: Aspects of Verb Syntax.* Turin: Rosenberg & Sellier.

Belletti, A. 2000. (Past) Participle Agreement. Unpublished manuscript. Università di Siena.

Belletti, A. 2001. Agreement projections. In M. Baltin & C. Collins (eds.). *The Handbook of Contemporary Syntactic Theory.* London: Blackwell.

Belletti, A. (ed.). 2004a. *Structure and Beyond.* Oxford: Oxford University Press.

Belletti, A. 2004b. Aspects of the low IP area. In L. Rizzi (ed.). *The Structure of CP and IP.* New York & Oxford: Oxford University Press. 16-51.

Belletti, A. 2008. The CP of clefts. *Rivista di Grammatica Generativa 33*: 191-204.

Belletti, A. 2009. *Structures and Strategies*. New York: Routledge.

Belletti, A. 2019. vP periphery, language acquisition and beyond. Interview with Adriana Belletti (by Simone Guesser and Núbia Ferreira Rech). DOI: 10.5007/1984-8412.2018V16N1P3471.

Benincà, P. 1988. Costruzioni con ordini marcati degli elementi. In L. Renzi (ed.). *Grande Grammatica Italiana di Consultazione* (Vol. I). Bologna: Il Mulino.

Benincà, P. 1996. La struttura della frase esclamativa alla luce del dialetto padovano. In P. Benincà, G. Cinque, T. de Mauro & N. Vincent (eds.). *Italiano e Dialetti nel Tempo: Saggi di Grammatica per Giulio C. Lepschy*. Roma: Bulzoni. 23-43.

Benincà, P. 2001. The position of Topic and Focus in the left periphery. In G. Cinque & G. Salvi (eds.). *Current Studies in Italian Syntax: Essays Offered to Lorenzo Renzi*. Amsterdam: John Benjamins Publishing Company. 39-46.

Benincà, P. 2004. The left periphery of Medieval Romance. *Studi Linguistici e Filologici Online 2*.

Benincà, P. & C. Poletto. 2004. Topic, focus, and V2: Defining the CP sublayers. In L. Rizzi (ed.). *The Structure of CP and IP*. Oxford: Oxford University Press. 52-75.

Benincà, P. & N. Munaro. 2011. *Mapping the Left Periphery: The Cartography of Syntactic Structures*. Oxford: Oxford University Press.

Bernstein, J. 2001. Focusing the "right" way in Romance determiner phrases. *Probus 13* (1): 1-29.

Bernstein, J. 2008. The DP hypothesis: Identifying clausal properties in the nominal domain. In M. Baltin & C. Collins (eds.). *The Handbook of Contemporary Syntactic Theory*. Oxford: Blackwell. 536-561.

Bianchi, V. 2004. Resumptive relative and LF chains. In L. Rizzi (ed.). *The Structure of CP and IP*. New York/Oxford: Oxford University Press.

Biloa, E. 2013. *The Syntax of Tuki: A Cartographic Approach*. Amsterdam: John Benjamins Publishing Company.

Bloomfield, L. 1933. *Language*. London: Allen & Unwin.

Bobaljik, J. D. & H. Thráinsson. 1998. Two heads aren't always better than one. *Syntax 1* (1): 37-71.

Booij, G. 2005. *The Grammar of Words: An Introduction to Linguistic Morphology*. Oxford: Oxford University Press.

Borer, H. 2005. *The Normal Course of Events*. Oxford: Oxford University Press.

Brame, M. 1982. The head-selector theory of lexical specifications and the nonexistence of coarse categories. *Linguistic Analysis 10* (4): 321-325.

Bresnan, J. 1970. On complementizers: Toward a syntactic theory of complement types. *Foundations of Language 6* (3): 297-321.

Bresnan, J. (ed.). 1982. *The Mental Representation of Grammatical Relations*. Cambridge, MA: The MIT Press.

Bresnan, J. & J. M. Kanerva. 1989. Locative inversion in Chichewa: A case study of factorization in grammar. *Linguistic Inquiry 20* (1): 1-50.

Brody, M. 2000. Mirror theory: Syntactic representation in perfect syntax. *Linguistic Inquiry 31* (1): 29-56.

Broselow, E. 1983. Non-obvious transfer: On predicting epenthesis errors. In S. Gass & G. Selinker (eds.). *Language Transfer in Language Learning*. Rowley, MA: Newbury House. 269-280.

Bross, F. 2019. The clausal syntax of German sign language: A cartographic approach. *Sign Language & Linguistics 22* (2): 267-274.

Bruening, B. 2018. The lexicalist hypothesis: Both wrong and superfluous. *Language 94* (1): 1-42.

Caha, P. 2009. The Nanosyntax of Case. Ph.D. Dissertation. Tromsø: University of Tromsø.

Caha, P. 2021. Minimalism and nanosyntax: Reconciling Late Insertion and the Borer-Chomsky Conjecture. https://ling.auf.net/lingbuzz/006138/current.pdf?_s=gpk-lhioEhMgbBZ7 (accessed 25/04/2023).

Campbell, R. 1996. Specificity operators in SpecDP. *Studia Linguistica 50* (2): 161-188.

Capra, F. 1975. *The Tao of Physics: An Exploration of the Parallels Between Modern Physics and Eastern Mysticism*. Berkeley, CA: Shambhala Publications.

Chao, Y.-R. 1968. *A Grammar of Spoken Chinese*. Berkeley & Los Angeles, CA: University California Press.

Cheng, G. & Y. Liu. 2020. A root-and-pattern approach to word-formation in Chinese. *Asian Languages and Linguistics 1*: 71-106.

Cheng, L. L.-S. 1991. On the Typology of Wh-questions. Ph.D. Dissertation. Cambridge: Massachusetts Institute of Technology.

Cheung, C. C.-H. 2015. On the fine structure of the left periphery: The positions of Topic and Focus in Cantonese. In W.-T. D. Tsai (ed.). *The Cartography of Chinese Syntax: The Cartography of Syntactic Structures* (Vol. 11). London: Oxford University Press. 75-130.

Chomsky, N. 1955/1975. *The Logical Structure of Linguistic Theory*. Chicago, IL: University of Chicago Press. [Published version of Chomsky (1955)].

Chomsky, N. 1957. *Syntactic Structures*. The Hague: Mouton.

Chomsky, N. 1965. *Aspects of the Theory of Syntax*. Cambridge, MA: The MIT Press.

Chomsky, N. 1970. Remarks on nominalization. In R. A. Jacobs & P. S. Rosenbaum (eds.). *Readings in English Transformational Grammar*. Waltham, MA: Ginn. 184-221.

Chomsky, N. 1972. *Studies on Semantics in Generative Grammar*. The Hague: Mouton.

Chomsky, N. 1976. On the nature of language. *Origins and Evolution of Language and Speech 280* (1): 46-57.

Chomsky, N. 1981. *Lectures on Government and Binding: The Pisa Lectures*. Dordrecht: Foris Publications.

Chomsky, N. 1986. *On Barrier*. Cambridge, MA: The MIT Press.

Chomsky, N. 1991. Some notes on economy of derivation and representation. In R. Freidin (ed.). *Principles and Parameters in Comparative Grammar*. Cambridge, MA: The MIT Press. 417-545.

Chomsky, N. 1993. A minimalist program for linguistic theory. In K. Hale & S. J. Keyser (eds.). *The View from Building 20*. Cambridge, MA: The MIT Press. 1-52.

Chomsky, N. 1995. *The Minimalist Program*. Cambridge, MA: The MIT Press.

Chomsky, N. 2000. *New Horizons in the Study of Language and Mind*. Cambridge: Cambridge University Press.

Chomsky, N. 2001. Derivation by Phase. In M. Kenstowicz (ed.). *Ken Hale: A Life in Language*. Cambridge, MA: The MIT Press. 1-52.

Chomsky, N. 2004. Beyond explanatory adequacy. In A. Belletti (ed.). *Structures and Beyond*. Oxford: Oxford University Press. 104-131.

Chomsky, N. 2005. On phases. http://chomsky_phases.pdf (accessed 25/04/2023).

Chomsky, N. 2017. The Galilean challenge: Architecture and evolution of language. *Journal of Physics: Conference Series 880*. doi: 10.1088/1742-6596/880/1/012015.

Chomsky, N. 2020a. Remarks on nominalization: Background and motivation. In A. Alexiadou & H. Borer (eds.). *Nominalization: 50 Years on from Chomsky's Remarks*. Oxford: Oxford University Press. 25-28.

Chomsky, N. 2020b. Minimalism: Where we are now, and where we are going. Lecture at the 161st Conference of Linguistic Society of Japan at Tohoku Gakuin University (online).

Chomsky, N. 2022a. Understanding ourselves: On language and thought. Lecture at "Understanding Chomsky" Event Series at Beijing Language and Culture University (online).

Chomsky, N. 2022b. Language and beyond: Dialogue with Chomsky. "Understanding Chomsky" Event Series at Beijing Language and Culture University (online).

Chomsky, N. 2022c. Language and the miracle creed. Lecture at the 2022 Conference on Biolinguistics and Language Acquisition, Beijing, China, October 2022 (online).

Chomsky, N. & M. Halle. 1968. *The Sound Pattern of English*. New York, NY: Harper & Row.

Cinque, G. 1977. The movement nature of left dislocation. *Linguistic Inquiry 8* (2): 397-412.

Cinque, G. 1990a. *Types of A'-Dependencies*. Cambridge, MA: The MIT Press.

Cinque, G. 1990b. Ergative adjectives and the lexicalist hypothesis. *Natural Language & Linguistic Theory 8* (1): 1-39.

Cinque, G. 1992. On leftward movement of tutto in Italian. University of Venice Working Papers in Linguistics. 2.6 (published in revised form in Cinque 1995).

Cinque, G. 1995. *Italian Syntax and Universal Grammar*. Cambridge: Cambridge University Press.

Cinque, G. 1999. *Adverbs and Functional Heads: A Cross-Linguistic Perspective*. New York, NY: Oxford University Press.

Cinque, G. (ed.). 2002. *Functional Structure in DP and IP*. New York, NY: Oxford University Press.

Cinque, G. 2003. The prenominal origin of relative clauses. Paper presented at the Workshop on Antisymmetry and Remnant Movement, New York, USA, October–November, 2003.

Cinque, G. 2005. Deriving Greenberg's Universal 20 and its exceptions. *Linguistic Inquiry 36* (3): 315-332.

Cinque, G. 2006a. *Restructuring and Functional Heads*. New York, NY: Oxford University Press.

Cinque, G. 2006b. Are all languages "Numeral Classifier Languages"? *Rivista di Grammatica Generativa 31*: 119-122.

Cinque, G. 2010. *The Syntax of Adjectives: A Comparative Study*. Cambridge, MA: The MIT Press.

Cinque, G. 2020. *The Syntax of Relative Clauses: A Unified Analysis*. Cambridge: Cambridge University Press.

Cinque, G. & L. Rizzi. 2008. The cartography of syntactic structures. *CISCL Working Papers on Language and Cognition 2*: 43-59.

Cinque, G. & L. Rizzi (eds.). 2010. *Mapping Spatial PPs*. New York, NY: Oxford University Press.

Collins, C. & H. Thráinsson. 1996. VP-internal structure and object shift in Icelandic. *Linguistic Inquiry 27* (3): 391-444.

Craenenbroeck, J. van. 2009. *Alternatives to Cartography*. The Hague: De Gruyter Mouton.

Cruschina, S. 2011. *Discourse-Related Features and Functional Projections*. Oxford: Oxford University Press.

Davidson, D. 1967. The logical form of action sentences. In N. Rescher (ed.). *The Logic of Decision and Action*. Pittsburgh: University of Pittsburgh Press. 81-95.

de Clercq, K. & L. Haegeman. 2018. The typology of V2 and the distribution of pleonastic DIE in the Ghent Dialect. *Frontiers in Psychology*. https://doi.org/10.3389/fpsyg.2018.01342.

del Gobbo, F. & L. Badan. 2007. On the left periphery of Chinese. Paper presented at the joint conference of the 15th Annual Meeting of the International Association of Chinese Linguistics and 19th Annual North American Conference on Chinese Linguistics. New York: Columbia University.

Dell, F. 1970. Les Rèlges Phonologiques Tardives et la Morphologie Dérivationnelle du Francais: Topics in French Phonology and Derivationa Morphology. Ph.D. Dissertation. Cambridge: Massachusetts Institute of Technology.

Dell, F. 1979. La morphologie dérivationnelle du fraçais et l'organisation de la composante lexicale en grammaire générative. *Revue Romane* XIV: 185-216.

den Dikken, M. 1995. Extraposition as intraposition and the snytax of English tag questions. Unpublished manuscript. Vrije Univeiteit Amsterdam.

Deuchar, M. 1984. *British Sign Language*. London: Routledge.

Di Sciullo, A.-M. & E. Williams. 1987. *On the Definition of Word*. Cambridge, MA: The MIT Press.

Diessel, H. 1999. *Demonstratives: Form, Function and Grammaticalization*. Amsterdam: John Benjamins Publishing Company.

Duanmu, S. 1998. Wordhood in Chinese. In J. L. Packard (ed.). *New Approaches to Chinese Word Formation: Morphology, Phonology and the Lexicon in Modern and Ancient Chinese*. Berlin: Mouton de Gruyter. 135-196.

Duanmu, S. 2015. Review of *The Morphology of Chinese: A Linguistic and Cognitive Approach* by Jerome L. Packard. *Diachronica* 19 (1): 188-198.

Durrleman, S. 2008. *The Syntax of Jamaican Creole*. Amsterdam: John Benjamins Publishing Company.

Einstein, A. 1950. On the generalized theory of gravitation: An account of the newly published extension of the general theory of relativity against its historical and philosophical background. *Scientific American 182* (4): 13-17.

Emonds, J. 1978. The Verbal Complex V'-V in French. *Linguistic Inquiry 9* (2): 151-175.

Embick, D. & R. Noyer. 2005. Distributed Morphology and the Syntax/Morphology Interface. http://www.ling.upenn.edu/~embick/interface.pdf (accessed 25/04/2023).

Endo, Y. 2007. *Locality and Information Structure: A Cartographic Approach to Japanese*. Amsterdam: John Benjamins Publishing Company.

Endo, Y. 2009a. Cartography of speakers and hearers. *Gengo Kenkyu 136*: 93-119.

Endo, Y. 2009b. Cartography of main and subordinate clauses. *Proceedings of the 81th General Meeting of the English Literary Society of Japan 81*: 143-145.

Endo, Y. 2014. An overview of the cartography of syntactic structures in Japanese. In A. Cardinaletti, G. Cinque & Y. Endo (eds.). *On Peripheries: Exploring the Clause Initial and Clause Final Positions*. Tokyo: Hituzi Syobo Publishing.

Erteschik-Shir, N. 1998. *The Dynamics of Focus Structure*. Cambridge: Cambridge

University Press.

Erteschik-Shir, N. & N. Strahov. 2004. Focus structure architecture and P-syntax. *Lingua 114* (3): 301-323.

Frascarelli, M. & A. Puglielli. 2007. Focus in the force-fin system: Information structure in Cushitic languages. In E. Aboh, K. Hartmann & M. Zimmermann (eds.). *Focus Strategies in African Languages*. Berlin: Mouton de Gruyter. 161-184.

Feng, S. L. 2015/2017. A cartographical account of prosodic syntax in Chinese. Paper presented at the First International Workshop on Syntactic Cartography. Beijing, China, December 2015. (Also in Si, F. Z. (ed.). 2017. *Studies on Syntactic Cartography*. Beijing: China Social Sciences Press. 105-134.)

Freeze, R. 1992. Existentials and other locatives. *Language 68* (3): 553-595.

Friedmann, M., A. Belletti & L. Rizzi. 2021. Growing trees: The acquisition of the left periphery. *Glossa: A Journal of General Linguistics 6* (1): 1-43.

Fukui, N. & M. Speas. 1986. Specifiers and projection. In N. Fukui, T. R. Rapopport & E. Sagey (eds.). *Papers in Theoretical Linguistics*, volume 8 of *MIT Working Papers in Linguistics*. Cambridge, MA: MITWPL. 128-172.

Fukui, N. 1995. *Theory of Projection in Syntax*. Chicago, IL: The University of Chicago Press.

Furuya, K. 2008. DP hypothesis for Japanese "bare" noun phrases. *University of Pennsylvania Working Papers in Linguistics 14* (1): Article 12.

Garzonio, J. 2004. Interrogative types and left periphery: Some data from the Fiorentino dialect. In B. Patruno & C. Polo (eds.). *Quaderni di Lavoro dell'ASIS 4*, 1-19. (electronic journal: http://assis-cnr.unipd.it.html, issn 1826- 8242).

Garzonio, J. 2005. Struttura informazionale e soggetti nulli in russo – Un approccio cartografico. Ph.D. Dissertation. Padua: University of Padua.

Gao, Q. 1994. Focus criterion: Evidence from Chinese. In J. Camacho & L. Choueiri (eds.). *Proceedings of NACCL 6* (Vol. 1). Los Angeles, CA: GSIL Publications. 51-73.

Gil, D. 1989. Korean –ssik. In S. Kuno et al. (eds.). *A Syntactic and Semantic Study*. Seoul: Hanshin Publishing Company. 423-430.

Giorgi, A. & G. Longobardi. 1991. *The Syntax of Noun Phrases: Configuration, Parameters and Empty Categories*. Cambridge: Cambridge University Press.

Giusti, G. 1996. Is there a FocusP and a TopicP in the noun phrase structure?

University of Venice Working Papers in Linguistics 6 (2): 105-128.

Giusti, G. 2005. At the left periphery of the Romanian noun phrase. In M. Coene & L. Tasmowski (eds.). *On Space and Time in Language*. Cluj-Napoca: Clusium. 23-49.

Giusti, G. 2006. Parallels in clausal and nominal periphery. In M. Frascarelli (ed.). *Phases of Interpretation*. Berlin: Mouton de Gruyter. 163-186.

Giusti, G. 2010. The syntax of the definite article at the interfaces. Unpublished manuscript. University of Venice.

Giusti, G. 2013. Latin as an articleless DP-language. 35th conference of DGfS, AG3-NP syntax and information structure.

Giusti, G. & R. Iovino. 2016. Latin as a split-DP language. *Studia Linguistica 70* (3): 221-249.

Givón, T. 1983. *Topic Continuity in Discourse: A Quantitative Cross-Language Study*. Amsterdam/Philadelphia: John Benjamins Publishing Company.

Goodman, N. 1955. Axiomatic measurement of simplicity. *The Journal of Philosophy 52* (24): 709-722.

Goodman, N. 1961. Safety, strength, simplicity. *Philosophy of Science 28* (2): 150-151.

Greenberg, J. H. 1963. Some universals of grammar with particular reference to the order of meaningful elements. In J. H. Greenberg (ed.). *Universals of Language*. Cambridge, MA: The MIT Press. 40-70.

Greenberg, J. H. 1966. *Universals of Language* (2nd edition). Cambridge, MA: MIT Press.

Grewendorf, G. 2002. Left dislocation as movement. *Georgetown University Working Papers in Theoretical Linguistics 2*: 31-81.

Grewendorf, G. 2008. The left clausal periphery: Clitic left dislocation in Italian and left dislocation in German. In B. Shaer, P. Cook, W. Frey & C. Maienborn (eds.). *Dislocated Elements in Discourse: Syntactic, Semantic, and Pragmatic Perspectives* London: Routledge. 49-94.

Grewendorf, G. 2015. Double fronting in Bavarian left periphery. In U. Shlonsky (ed.). *Beyond Functional Sequence*. Oxford: Oxford University Press. 232-252.

Griffin, W. E. 2001. The Split-INFL hypothesis and AgrsP in Universal Grammar. In W. E. Griffin (ed.). *The Role of Agreement in Natural Language: TLS 5 Proceedings*. Munich: Lincom Europa. 13-24.

Grimshaw, J. 1990. *Argument Structure.* Cambridge, MA: The MIT Press.

Grimshaw, J. 1991. Extended projection. Unpublished manuscript. Brandeis University.

Grohmann, K. 2003. *Prolific Domains: On the Anti-Locality of Movement Dependencies.* Amsterdam: John Benjamins Publishing Company.

Gundel, J. & T. Fretheim. 2004. Topic and focus. In L. R. Horn & G. Ward (eds.). *The handbook of pragmatics.* Oxford: Blackwell. 175-196.

Haegeman, L. 1996. Verb second, the split CP and initial null subjects in early Dutch finite clauses. *Geneva Generative Papers 4*: 133-175.

Haegeman, L. 2004. DP-periphery and clausal periphery: Possessor doubling in West Flemish? In D. Adger, C. de Cat & G. Tsoulas (eds.). *Peripheries: Studies in Natural Language and Linguistic Theory.* Dordrecht: Kluwer Academic Publishers. 211-240.

Haegeman, L. 2014. West Flemish verb-based discourse markers and the articulation of the speech act layer. *Studia Linguistica 68* (1): 116-139.

Haegeman, L. & V. Hill. 2013. The syntacticization of discourse. In R. Folli, C. Sevdali & R. Truswell (eds.). *Syntax and Its Limits.* Oxford: Oxford University Press. 370-390.

Hager-M'Boua, C. 2014. Structure de la Phrase en Abidji, Langue Kwa de côte d'Ivoire. Ph.D. Dissertation. Geneva: University of Geneva.

Hale, K. & S. J. Keyser. 1993. On argument structure and the lexical expression of syntactic relations. In K. Hale & S. J. Keyser (eds.). *The View from Building 20: Essays in Linguistics in Honor of Sylvain Bromberger.* Cambridge, MA: The MIT Press.

Hale, K. & S. J. Keyser. 2002. *Prolegomenon to a Theory of Argument Structure.* Cambridge, MA: The MIT Press.

Halle, M. 1973. Prolegomena to a theory of word formation. *Linguistic Inquiry 4* (1): 3-16.

Halle, M. & A. Marantz. 1993. Distributed morphology and the pieces of inflection. In K. Hale & S. J. Keyser (eds.). *The View from Building 20.* Cambridge, MA: The MIT Press. 111-176.

Harley, H. 1995. If you have, you can give. In B. Agbayani & S.-W. Tang (eds.). *Proceedings of WCCFL XV.* Stanford, CA: CSLI Publications. 193-207.

Harley, H. 2002. Possession and the double object construction. *Linguistic Variation Yearbook 2* (1): 31-70.

Harley, H. 2009. The morphology of nominalizations and the syntax of vP. In M. Rathert & A. Giannadikou (eds.). *Quantification, Definiteness and Nominalization.* Oxford: The Oxford University Press. 320-342.

Harley, H. 2014. On the identity of roots. *Theoretical Linguistics 40* (3-4): 225-276.

Hayes, B. 1995. *Metrical Stress Theory: Principles and Case Studies.* Chicago, IL: The University of Chicago Press.

Heim, I. R. 1982. The Semantics of Definite and Indefinite Noun Phrases. Ph.D. Dissertation. Amherst: University of Massachusetts Amherst.

Higginbotham, J. 1985. On semantics. *Linguistic Inquiry 16* (4): 547-593.

Hill, V. 2006. Stylistic inversion in Romanian. *Studia Linguistica 60* (2): 156-180.

Hill, V. 2007. Vocatives and the pragmatics-syntax interface. *Lingua 117* (12): 2077-2105.

Hiraiwa, K. 2005. Dimensions of Symmetry in Syntax: Agreement and Clausal Architecture. Ph.D. Dissertation. Cambridge: Massachusetts Institute of Technology

Hiraiwa, K. 2010. Complement types and the CP/DP parallelism: A case of Japanese. *Theoretical Linguistics 36* (2-3): 189-198.

Hirose, T. & H. Nawata. 2017. "Complementizers" and the right periphery of Japanese. In F. Z. Si (ed.). *Studies on Syntactic Cartography.* Beijing: China Social Sciences Press. 425-446.

Hooper, J. & S. Thompson. 1973. On the applicability of root transformations. *Linguistic Inquiry 4* (4): 465-497.

Horvath, J. 1986. *FOCUS in the Theory of Grammar and the Syntax of Hungarian.* Dordrecht: Foris Publications.

Hsu, Y.-Y. 2017. Alternatives and focus: Distribution of Chinese relative clauses revisited. *University of Pennsylvania Working Papers in Linguistics 23* (1): 73-82.

Huang, C.-T. J. 1982. Logical Relations in Chinese and the Theory of Grammar. Ph.D. Dissertation. Cambridge: Massachusetts Institute of Technology.

Huang, C.-T. J. 1984. Phrase structure, lexical integrity, and Chinese compounds. *Journal of the Chinese Language Teachers Association 19* (2): 53-78.

Huang, C.-T. J. 2005. Syntactic analyticity: The other end of the parameter. Lecture Notes. Harvard University and MIT: LSA Linguistic Institute.

Huang, C.-T. J. 2015. On syntactic analyticity and parametric theory. In A. Li, A. Simpson & W.-T. D. Tsai (eds.). *Chinese Syntax in a Cross-Linguistic Perspective.* Oxford: Oxford University Press. 1-48.

Hudson, W. 1989. Functional categories and the saturation of noun phrases. *Proceedings of NELS-19*: 207-222.

Iatridou, S. 1990. About Agr(P). *Linguistic Inquiry 21* (4): 551-577.

Ihsane, T. 2008. *The Layered DP: Form and Meaning of French Indefinites.* Armsterdam: John Benjamins Publishing Company.

Isac, D. & A. Kirk. 2008. The split DP hypothesis: Evidence from Ancient Greek. *Rivista di Grammatica Generativa 33*: 137-155.

Jackendoff, R. 1972. *Foundations of Language: Brain, Meaning, Grammar, Evolution.* Oxford: Oxford University Press.

Jackendoff, R. 1974. A deep structure projection rule. *Linguistic Inquiry 5* (4): 481-505.

Jackendoff, R. 1975. Morphological and semantic regularities in the lexicon. *Language 51* (3): 639-671.

Jackendoff, R. 1977. *X'-Syntax. A Study of Phrase Structure.* Cambridge, MA: The MIT Press.

Jakobson, R. 1941/1968. *Child Language, Aphasia and Phonological Universals.* The Hague: De Gruyter Mouton. (revised version of Kindersprache, Aphasie und allgemeine Lautgesetze, Uppsala, 1941).

Jakobson, R., G. Fant & M. Halle. 1952. Preliminaries to speech analysis: The distinctive features and their correlates. Cambridge, MA: The MIT Press.

Jayaseelan, K. A. 2008. Topic, focus and adverb positions in clause structure. *Nanzan Linguistics 4*: 43-68.

Johnson, D. E. & M. P. Paul. 1980. *Arc Pair Grammar.* Princeton, NJ: Princeton University Press.

Julien, M. 2002. *Syntactic Heads and Word Formation.* Oxford: Oxford University Press.

Kaplan, R. M., & J. Bresnan. 1982. Lexical-functional grammar: A formal system for grammatical representation. In J. Bresnan (ed.). *The Mental Representation of*

Grammatical Relations. Cambridge, MA: The MIT Press. 173-281.

Kayne, R. S. 1975. *French Syntax: The Transformational Cycle.* Cambridge, MA: Cambridge University Press.

Kayne, R. S. 1983. Chains, categories external to S, and French complex inversion. *Natural Language & Linguistic Theory 1*: 107-139.

Kayne, R. S. 1984a. *Connectedness and Binary Branching.* Dordrecht: Foris Publications.

Kayne, R. S. 1984b. Principles of particle constructions. In J. Guéron, H.-G. Obenauer & J.-Y. Pollock (eds.). *Grammatical Representation.* Dordrecht: Foris Publications. 101-140.

Kayne, R. S. 1990. Romance clitics and PRO. *North East Linguistics Society 20* (2): 255-302.

Kayne, R. S. 1994. *The Antisymmetry of Syntax.* Cambridge, MA: The MIT Press.

Kayne, R. S. 2003. Silent years, silent hours. In L.-O. Delsing, C. Falk, G. Josefsson & HÁ. Sigurðsson (eds.). *Grammar in Focus: Festschrift for Christer Platzack* (Vol. II). Lund: Wallin and Dalholm. 209-226.

Kayne, R. S. 2005. *Movement and Silence.* Oxford: Oxford University Press.

Kayne, R. S. 2022. Temporary/Linear order, antisymmetry and externalization. Lecture at Beijing Language and Culture University, Beijing, China, September 2022 (online).

Keenan, E. & J. Stavi. 1986. A semantic characterization of natural language determiners. *Linguistics and Philosophy 9*: 253-326.

Kennedy, C. 1994. Morphological alignment and head projection: Toward a nonderivational account of epenthesis and exceptional stress in Dakota. *Phonology at Santa Cruz 3*: 47-64.

Kiparsky, P. 1982. From cyclic phonology to lexical phonology. In van der Hulst & Smith (eds.). *The Structure of Phonological Representations* (Vol. 2). Dordrecht: Foris Publications. 131-177.

Kirk, A. 2007. A syntactic account of split DPs in Herodotus. MA Thesis. Montreal: Concordia University.

Kiss, K. E. 1998. Indentificational focus versus information focus. *Language 74* (2): 245-273.

König, E. 1991. *The Meaning of Focus Particles: A Comparative Perspective*. London & New York: Routledge.

Koopman, H. 1999. The internal and external distribution of pronominal DPs. In K. Johnson & I. Roberts (eds.). *Beyond Principles and Parameters*. Dordrecht: Kluwer Academic Publishers. 91-132.

Koster, J. 1978. *Locality Principles in Syntax*. Dordrecht: Foris Publications.

Krapova, I. & G. Cinque. 2008. On the order of wh-phrases in Bulgarian multiple wh-fronting. In G. Zybatow et al. (eds.). *Formal Description of Slavic Languages: The Fifth Conference, Leipzig* 2003. Peter Lang: Frankfurt am Main. 318-336.

Krapova, I. & G. Cinque. 2016. On noun clausal 'complements' and their non-unitary nature. *Annali di Ca' Foscari. Serie Occidentale 50*: 77-108.

Krapova, I. & G. Cinque. 2017. DP and CP: A relativized minimality approach to one of their non-parallelisms. *RGG No. 2*.

Kratzer, A. 1995. Stage-level and individual-level predicates. In G. N. Carlson & F. J. Pelletier (eds.). *The Generic Book*. Chicago: The University of Chicago Press.125-175.

Laenzlinger, C. 1998. *Comparative Studies in Word Order Variation: Adverbs, Pronouns, and Clause Structure in Romance and Germanic*. Amsterdam: John Benjamins Publishing Company.

Laenzlinger, C. 2005a. French adjective ordering: Perspectives on DP-internal movement types. *Lingua 115* (5): 645-689.

Laenzlinger, C. 2005b. Some notes on DP-internal movement. *Generative Grammar in Geneva 4*: 227-260.

Laenzlinger, C. 2007. Elements of Comparative Generative Syntax: A Cartographic Approach. Lecture at University of Sienna. May 2007.

Laenzlinger, C. 2015. Comparative adverb syntax: A cartographic approach. In K. Pittner, D. Elsner & F. Barteld (eds.). *Adverbs: Functional and Diachronic Aspects*. Amsterdam: John Benjamins Publishing Company. 207-238.

Laenzlinger, C. 2017. A view of the CP/DP-(non)parallelism from the cartographic perspective. *Languages 2* (4): 18.

Lapointe, S. G. 1980. A Theory of Grammatical Agreement. Ph.D. Dissertation. Amherst: University of Massachusetts Amherst.

Larson, R. K. 1988. On the double object construction. *Linguistic Inquiry 19* (3): 335-391.

Larson, R. K. 2014. *On Shell Structure*. London: Routledge.

Larson, R. K. 2015/2017. Hierarchies of features vs. hierarchies of projections. Paper presented at the First International Workshop on Syntactic Cartography. Beijing, China, December 2015. (Also in Si, F. Z. (ed.). 2017. *Studies on Syntactic Cartography*. Beijing: China Social Sciences Press. 47-74.)

Larson, R. K. 2019. The DP hypothesis and (A)Symmetries between DP and CP. *Linguistic Analysis 42*: 3-4.

Larson, R. K. 2021. Rethinking cartography. *Language 97* (2): 245-268.

Larson, R. & S. Cho. 2003. Temporal adjectives and the structure of possessive DPs. *Natural Language Semantics 11* (3): 217-247.

Lecarme, J. 1996. Tense in the nominal system: The Somali DP. In J. Lecarme, J. Lowenstamm & U. Shlonsky (eds.). *Studies in Afroasiatic Grammar*. The Hague: Holland Academic Graphics.

Lees, R. B. 1960. *The Grammar of English Nominalizations*. Bloomington, IN: Indiana University Press.

Legate, J. A. 2002. Warlpiri: Theoretical Implications. Ph.D. Dissertation. Cambridge: Massachusetts Institute of Technology.

Legate, J. A. 2003. Some interface properties of the phase. *Linguistic Inquiry 34* (3): 506-515.

Leko, N. 1988. X-bar theory and internal structure of NPs. *Lingua 75*: 135-169.

Li, C. N. & S. A. Thompson. 1976. Subject and Topic: A new typology of language. In C. N. Li (ed.). *Subject and Topic*. New York, NY: Academic Press. 457-489.

Lieber, R. 1980. On the Organization of the Lexicon. Ph.D. Dissertation. Cambridge: Massachusetts Institute of Technology.

Lieber, R. 1981. *On the Organization of the Lexicon*. Bloomington: Indiana University Linguistics Club.

Lieber, R. 1989. On percolation. *Yearbook of Morphology 2*: 95-138.

Lieber, R. 1992. *Deconstructing Morphology: Word Formation in Syntactic Theory*. Chicago, IL: The University of Chicago Press.

Lin, J.-W. 2006. Time in a language without tense: The case of Chinese. *Journal of*

Semantics 23 (1): 1-53.

Lipták, A. K. 2010. The structure of the topic field in Hungarian. In P. Benincà & N. Munaro (eds.). *Mapping the Left Periphery*. Oxford: Oxford University Press.

Longobardi, G. 1994. Reference and proper names: A theory of N-movement in syntax and logical form. *Linguistic Inquiry 25* (4): 609-665.

Longobardi, G. 1996. *The Syntax of N-Raising: A Minimalist Theory*. Utrecht: OTS-Utrecht.

Luo, Z. S. 2021. Multiple counterparts of Mandarin *qu* (go) in Teochew and their cartographic distributions: A new perspective into its multiple syntactic functions and grammaticalization process. In F. Z. Si & L. Rizzi (eds.). *Current Issues in Syntactic Cartography: A Crosslinguistic Perspective*. Amsterdam: John Benjamins Publishing Company. 261-286.

Makovska, O. O., M. M. Vakhotskyi & G. V. Lekhkun. 2013. Nanosyntax as a new linguistic approach. www.rusnauka.com/23_NTP_2013/Philologia/4_143542. doc.htm (accessed 25/04/2023).

Mao, T. Y. & F. J. Meng. 2016. The cartographic project of the generative enterprise—An interview with Guglielmo Cinque. *Language and Linguistics 17* (6): 917-936.

Marantz, A. 1980. English S is the maximal projection of V. In J. T. Jensen (ed.). *Cahiers Linguistiques d'Ottawa 9*: 303-314.

Marantz, A. 1997. No escape from syntax: Don't try morphological analysis in the privacy of your own lexicon. *Proceedings of the 21st Annual Penn Linguistics Colloquium 4* (2): 201-225.

McCarthy, J. J. & A. Prince. 1986/1996. *Prosodic Morphology 1986*. New Brunswick, NJ: Rutgers University Center for Cognitive Science.

McCarthy, J. J. & A. Prince. 1993. Prosodic morphology I: Constraint interaction and satisfaction. *Linguistic Department Faculty Publications Series 14*.

McCloskey, J. 1996. The scope of verb-movement in Irish. *Natural Language & Linguistic Theory 14* (1): 47-104.

Mellesmoen, G. & S. Urbanczyk. 2021. Binarity in prosodic morphology and elsewhere. *Proceedings of the Annual Meetings on Phonology 9*. DOI: 10.3765/amp.v9i0.4924.

Ming, T. 2010. The relative position of demonstratives and relative clauses in

Mandarin Chinese. In L. E. Clemens & C.-M. L. Liu (eds.). *Proceedings of the 22nd North American Conference on Chinese Linguistics and the 18th International Conference on Chinese Linguistics 2*: 323-340.

Miyagawa, S. 2009. Nominalization and argument structure. In Y. Yumoto & H. Kishimoto (eds.). *Goi-no Imi-to Bunpo (Lexical Meaning and Grammar)*. Tokyo: Kuroshio Shuppan.

Moro, A. 2016. *Impossible Languages*. Cambridge, MA: The MIT Press.

Muriungi, P. K. 2008. Phrasal Movement Inside Bantu Verbs: Deriving Affix Scope and Order in Kîîtharaka. Ph.D. Dissertation. Tromsø: University of Tromsø.

Neeleman, A. & T. Reinhart. 1998. Scrambling and the PF interface. In M. Butt & W. Geuder (eds.). *The Projection of Arguments: Lexical and Compositional Factors*. Stanford, CA: CSLI Publications. 309-353.

Newmeyer, F. J. 2005. Some remarks on Roeper's remarks on Chomsky's *'Remarks'*: A comment on Tom Roeper: Chomsky's *Remarks* and the transformationalist hypothesis. *Linguistics*. https://www.semanticscholar.org/paper/Some-Remarks-on-Roeper-%E2%80%99-s-Remarks-on-Chomsky-%E2%80%99-s-%E2%80%98-Newmeyer/07258ad63304182049d1a5a95dd68fd91ddf8633 (accessed 05/06/2023).

Nilsen, Ø. 1997. Adverbs an A-shift. Unpublished manuscript. Universitetet I Tromsø.

Ning, C. Y. 1993. The Overt Syntax of Relativization and Topicalization in Chinese. Ph.D. Dissertation. Irvine: University of California.

Njui, M. M. & T. Bebey. 2021. Building Topics in Guiziga: A cartographic perspective. *Theory and Practice in Language Studies 11* (3): 225-234.

Ouhalla J. 1991. *Functional Categories and Parametric Variation*. London: Routledge.

Packard, J. L. 2000. *The Morphology of Chinese: A Linguistic and Cognitive Approach*. Cambridge: Cambridge University Press.

Pan, V. J. 2006. Wh-topicalization and wh-in-situ in Mandarin Chinese. Paper presented at the 20th Paris Meeting on East Asian Linguistics, CRLAO, Ecole des Hauts Etudes en Sciences Sociale, Paris.

Pan, V. J. 2011. ATP-topicalization in Mandarin Chinese: An intersective operator analysis. *Linguistic Analysis 37* (1-2): 231-272.

Pan, V. J. 2015. Mandarin peripheral construals at the syntax-discourse interface. *The*

Linguistic Review 32 (4).

Pan, V. J. 2019. *Architecture of the Periphery in Chinese: Cartography and Minimalism.* London: Routledge.

Pan, V. J. 2022. Deriving head-final order in the peripheral domain of Chinese. *Linguistic Inquiry 53* (1): 121-154.

Pan, V. J. & W. Paul. 2016. Why Chinese SFPs are neither optional nor disjunctors. *Lingua 170*: 23-34.

Pantcheva, M. B. 2011. Decomposing path: The nanosyntax of directional expressions. Doktogradsavhandlinger (HSL-fak)[344].

Paris, M.-C. 1998. Focus operators and types of predication in Mandarin. *Cahiers de Linguistique—Asie Orientale 27*: 139-159.

Paris, M.-C. 1999. Ordre des mots, topique et focus en chinois contemporain. *Actes du Colloque de Caen*: 201-216.

Park, C. & J. Yeon. 2023. Information structure in Korean: What's new and what's old. *Journal of Pragmatics 205*: 16-32.

Park, M.-K. & J. U. Park. 2018. Labeling, cartography, and the left-periphery of Korean clauses. *The Linguistic Association of Korea[1] Journal 26* (4): 151-176.

Paul, W. 2005. Low IP area and left periphery in Mandarin Chinese. *Recherches Linguistiques de Vincennes 33*: 111-134.

Paul, W. 2006. What the topic is (not) about: The case of Mandarin Chinese. Unpublished manuscript. Centre de Recherches Linguistiques sur l'Asie Orientale, Ecole des Hautes Etudes en Sciences Sociales.

Paul, W. 2014. Why particles are not particular: Sentence‐final particles in Chinese as heads of a split CP. *Studia Linguistica 68* (1): 77-115.

Paul, W. 2015. *New Perspectives on Chinese Syntax.* Berlin: De Gruyter Mouton.

Pearce, E. 1999. Topic and Focus in a head-initial language: Maori. *Toronto Working Papers in Linguistics 16* (2): 181-200.

Pereltsvaig, A. 2007. The universality of DP: A view from Russian. *Studia Linguistica 61* (1): 59-94.

Perlmutter, D. M. 1980. Relational grammar. In *Syntax and Semantics, Volume 13*:

---

1 此处Korea为South Korea。

Current Approaches to Syntax. Leiden: Brill. 195-229.

Pesetsky, D. M. 1982. Paths and Categories. Ph.D. Dissertation. Cambridge: Massachusetts Institute of Technology.

Pesetsky, D. M. 1995. *Zero Syntax: Experiencers and Cascades*. Cambridge, MA: The MIT Press.

Petrović, B. 2011. The DP category in articleless Slavic Languages. *Jezikoslovlje 12* (2): 211-228.

Poletto, C. 2000. *The Higher Functional Field: Evidence from Northern Italian Dialects.*. New York, NY: Oxford University Press.

Poletto, C. & J.-Y. Pollock. 2004. On wh-clitics and wh-doubling in French and some North Eastern Italian dialects. *Probus 16* (2): 241-272.

Pollock, J.-Y. 1989. Verb movement, Universal Grammar, and the structure of IP. *Linguistic Inquiry 20* (3): 365-424.

Postal, P. M. 1969. Anaphoric islands. In *Proceedings from the Annual Meeting of the Chicago Linguistic Society 5* (1): 205-239.

Progovac, L. 1998. Determiner phrase in a language without determiners. *Journal of Linguistics 34* (1): 165-179.

Puskás, G. 2000. *Word Order in Hungarian: The Syntax of A'-Positions*. Amsterdam: John Benjamins Publishing Company.

Quarezemin, S. 2020. Cartography, left periphery and criterial positions: An interview with Luigi Rizzi. *Documentação de Estudos em Lingüística Teórica e Aplicada 36* (1): 1-19.

Ramchand, G. C. 2008. *Verb Meaning and the Lexicon: A First-Phase Syntax*. Cambridge: Cambridge University Press.

Randall, J. 1982. Morphological Structure and Language Acquisition. Ph.D. Dissertation. Amherst: University of Massachusetts Amherst.

Rappaport, G. 1998. The Slavic noun phrase. Position paper presented at Comparative Slavic Morphosyntax, Spencer, Indiana, June 1998.

Reinhart, T. 1976. The Syntactic Domain of Anaphora. Ph.D. Dissertation. Cambridge: Massachusetts Institute of Technology.

Reinhart, T. 1981. Pragmatics and linguistics: An analysis of sentence topics. *Philosophica 27* (1): 53-94.

Reinhart, T. 1995. Interface strategies. *OTS Working Papers in Linguistics*. Utrecht: Utrecht University.

Reinhart, T. 2006. *Interface Strategies: Optimal and Costly Computations*. Cambridge, MA: The MIT Press.

Ritter, E. 1991. Two functional categories in noun phrases: Evidence from Modern Hebrew. In S. Rothstein (ed.). *Perspectives on Phrase Structure*. New York, NY: Academic Press. 37-62.

Rizzi, L. 1982. *Issues in Italian Syntax*. Dordrecht: Foris Publications.

Rizzi, L. 1990. *Relativized Minimality*. Cambridge, MA: The MIT Press.

Rizzi, L. 1997. The fine structure of the left periphery. In L. Haegeman (ed.). *Elements of Grammar*. Dordrecht: Kluwer. 281-337.

Rizzi, L. 2000. *Comparative Syntax and Language Acquisition*. London: Routledge.

Rizzi, L. (ed.). 2004. *The Structure of CP and IP*. Oxford: Oxford University Press. 1-15.

Rizzi, L. 2005. On some properties of subjects and topics. In L. Brugé et al. (eds.). *Proceedings of the XXX Incontro di Grammatica Generativa*. Venezia: Cafoscarina.

Rizzi, L. 2015/2017. The left periphery: Cartography, freezing, labeling. Paper presented at the First International Workshop on Syntactic Cartography. Beijing, China, December 2015. (Also in Si, F. Z. (ed.). 2017. *Studies on Syntactic Cartography*. Beijing: China Social Sciences Press. 1-38.)

Rizzi, L. & G. Bocci. 2017. Left periphery of the clause: Primarily illustrated for Italian. In M. Everaert & H. van Riemsdijk. *The Wiley Blackwell Companion to Syntax* (2nd edition). Malden, MA: Wiley-Blackwell. 1-30.

Rizzi, L. & F. Z. Si. 2021. On the comparative basis of cartographic studies. In F. Z. Si & L. Rizzi (eds.). *Current Issues in Syntactic Cartography: A Crosslinguistic Perspective*. Amsterdam: John Benjamin Publishing Company. 1-12.

Roberts, I. 1993. The nature of subject clitics in Franco-Provenjal Valdotain. In A. Belletti (ed.). *Syntactic Theory and the Dialects of Italian*. Turin: Rosenberg and Sellier. 319-353.

Roberts, I. 2001. Language change and learnability. In S. Bertolo (ed.). *Language Acquisition and Learnability*. Cambridge: Cambridge University Press. 81-125.

Roberts, I. 2004. The C-system in Brythonic Celtic Languages, V2 and the EPP. In L. Rizzi (ed.). *The Structure of CP and IP*. Oxford: Oxford University Press. 297-328.

Roberts, I. & A. Roussou. 2002. The extended projection principle as a condition on the tense dependency. In P. Svenonius (ed.). *Subjects, Expletives, and the EPP*. Oxford: Oxford University Press. 125-155.

Rochemont, M. 1986. *Focus in Generative Grammar*. Amsterdam: John Benjamins Publishing Company.

Rocquet, A. 2013. The Nanosyntax of Agreement. Ph.D. Dissertation. Belgium: Ghent University.

Roeper, T. 1987. Implicit arguments and the head-complement relation. *Linguistic Inquiry 18* (2): 267-310.

Roeper, T. & M. Siegel. 1978. A lexical transformation for verbal compounds. *Linguistic Inquiry 9* (2): 199-260.

Rumelhart, D. E. & J. L. McClelland. 1986. On learning the past tenses of English verbs. In D. E. Rumelhart, J. L. McClelland & the PDP Research Group (eds.). *Parallel Distributed Processing, Explorations in the Microstructure of Cognition* (Vol. 2). Cambridge, MA: The MIT Press. 216-271.

Saito, M. 2010. Sentence Types and the Japanese Right Periphery. Unpublished manuscript. Nagoya: Nanzan University.

Saito, M. 2013. Sentence types and the Japanese right periphery. In G. Grewendorf & T. E. Zimmermann (eds.). *Discourse and Grammar: From Sentence Types to Lexical Categories*. Berlin: Mouton De Gruyter. 147-176.

Samo, G. 2019. *A Criterial Approach to the Cartography of V2*. Amsterdam: John Benjamins Publishing Company.

Samo, G. & F. Z. Si. 2022a. Quantifying the optionality of Chinese possessive marker *De* 的and some theoretical insights. Paper presented at the Fourth International Symposium on Chinese Theoretical and Applied Linguistics (ISOCTAL-4), June, 2022.

Samo, G. & F. Z. Si. 2022b. Optionality of 的 *De* in Chinese possessive structures: A quantitative study. *Quaderni di Linguistica e Studi Orientali 8*: 37-53.

Schönberger, M. M. 1973. *Verborgener Schlüssel zum Leben: Welt-Formel I-Ging im genetischen. Code*. München: Barth.

Schönberger, M. M. 1992. *The I Ching & the Genetic Code: The Hidden Key to Life*. Santa Fe, NM: Aurora Press.

Schwarzschild, R. 1999. GIVENness, Avoidf and other constraints on the placement of accent. *Natural Language Semantics 7*: 141-177.

Scott, G.-J. 2002. Stacked adjectival modification and the structure of nominal phrases. In G. Cinque (ed.). *Functional Structure in DP and IP*. Oxford: Oxford University Press. 91-120.

Selkirk, E. 1977. Some remarks on noun phrase structure. In P. Culicover, T. Wasow & A. Akmajian (eds.). *Formal Syntax*. San Diego: Academic Press. 285-316.

Selkirk, E. 1982. *The Syntax of Words*. Cambridge, MA: The MIT Press.

Selkirk, E. 1983. *The Syntax of Words*. Cambridge, MA: The MIT Press.

Selkirk, E. 1984. *Phonology and Syntax: The Relation Between Sound and Structure*. Cambridge, MA: The MIT Press.

Shaw, P. 1976. Theoretical issues in Dakota phonology and morphology. Ph.D. Dissertation. Toronto: University of Toronto.

Shaw, P. 1985. Modularisation and substantive constraints in Dakota lexical phonology. *Phonology Yearbook 2*: 173-202.

Shlonsky, U. 1997. *Clause Structure and Word Order in Hebrew and Arabic: An Essay in Comparative Semitic Syntax*. New York: Oxford University Press.

Shlonsky, U. 2000. Remarks on the complementizer layer of Standard Arabid. In J. Lecame, J. Lowenstamm & U. Shlonsky (eds.). *Research in Afroasiatic Grammar*. Amsterdam: John Benjamin Publishing Company. 325-343.

Shlonsky, U. 2004. The form of semitic noun phrases. *Lingua 114* (12): 1465-1526.

Shlonsky, U. 2010. The cartographic enterprise in syntax. *Language and Linguistics Compass 4* (6): 417-429.

Shlonsky, U. 2012. On some properties of nominals in Hebrew and Arabic, the construct state and the mechanisms of AGREE and MOVE. *Revista di Linguistica 24* (2): 267-286.

Shlonsky, U. 2014. Topicalization and focalization: A preliminary exploration of the Hebrew left periphery. In A. Cardinaletti, G. Cinque & Y. Endo (eds.). *Peripheries*. Tokyo: H. Syobo. 327-341.

Si, F. Z. 2017a. Beyond left periphery. The 2nd International Workshop on Syntactic Cartography, Beijing, China, October 2007.

Si, F. Z. 2017b. Two types of Chinese possessive structures. In F. Z. Si (ed.). *Studies on*

Syntactic Cartography. Beijing: China Social Sciences Press. 197-217.

Si, F. Z. 2021a. Towards a cartography of light verbs. In F. Z. Si & L. Rizzi (eds.). *Current Issues in Syntactic Cartography: A Crosslinguistic Perspective*. Amsterdam: John Benjamins Publishing Company. 217-242.

Si, F. Z. 2021b. Split BEHAVE Hypothesis. The 4th International Workshop on Syntactic Cartography.

Si, F. Z. 2022a. Syntacticization of evidentiality: With special reference to Chinese. Paper presented at the Workshop on Mapping Syntax: Universals, Variations, Acquisition and Change. Oxford, UK, November 2022.

Si, F. Z. 2022b. Principles and strategies in cartographic studies. Lecture in the Department of Linguistics, UniCamp.

Si, F. Z. & L. Rizzi. 2021. *Current Issues in Syntactic Cartography: A Crosslinguistic Perspective*. Amsterdam: John Benjamins Publishing Company.

Siegel, D. 1974. Topics in English Morphology. Ph.D. Dissertation. Cambridge: Massachusetts Institute of Technology.

Sigurðsson, H. Á. 2004. The syntax of person, tense, and speech features. *Italian Journal of Linguistics 16*: 219-251.

Sigurðsson, H. Á. 2010. On EPP effects. *Studia Linguistica 64*: 159-189.

Sigurðsson, H. A. 2012. Thoughts on cartography and universality. In V. Bianchi & C. Chesi (eds.). *Enjoy Linguistics: papers offered to Luigi Rizzi on the occasion of his 60th birthday*. http://www.ciscl.unisi.it/gg60/papers/volume.pdf.

Speas, M. 1994. Economy, Agreement and the Representation of Null Arguments. Unpublished manuscript. Amherst: University of Massachusetts at Amherst.

Sportiche, D. 1995. French predicate clitics and clause structure. *Syntax and Semantics: Small Clauses 28*: 287-324.

Starker, M. 1995. On the Format for Small Clauses. In A. Cardinaletti & M. T. Guasti (eds.). *Syntax and Semantics: Small Clauses 28*: 237-270.

Starke, M. 2009. Nanosyntax: A short primer to a new approach to language. *Special Issue on Nanosyntax 36* (1): 1-6.

Starke, M. 2011a. Nanosyntax, Part I. Lecture series at GIST, Ghent.

Starke, M. 2011b. Towards an Elegant Solution to Language Variation: Variation Reduces to the Size of Lexically Stored Trees. Unpublished manuscript. Tromsø:

Tromsø University.

Starke, M. 2014a. Cleaning up the lexicon. *Linguistic Analysis 39*: 245-256.

Starke, M. 2014b. Towards elegant parameters: Language variation reduces to the size of lexically-stored trees. In M. C. Picallo (ed.). *Linguistic Variation in the Minimalist Framework*. Oxford: Oxford University Press. 140-152.

Starke, M. 2018. Complex left branches, spellout, and prefixes. In L. Baunaz, K. De Clercq, L. Haegeman & E. Lander (eds.). *Exploring Nanosyntax*. Oxford: Oxford University Press. 239-249.

Speas, M., 2004. Evidentiality, logophoricity and the syntactic representation of pragmatic features. *Lingua 114* (3): 255-276.

Speas, P. & C. Tenny. 2003. Configurational properties of point of view roles. In A. M. Di Sciullo (ed.). *Asymmetry in Gramma* (vol. 1): *Syntax and Semantics*: 315-344.

Stowell, T. A. 1981. Origins of Phrase Structure. Ph.D. Dissertation. Cambridge: Massachusetts Institute of Technology.

Svennung, J. 1958. Anredeformen: Vergleichende Forschungen zurindirekten Anrede in der dritten Person und zum Nominativ für den Vokativ. Uppsala: Almqvist & Wiksells.

Svenonius, P. 2004. Slavic prefixes inside and outside VP. *Nordlyd 32* (2): 205-253.

Szabolcsi, A. 1983. The possessor that ran away from home. *The Linguistic Review 3* (1): 89-102.

Szabolcsi, A. 1987. Functional categories in the noun phrase. In I. Kenesei (ed.). *Approaches to Hungarian* (Vol. 2). Szeged: Jate Press. 167-190.

Szabolcsi, A. 1989. Noun phrases and clauses: Is DP analogous to IP or CP? In J. Payne (ed.). *Proceedings of the Colloquium on Noun Phrase Structure*. Manchester, USA, September, 1989.

Szabolcsi, A. 1994. The noun phrase. In K. Kiefer (ed.). *The Syntactic Structure of Hungarian: Syntax and Semantics*. New York, NY: Academic Press. 179-275.

Sun, Y. Y. 2018. A cartographic analysis of the syntactic structure of Mandarin *ba*. *Studies in Chinese Linguistics 39* (2): 127-154.

Taraldsen, K. T. 2010. The nanosyntax of Nguni noun class prefixes and concords. *Lingua 120* (6): 1522-1548.

Tenny, C. 2006. Evidentiality, experiencers, and the syntax of sentience in Japanese.

Journal of East Asian Linguistics 15: 245-288.

Theakston, A., E. Lieven, J. M. Pine & C. F. Rowland. 2005. The Acquisition of auxiliary syntax: BE and HAVE. *Cognitive Linguistics 16* (1): 247-277.

Torrence, H. 2013. *The Clause Structure of Wolof: Insights into the Left Periphery.* Amsterdam: John Benjamins Publishing Company.

Travis, L. 1984. Parameters and Effects of Word Order Variation. Ph.D. Dissertation. Cambridge: Massachusetts Institute of Technology.

Tsai, W.-T. D. 2008. Tense anchoring in Chinese. *Lingua 118* (5): 675-686.

Tsai, W.-T. D. 2015. On the topography of Chinese modals. In U. Shlonsky (ed.). *Beyond Functional Sequence.* Oxford: Oxford University Press. 275-294.

Tsai, W.-T. D., C.-Y. H. Yang & S.-H. Lau. 2015/2017. Paper presented at the First International Workshop on Syntactic Cartography. Beijing, China, December 2015. (Also in Si, F. Z. (ed.). 2017. *Studies on Syntactic Cartography.* Beijing: China Social Sciences Press.)

Ura, H. 1998. Multiple Feature-Checking: A Theory of Grammatical Function Splitting. Ph.D. Dissertation. Cambridge: Massachusetts Institute of Technology.

Urbanczyk, S. 2006. Reduplicative form and the Root-Affix Asymmetry. *Natural Language & Linguistic Theory 24*: 179-240.

Valois, D. 1991. The Internal Syntax of DP. Ph.D. Dissertation. Los Angeles: University of California.

Vallduví, E. 1992. *The Informational Component.* New York, NY: Garland.

Vergnaud, J.-R. 1973. Formal properties of lexical derivations. Quarterly Progress Report, 108 MIT (Electronics Laboratory).

Williams, E. 1981. On the notions "lexically related" and "head of a word". *Linguistic Inquiry 12* (2): 245-274.

Wu, J.-X. 1999. Syntax and Semantics of Quantification in Chinese. Ph.D. Dissertation. College Park: University of Maryland.

Yoo, Y.-S. & M.-K. Park. 2018. The Cartography of RCs in Korean & Japanese: A comparative-syntactic approach. *Language Research 54* (3): 491-507.

Zamparelli, R. 2000. *Layers in the Determiner Phrase.* New York, NY: Routledge.

Zubizarreta, M.-L. 1998. *Prosody, Focus, and Word Order.* Cambridge, MA: The MIT Press.

Zwicky, A. M. 1985. Heads. *Journal of Linguistics 21* (1): 1-29.

白梅丽（M.-C. Paris），罗慎仪（节译），1981，汉语普通话中的"连……也/都"，《国外语言学》（3）：50-55+11。

蔡维天，2004，谈"只"与"连"的形式语义，《中国语文》（2）：99-111。

蔡维天，2007，重温"为什么问怎么样，怎么样问为什么"——谈汉语疑问句和反身句中的内、外状语，《中国语文》（3）：195-207。

蔡维天，2016，论汉语内、外轻动词的分布与诠释，《语言科学》（4）：362-376。

曹成龙，2007，谈对外汉语教学中的语序教学，《云南师范大学学报（对外汉语教学与研究版）》（1）：31-33。

曹逢甫，1994，再论话题和"连……都/也"结构。载戴浩一、薛凤生（主编），《功能主义与汉语语法》。北京：北京语言学院出版社。95-116。

曹凯，2011，普底仡佬语绝对程度副词的语序，《毕节学院学报》（1）：125-128。

陈娥，2015，布依语副词语序类型学研究，《中央民族大学学报（哲学社会科学版）》（1）：146-152。

陈淑芳，2008，对"连…都…"结构焦点及其篇章来源的考察。硕士学位论文。北京：北京语言大学。

陈扬，2016，母语为印尼语的学习者汉语副词作状语语序偏误分析。硕士学位论文。石家庄：河北师范大学。

程工，1999，名物化与向心结构理论新探，《现代外语》（2）：128-144。

程工、周光磊，2015，分布式形态学框架下的汉语动宾复合词研究，《外语教学与研究》（2）：163-175。

崔希亮，1993，汉语"连"字句的语用分析，《中国语文》（2）：117-125。

戴庆厦，2002，景颇语"形修名"两种语序对比，《民族语文》（4）：12-20。

戴庆厦、傅爱兰，2002，藏缅语的形修名语序，《中国语文》（4）：373-379。

邓川林，2015，语用量级与句尾"了"的成句条件，《语言科学》（2）：168-180。

邓盾，2018，构词中的语段：以现代汉语后缀"-子"的构词为例，《外语教学与研究》（6）：873-884。

邓思颖，2006，以"的"为中心语的一些问题，《当代语言学》（3）：205-212。

邓思颖，2010，汉语句类和语气的句法分析，《汉语学报》（1）：59-63。

邓思颖，2016，制图理论与助词的联合结构说，《语言研究集刊》（1）：1-10。

邓思颖，2019a，词汇层次的句末助词，《语言教学与研究》（3）：38-45。

邓思颖，2019b，句末助词的冷热类型，《外语教学与研究》（5）：643-652。

段雅丽，2016，现代汉语副词独用的多角度研究。硕士学位论文。上海：上海师范大学。

范继淹，1958，形名组合间"的"字的语法作用，《中国语文》（5）。

方梅，1995，汉语对比焦点的句法表现手段，《中国语文》（4）：279-288。

方梅，2022，从副词独用现象看位置敏感与意义浮现，《中国语文》（1）：3-15。

房玉清，1992，《实用汉语语法》。北京：北京语言学院出版社。

冯胜利，1996，论汉语的"韵律词"，《中国社会科学》（1）：161-176。

顾阳、沈阳，2001，汉语合成复合词的构造过程，《中国语文》（2）：122-133。

郭锐，2002，《现代汉语词类研究》。北京：商务印书馆。

郭姝慧，2004，"使"字句的成句条件，《语文研究》（2）：24-27。

何丽萍，2011，焦点标记"是"与"连……都/也"句法位置研究，《长春理工大学学报（社会科学版）》（9）：43-45。

何元建，2004，回环理论与汉语构词法，《当代语言学》（3）：223-235。

何元建，2011，《现代汉语生成语法》。北京：北京大学出版社。

何元建、王玲玲，2005，汉语真假复合词，《语言教学与研究》（5）：11-21。

何元建、王玲玲，2007，论汉语中的名物化结构，《汉语学习》（1）：13-24。

贺阳，1994，汉语完句成分试探，《语言教学与研究》（4）：26-38。

洪波，2001，"连"字句续貂，《语言教学与研究》（2）：55-63。

侯学超，1987，说词组的自由与粘着，《语文研究》（2）：1-9。

胡德明，2002，"连"字成分的焦点及相关问题，《海南大学学报（人文社会科学版）》（4）：55-60。

胡皓月，2018，从生成语法角度对比研究英汉中动结构。硕士学位论文。北京：北京语言大学。

胡建华、石定栩，2005，完句条件与指称特征的允准，《语言科学》（5）：42-49。

胡明扬、劲松，1989，流水句初探，《语言教学与研究》（4）：42-54。

胡裕树、陆丙甫，1988，关于制约汉语语序的一些因素，《烟台大学学报（哲学社会科学版）》（1）：55-60。

黄丽婷，2017，日本留学生副词作状语语序偏误分析。硕士学位论文。西安：西安外国语大学。

黄南松，1995，现代汉语中词组和句子的区别，《中国人民大学学报》（4）：92-98。

黄正德，1988，说"是"和"有"，《历史语言研究所集刊》第五十九本：42-64。

贾娟，2019，语言类型学视角下英汉副词语序等级差异研究，《安徽工业大学学报（社会科学版）》（5）：53-55。

金立鑫，2019a，汉语语序的类型学特征，《解放军外国语学院学报》（4）：1-13。

金立鑫，2019b，广义语法形态理论的解释力——对普通话语序类型与论元配置类型的描写与解释，《华东师范大学学报（哲学社会科学版）》（2）：32-43。

金廷恩，1999，汉语完句成分说略，《汉语学习》（6）：8-13。

竟成，1996，汉语的成句过程和时间概念的表述，《语文研究》（1）。

康兴，2020，言者视角标记的内部层级制图，《伊犁师范学院学报（社会科学版）》（1）：31-37。

孔令达，1994，儿童语言中的述补结构，《世界汉语教学》（4）：42-47。

黎锦熙，1924/2000，《新著国语文法》。北京：商务印书馆。

李波，2011，语言类型学视野下的日汉语序对比研究。博士学位论文。上海：上海外国语大学。

李波，2018，汉日语中语序镜像关系对比研究——以副词与相关成分之间的语序为例，《日语学习与研究》（4）：44-50。

李富强，2020a，汉语两种不同类型的"很"及相关句法问题，《语言学研究》（1）：69-82。

李富强，2020b，关于汉语成句成分句法起始位置的思考，《伊犁师范学院学报（社会科学版）》（1）：24-30。

李富强，2020c，汉语"有+VP"结构中"有"的句法制图研究。博士学位论文。北京：北京语言大学。

李泉，2002，从分布上看副词的再分类，《语言研究》（2）：85-91。

李泉，2006，试论现代汉语完句范畴，《语言文字应用》（1）：56-63。

李伟伟，2014，"有可能"与能愿动词"可能"的成句比较。硕士学位论文。武汉：华中师范大学。

李欣芳，2011，粤方言比较句的语序类型特点研究，《五邑大学学报（社会科学版）》（4）：78-80。

李雪峰，2019，汉语独词句的句法制图分析，《遵义师范学院学报》（1）：63-66。

李雪峰，2021，汉语AND-类并列连词的名词性并列结构的句法制图研究。博士学位论文。北京：北京语言大学。

李亚非，2001，多变的语序、统一的词组结构，《中国语文》（1）：16-26。

李亚非，2007，论连动式中的语序—时序对应，《语言科学》（6）：3-10。

李艳惠，2008，短语结构与语类标记："的"是中心词？《当代语言学》（2）：97-108。

李英哲，陆俭明（译），1983，汉语语义单位的排列次序，《国外语言学》（3）：33-39。

林青，2008，汉维语语序对比研究。硕士学位论文。喀什：喀什师范学院。

刘丹青、徐烈炯，1998，焦点与背景、话题及汉语"连"字句，《中国语文》（4）：243-252。

刘丹青，2002，汉藏语言的若干语序类型学课题，《民族语文》（5）：1-11。

刘文英，2017，汉语介词短语的功能层级。博士学位论文。北京：北京语言大学。

刘馨茜，2021，《分布形态理论研究》。北京：外语教学与研究出版社。

刘星宇，2022，疑问相关语气副词"可"的制图分析，《淮南师范学院学报》（3）：126-131。

柳俊、金立鑫，2020，中国境内名词短语语序的地理类型和区域类型格局，《东方语言学》（1）：51-76。

龙果夫，1958，《现代汉语语法研究》。北京：科学出版社。

陆丙甫，1993，《核心推导语法》。上海：上海教育出版社。

陆丙甫，2004，作为一条语言共性的"距离-标记对应律"，《中国语文》（1）：3-15。

陆丙甫，2005，指人名词组合语序的功能解释——从形式描写到功能解释的一个个案，《中国语文》（4）：291-299。

陆丙甫，2006，不同学派的"核心"概念之比较，《当代语言学》（4）：289-310。

陆丙甫、陈平，2020，距离象似性——句法结构最基本的性质，《中国语文》（6）：643-661。

陆丙甫、陆致极（译），1984，某些主要跟语序有关的语法普遍现象（原作者Joseph H. Greenberg），《国外语言学》（2）：45-60。

陆丙甫、罗彬彬，2018，形态与语序，《语文研究》（2）：1-13。

陆丙甫、徐阳春、刘小川，2012，现代汉语语序的类型学研究，《东方语言学》（2）：132-145。

陆丙甫、应学凤，2019，人类信息处理能力限度对语言结构的基本制约，《语言教学与研究》（3）：14-24。

陆俭明，1982，现代汉语副词独用刍议，《语言教学与研究》（2）：27-41。

陆俭明，1985，由指人的名词自相组合造成的偏正结构，《中国语言学报》（2）。

陆俭明，2003，对"NP+的+VP"结构的重新认识，《中国语文》（5）：387-391。

陆志军，2017，最简方案与制图理论：互补兼容的句法研究视角，《外语研究》（2）：41-46。

陆志军、温宾利，2018，句法制图理论框架下汉语非完整体句式中非完句效应的消解机制以及时间锚定法则，《北京第二外国语学院学报》（2）：45-61。

罗冉，2010，试论"把"字句的成句条件，《毕节学院学报》（7）：95-97。

罗耀华，2007，副词性非主谓句成句问题研究。博士学位论文。武汉：华中师范大学。

罗耀华、齐春红，2007，副词性非主谓句的成句规约——语气副词"的确"的个案考察，《汉语学习》(2)：27-35。

罗卓思，2019，Cartographic researches on word structure: A new approach of morphological studies。硕士学位论文。北京：外交学院。

吕叔湘，1942/2002，《中国文法要略》。北京：商务印书馆。

吕叔湘，1979，《汉语语法分析问题》。北京：商务印书馆。

吕叔湘，1980，《语文常谈》。北京：生活·读书·新知三联书店。

吕叔湘、饶长溶，1981，试论非谓形容词，《中国语文》(2)：81-85。

吕文华，1983，"了"与句子语气的完整及其它，《语言教学与研究》(3)：30-39。

马建忠，1898/1998，《马氏文通》。北京：商务印书馆。

毛帅梅，2012，《现代汉语副词层级的认知功能探析》。湘潭：湘潭大学出版社。

潘海华、陆烁，2013，DeP分析所带来的问题及其可能的解决方案，《语言研究》(4)：53-61。

潘杰、原苏荣，2019，语言类型学视野下副词语序研究——以英、汉、日、韩语为例，《宜宾学院学报》(3)：95-104。

裴雨来、邱金萍、吴云芳，2010，"纸张粉碎机"的层次结构，《当代语言学》(4)：356-364。

任鹰，2008，"这本书的出版"分析中的几个疑点——从"'这本书的出版'与向心结构理论难题"说起，《当代语言学》(4)：320-328。

任芝锳，2007，"连"字在焦点结构中的作用——谈焦点结构分析中的几个基本问题，《广播电视大学学报(哲学社会科学版)》(3)：76-79。

尚英、宋柔、卢达威，2014，广义话题结构理论视角下话题自足句成句性研究，《中文信息学报》(6)：107-113。

沈家煊，1995，"有界"与"无界"，《中国语文》(5)：367-380。

沈家煊，2012，汉语语法研究摆脱印欧语的眼光，《中国语文法研究》(日)：1-22。

施关淦，1981，"这本书的出版"中"出版"的词性——从"向心结构理论"说起，《中国语文通讯》(4)。

施关淦，1988，现代汉语的向心结构和离心结构，《中国语文》(4)：165-173。

石定栩，2008，"的"和"的"字结构，《当代语言学》(4)：298-307。

史德明，2018，汉语普通话"右置结构"的句法制图研究。硕士学位论文。北京：北京语言大学。

史有为，1997，《汉语如是观》。北京：北京语言文化大学出版社。

司富珍，2000，汉语的标句词"的"及相关的句法问题。第8届当代语言学研讨会论文，广东广州，2000年10月。(亦可见《语言教学与研究》2002年第2期，第35-40页。)

司富珍，2002/2009，《多重特征核查及其句法影响》，北京语言大学2002年博士学位论文，2009年由北京语言大学出版社出版。

司富珍，2004，中心语理论和汉语的DeP，《当代语言学》(1)：26-34。

司富珍，2005，汉语的几种同音删略现象，《语言教学与研究》(2)：56-62。

司富珍，2006，中心语理论和"布龙菲尔德难题"——兼答周国光，《当代语言学》(1)：60-70。

司富珍，2009a，影响领属结构歧义解读的语义辖域因素，《语言教学与研究》(3)：8-14。

司富珍，2009b，从汉语的功能中心语"的"看CP和DP的平行性，《语言学论丛(第三十九辑)》：463-477。

司富珍，2011，语用信息在句子和名词短语层面的句法化，《伊犁师范学院学报(社会科学版)》(2)：92-95。

司富珍，2012a，英汉两种语言派生构词的形态学比较，《伊犁师范学院学报(社会科学版)》(1)：98-102。

司富珍，2012b，突厥语族语言中的人称一致，《广东外语外贸大学学报》(4)。

司富珍，2013，"简约"之问，《语言科学》(5)：497-504。

司富珍，2014a，"赵本山的爷爷"和"赵本山的帽子"——漫谈汉语中的两种领属结构，《语言教学与研究》(2)：43-51。

司富珍，2014b，自然语言中的几种结构镜像，北京语言大学人文社会科学学部"语言学及应用语言学"系列专题讲座，2014年10月28日(http://news.blcu.edu.cn/info/1024/11048.htm)。

司富珍，2015，双宾结构中的领属关系，《外国语文研究》(3)：2-11。

司富珍，2016，指示词的句法层级，浙江大学"探寻语言的架构"论坛。

司富珍，2017a，汉语的几种语法音变。第四届韵律语法研究国际研讨会论文，河南开封，2017年6月。

司富珍，2017b，语法中的"柔性活力"与"刚性法则"，《伊犁师范学院学报(社会科学版)》(4)：89-94。

司富珍，2017c，《句法制图研究》。北京：中国社会科学出版社。

司富珍，2018a，轻动词结构的层级制图，《语文研究》(1)：11-17。

司富珍，2018b，指示词的句法层级。第八届形式语言学国际研讨会论文，浙江杭州，

2018年11月。

司富珍，2019a，句法制图研究的新视野，《语言教学与研究》（3）：25-37。

司富珍，2019b，汉语语法音变管窥，《华文教学与研究》（2）：16-24

司富珍，2022a，句法复杂词的结构层级，《语言科学》（1）：1-12。

司富珍，2022b，试用A语言的眼光看B语言，《澳门语言学刊》特刊。

司富珍、塔力哈提，2010，维吾尔语的两种人称一致关系，《伊犁师范学院学报（社会科学版）》（1）：91-95。

司富珍、李富强、康兴，2022，乔姆斯基语言学术思想在中国——简约性"神奇原则"的科学魅力，《语言战略研究》（6）：77-84。

孙德金，1996，代词的范围及其再分类。载胡明扬（主编），《词类问题考察》。北京：北京语言大学出版社。

孙佳音，2019，时间副词的共现语序及其类型学解释，《日语学习与研究》（3）：47-55。

王艾录，1990，汉语成句标准思考，《山西大学学报（哲学社会科学版）》（4）：80-84。

王艾录，2007，汉语成句理据再思考——以"鸟飞""鸟飞了"为例，《盐城师范学院学报（人文社会科学版）》（5）：89-94。

王艾录、司富珍，2002，《语言理据研究》。北京：中国社会科学出版社。

王洪君，1999，《汉语非线性音系学——汉语的音系格局与单字音》。北京：北京大学出版社。

王焕池，2014，汉语复合词研究的新思路——基于分布形态学的视角，《当代外语研究》（8）：29-35。

王力，1944，《中国语法理论》。上海：商务印书馆。

王丽娟，2015，《汉语的韵律形态》。北京：北京语言大学出版社。

王雨晴，2019，制图框架下汉语副词"就"的句法及语义研究。硕士学位论文。长沙：湖南大学。

王珏、黄梦迪，2020，"了$_1$"和"了$_2$"成句能力的制约因素，《汉语学习》（1）：3-13。

温宝莹、东韡妍，2019，"连NP都VP"句式的韵律焦点分析，《汉语学习》（5）：26-36。

吴长安，2006，"这本书的出版"与向心结构理论难题，《当代语言学》（3）：193-204。

吴春相、曹春静，2018，论新兴结构"简直了"形成的机制与动因——兼论"副词+语气词"独用在当代汉语中的新发展，《当代修辞学》（3）：67-76。

吴菡，2016，制图理论视角下现代汉语副词的句法位置分布研究。博士学位论文。北京：北京大学。

吴加培，2018，秘鲁学习者习得汉语状语语序的偏误分析及教学建议。硕士学位论文。

广州：广东外语外贸大学。

吴为章，1995，语序重要，《中国语文》（6）：429-436。

吴玉全，2022，语言类型学视角下语序生成的结构理据——以现代吉尔吉斯语为例，《解放军外国语学院学报》（3）：21-29。

伍孟昭，2017，衡阳方言副词及其成句功能研究。硕士学位论文。长沙：湖南师范大学。

项梦冰，1991，论"这本书的出版"中"出版"的词性——对汉语动词、形容词"名物化"问题的再认识，《天津师范大学学报（社会科学版）》（4）：75-80。

邢福义，1995，小句中枢说，《中国语文》（6）：420-428。

邢福义，1996，《汉语语法学》。长春：东北师范大学出版社。

熊仲儒，2005，以"的"为核心的DP结构，《当代语言学》（2）：148-165。

熊仲儒，2006，生成语法学中的"的"字结构，《暨南大学华文学院学报》（4）：49-57。

熊仲儒，2017，连字句的制图分析，《现代外语》（4）：439-450。

熊仲儒，2021，《英汉形容词的句法语义研究》。合肥：安徽人民出版社。

徐杰、李英哲，1993，焦点和两个非线性语法范畴："否定""疑问"，《中国语文》（2）：81-92。

徐通锵，1994，"字"和汉语的句法结构，《世界汉语教学》（2）：1-9。

徐通锵，1997，《语言论——语义型语言的结构原理和研究方法》。长春：东北师范大学出版社。

徐以中、杨亦鸣，2014，副词修饰副词现象研究，《语言科学》（6）：561-574。

许立群，2015，"NP$_1$+NP$_2$"名谓结构的成句条件，《汉语学习》（4）：104-112。

牙曼莎，2019，泰国学生汉语定语和状语语序习得偏误分析，《散文百家（新语文活页）》（7）：211-212。

杨彩梅，2003，"DeP结构"的 λ 提取与可追踪性原则，《现代外语》（3）：242-248。

杨德峰，1999，从复句形成过程及偏误等角度看副词的篇章功能。载张起旺、王顺洪（主编），《汉外语言对比与偏误分析论文集》。北京：北京大学出版社。199-210。

杨德峰，2005，副词的语气功能，《中国文史论丛》（日本）（创刊号）。

杨德峰，2006a，也论副词作状语的易位现象。载齐沪扬（主编），《现代汉语虚词研究与对外汉语教学》。上海：复旦大学出版社。

杨德峰，2006b，副词与句类初探。载中国人民大学对外语言文化学院（编），《汉语研究与应用（第四辑）》。北京：中国社会科学出版社。

杨德峰，2016，也说饰句副词和饰谓副词，《汉语学习》（2）：11-17。

杨宏业，2013，"连"字句与"甚至"句的对比研究。硕士学位论文。北京：北京大学。

杨炎华，2021，句法何以构词，《当代语言学》(2)：159-180。

杨永龙，2015，青海民和甘沟话的语序类型，《民族语文》(6)：15-30。

尹洪波，2013，饰句副词和饰谓副词，《语言教学与研究》(6)：73-80。

张伯江，1993，"N的V"结构的构成，《中国语文》(4)：252-259。

张伯江、方梅，1996，《汉语功能语法研究》。南昌：江西教育出版社。

张放，2011，汉语焦点标记"连"字句的语义价值突显，《山西农业大学学报(社会科学版)》(8)：845-848。

张秋文，2016，侗台语差比句语序类型研究。硕士学位论文。上海：上海师范大学。

张谊生，1996，副词的连用类别和共现顺序，《烟台大学学报(哲学社会科学版)》(2)：86-95。

张谊生，1997，"把+N+Vv"祈使句的成句因素，《汉语学习》(1)：13-16。

张谊生，2000a，《现代汉语副词研究》。上海：学林出版社。

张谊生，2000b，论与汉语副词相关的虚化机制——兼论现代汉语副词的性质、分类与范围，《中国语文》(1)：3-15。

张谊生，2000c，现代汉语副词的性质、范围与分类，《语言研究》(1)：51-63。

张谊生，2010，《现代汉语副词分析》。上海：上海三联书店。

张谊生，2014，《现代汉语副词研究(修订本)》。北京：商务印书馆。

张志恒，2013，从制图理论探索汉语话题与焦点的分布，《现代外语》(1)：10-17。

章婧，2007，动态助词"着"的成句条件研究，《山东行政学院山东省经济管理干部学院学报》(2)：123-126。

赵民威，2019，壮汉语序比较及壮汉双语教学建议，《品位·经典》(8)：69-71。

赵霞，2009，汉语语序与汉语教学，《语言与翻译》(4)：64-67。

周国光，2005，对"中心语理论和汉语的DeP"一文的质疑，《当代语言学》(2)：139-147。

周小兵，1990，汉语"连"字句，《中国语文》(4)：258-263。

周小兵，1996，《句法·语义·篇章——汉语语法综合研究》。广州：广东高等教育出版社。

朱德熙，1961，说"的"，《中国语文》(12)：1-18。

朱德熙，1980，《现代汉语语法研究》。北京：商务印书馆。

朱德熙，1982，《语法讲义》。北京：商务印书馆。

朱德熙，1984，《语法答问》日译版序，《语文研究》(4)。

朱庆祥，2017，从叙事语篇视角看"了₂"的结句(段)问题，《语言教学与研究》(6)：43-52。

推荐文献

Belletti, A. 2019. Cartography: *v*P periphery, language acquisition and beyond (Simone Guesser: interview with Adriana Belletti). *Forum Linguistico.*

Benincà, P. & C. Poletto. 2004. Topic, Focus, and V2: Defining the CP sublayers. In L. Rizzi (ed.). *The Structure of CP and IP.* Oxford: Oxford University Press. 52-75.

Cinque, G. 1999. *Adverbs and Functional Heads: A Cross-Linguistic Perspective.* New York, NY: Oxford University Press.

Cinque, G. 2020. *The Syntax of Relative Clauses: A Unified Analysis.* Cambridge: Cambridge University Press.

Cinque, G. & L. Rizzi. 2008. The cartography of syntactic structures. *CISCL Working Papers on Language and Cognition 2*: 43-59.

Friedmann, M., A. Belletti & L. Rizzi. 2021. Growing trees: The acquisition of the left periphery. *Glossa: A Journal of General Linguistics 6* (1): 1-43.

Giusti, G. 1996. Is there a FocusP and a TopicP in the noun phrase structure? *University of Venice Working Papers in Linguistics 6* (2): 105-128.

Haegeman, L. & V. Hill. 2013. The syntacticization of discourse. In R. Folli, C. Sevdali & R. Truswell (eds.). *Syntax and Its Limits.* Oxford: Oxford University Press. 370-390.

Huang, C.-T. J. 2015. On Syntactic analyticity and parametric theory. In A. Li, A. Simpson & W.-T. D. Tsai (eds.). *Chinese Syntax in a Cross-Linguistic Perspective.* Oxford: Oxford University Press. 1-48.

Kayne, R. S. 1994. *The Antisymmetry of Syntax.* Cambridge, MA: The MIT Press.

Laenzlinger, C. 2015. Comparative adverb syntax: A cartographic approach. In K. Pittner, D. Elsner & F. Barteld (eds.). *Adverbs: Functional and Diachronic Aspects.* Amsterdam: John Benjamins Publishing Company. 207-238.

Larson, R. K. 2017. Hierarchies of features vs. hierarchies of projections. In Si, F. Z. (ed.). *Studies on Syntactic Cartography.* Beijing: China Social Sciences Press. 47-74.

Larson, R. K. 2021. Rethinking cartography. *Language 97* (2): 245-268.

Pollock, J.-Y. 1989. Verb movement, Universal Grammar, and the structure of IP. *Linguistic Inquiry 20* (3): 365-424.

Rizzi, L. 1997. The fine structure of the left periphery. In L. Haegeman (ed.). *Elements of Grammar.* Dordrecht: Kluwer. 281-337.

Rizzi, L. & F. Z. Si. 2021. On the comparative basis of cartographic studies. In Si, F. Z. & L. Rizzi (eds.). *Current Issues in Syntactic Cartography: A Crosslinguistic Perspective.* Amsterdam: John Benjamin Publishing Company. 1-12.

Roberts, I. 2004. The C-system in Brythonic Celtic Languages, V2 and the EPP. In L. Rizzi (ed.). *The Structure of CP and IP.* Oxford: Oxford University Press. 297-328.

Scott, G.-J. 2002. Stacked adjectival modification and the structure of nominal phrases. In G. Cinque (ed.). *Functional Structure in DP and IP.* Oxford: Oxford University Press. 91-120.

Starke, M. 2009. Nanosyntax: A short primer to a new approach to language. *Special Issue on Nanosyntax 36* (1): 1-6.

蔡维天, 2000, 为什么问怎么样, 怎么样问为什么,《汉学研究》第18卷特刊。

索引